健康保险系列丛书

健康保险辞典

主　编　郝演苏

中国财经出版传媒集团
中国财政经济出版社

图书在版编目（CIP）数据

健康保险辞典／郝演苏主编．—北京：中国财政经济出版社，2017.12
（健康保险系列丛书）
ISBN 978-7-5095-7824-7

Ⅰ.①健… Ⅱ.①郝… Ⅲ.①健康保险-辞典 Ⅳ.①F840.62-61

中国版本图书馆 CIP 数据核字（2017）第 270320 号

责任编辑：张 莹 贾延平 责任校对：黄亚青
封面设计：李运平

中国财政经济出版社 出版

URL：http：//www.cfeph.cn
E-mail：cfeph@cfeph.cn

（版权所有 翻印必究）

社址：北京市海淀区阜成路甲 28 号 邮政编码：100142
营销中心电话：88190406 北京财经书店电话：64033436 84041336
中煤（北京）印务有限公司印刷 各地新华书店经销
787×1092 毫米 16 开 15.5 印张 255 000 字
2017 年 12 月第 1 版 2017 年 12 月北京第 1 次印刷
定价：45.00 元
ISBN 978-7-5095-7824-7
（图书出现印装问题，本社负责调换）
质量投诉电话：88190744
打击盗版举报热线：010-88190414、QQ：447268889

《健康保险系列丛书》编委会

主　　任：宋福兴

副 主 任：董清秀　冯祥英　高兴华　伍立平　胡占民　黄本尧
　　　　　李晓峰　徐伟成　陈龙清

学术顾问：（按姓氏笔画为序）
　　　　　于保荣　马海涛　王　欢　王国军　王绪瑾　王　稳
　　　　　朱恒鹏　朱铭来　朱俊生　孙祁祥　孙　洁　李　玲
　　　　　李保仁　李晓林　杨燕绥　余　晖　张　晓　卓　志
　　　　　郑　伟　赵尚梅　郝演苏　庹国柱　董朝晖　魏华林

编务统筹：蔡皖伶　范娟娟

总　序

健康是人类永恒的追求，是人民幸福的起点，党中央、国务院高度重视人民健康事业。习近平总书记在党的十九大报告中指出："人民健康是民族昌盛和国家富强的重要标志。"没有全民健康，就没有完美意义上的全面小康。发达国家的成功经验表明，没有成熟的健康保险，全民的健康权就难以得到根本保障。

目前，健康保险在中国的实践与发展中尚处于重要的探索阶段，理论体系的构建和指引尤为迫切和重要。编著《健康保险系列丛书》的初衷就是要梳理近年来我国专家学者的理论探索，系统总结行业的实践经验，提炼健康保险的经营规律，从立足本土实际、借鉴国际经验、揭示运营规律、展望发展趋势等维度，努力构建健康保险行业的知识理论体系框架，更好地为我国健康保险业的有序发展提供坚实的理论支持。这套丛书可谓是皇皇巨著，由中国人民健康保险股份有限公司组织编著，凝聚了来自保险、财政税收、公共管理、社会保障、医疗卫生等领域近40位知名专家学者的心血与智慧。

改革开放以来，特别是近十余年来，健康保险业发展迅猛，众多跨领域的专家学者进行了一系列理论研究，流派纷呈，有力地推动了行业的快速发展。但应该看到，这些研究还不成体系，还相对分散，研究的广度和深度与当前行业发展的实际需求还不相适应。历史证明，科学系统的理论指引是保险事业健康发展的根本保证。从保险业的实践来看，什么时候有正确的保险理论指导，什么时候保险业发展的形势就比较好，对经济社会发展的贡献就比较大。

当前，中国特色社会主义已进入新时代，社会主要矛盾已经转化为人民日益增长的美好生活需要和不平衡不充分的发展之间的矛盾。人民群众对美好生活的需要呈现多样化、多层次、多方面的特点，其中，健康服务正在成为人民过上美好生活的一个基本要求。习近平总书记在党的十九大报告中指出："要完善国民健康政策，为人民群众提供全方位全周期健康服务。"按照党的十九大报告新的部署，完善国民健康政策，将促进健康与经济社会建设相互协调，促进"人口红利"转向"健康红利"，全社会对健康投资和消费需求将日趋旺盛，消费结构升级将为健康服务创造广阔的发展空间，包括商业健康保险在内的健康产业进入了重要战略机遇期。专业健康保险公司要在把握重大战略机遇中实现持续快速协调发展，完成"服务国家治理体系和治理能力现代化"这一历史角色的转变，不仅需要从国内外行业自身发展实践的优势与不足中总结经验教训，更需要探究并构建科学、系统的理论体系来指引改革发展的进程。

近几年，商业健康保险发展势头强劲，专业健康保险公司在多层次医疗保障体系建设中发挥了积极的市场机制优势，在满足人民群众日益增长的健康保障需求中的作用也日渐凸显。特别是近些年，健康保险人只争朝夕，真抓实干，成绩卓著。然而在有速度、有效度发展的同时，尚未及时把积累的发展经验总结出来，更没有形成相对完善的以学术研究为先导的理论体系构建。未来，随着新医改的加速推进，商业健康保险的服务链条将逐渐延伸到社会保障、医疗卫生、保健养生等多个领域，跨行业特性使风险控制更加复杂，经营管理难度更大，市场竞争更趋激烈。如果拥有了原创性的理论研究成果，就可以获取行业的理论话语主导权，就能引领未来发展的战略制高点，就能及时应对行业中出现的新变化和新挑战，就能在激烈的市场竞争中获取其他企业难以比拟的发展优势。

习近平总书记在党的十九大报告中强调："创新是引领发展的第一动力，是建设现代化经济体系的战略支撑。"企业应该成为创新的主体，而推动创新的根本力量是人才。专业健康保险公司的快速发展，关键是要建设一支规模宏大、结构合理、素质优良的创新人才队伍，要培养一大批熟悉市场运作、具备研究能力的专业技术人才。理论知识体系的研究和构建就可以培养和集结这样一批专门人才，使他们成为健康保险事业发展中的中坚力量。

《健康保险系列丛书》就是在这样的时代与文化需求的大背景下应运而生的。全套丛书分为理论基石类、实践操作类、探索提升类三类共计十六册。其中，理论基石类五册，意在建立统一规范的工作语言环境，普及专业基础知识，分别有：《健康保险学》（西南财经大学卓志教授主编）、《健康保险医学基础》（东南大学张晓教授主编）、《健康保险辞典》（中央财经大学郝演苏教授主编）、《健康保险与健康管理》（辛丹博士主编）、

总　序

《健康保险制度与规制》（对外经济贸易大学王国军教授主编）。

实践操作类八册，重在梳理总结相对成熟的经验规律，解决目前实践中的困惑，为行业提供现实借鉴和趋势分析，分别有：《健康保险公司风险管理》和《健康保险经营管理》（对外经济贸易大学王稳教授主编）、《健康保险营销管理》（西南财经大学卓志教授主编）、《健康保险产品创新》（北京工商大学王绪瑾教授主编）、《健康保险精算》（中央财经大学李晓林教授主编）、《健康保险财务管理》（中央财经大学马海涛教授主编）、《健康保险信息技术与管理》（北京邮电大学王欢教授主编）、《健康保险客户服务》（北京大学孙祁祥教授主编）。

探索提升类三册，旨在探索未来健康保险业发展之道，分别有：《健康保险与医疗体制改革》（清华大学杨燕绥教授主编）、《健康保险与大数据应用》（北京航空航天大学赵尚梅教授主编）、《护理保险在中国的探索》（南开大学朱铭来教授主编）。

为确保丛书编著的专业性和权威性，这些专家学者搜集整理了大量资料，梳理研究了国内外最新的理论知识和实践经验，进行了多次学术研讨，反复斟酌、精益求精，在编著工作中倾注了大量心力。我们希望本丛书能为健康保险行业的从业人员、健康保险相关专业领域的研究人员提供实际操作的范本和理论参考，为健康中国战略和国家多层次医疗保障体系建设提供必要的理论建构、学术前瞻与路径导向。

前　言

　　这是中国第一部真正以健康保险为核心内容的辞典。这部辞典源于中国人民健康保险公司一项富有远见的《健康保险系列丛书》编写计划。

　　长期以来，我国社会基本养老保险单靠政府力量难以满足广大人民群众快速增长的健康保障需求，我国的商业健康保险还处于发展的初级阶段，专业化程度很低，远未发挥出应有的重要作用。商业健康保险是我国医疗保障体系的重要组成部分，事关广大人民群众的生活和切身利益。商业健康保险的发展已经引起党中央、国务院的高度重视。2004年10月30日，国务院批准设立中国第一家专业健康保险公司即中国人民健康保险公司。

　　中国人民健康保险公司的创立，有利于改进和增强商业健康保险市场的有效供给能力，调动和挖掘商业健康保险的需求潜力，逐步实现商业健康保险的规模化和产业化；有利于发挥商业健康保险的社会管理功能，整合社会资源形成健康管理和服务的合力，减轻政府负担和管理成本，构建多层次、多元化的医疗保障体系，促进社会主义市场经济体制的完善；有利于提高全民健康素质和生活质量，真正实现广大人民群众病有所医、患病无忧，促进社会和谐，提升人民幸福指数。2014年8月《关于加快发展现代保险服务业的若干意见》出台，健康保险迎来了新一轮发展机遇。国家相继出台了《关于加快发展商业健康保险的若干意见》和《"健康中国"2030规划纲要》。在中国共产党第十九届全国代表大会上，习近平总书记所做的工作报告提出"实施健康中国战略。人民健康是民族昌盛和国家富强的重要标志。要完善国民健康政策，为人民群众提供全方位全周期健康服务。"从而使全民健康成为一项重要的国家战略。

　　在此背景下，为了普及健康保险知识和理念，中国人民健康保险公司本着履行企业社会责任的目标，制定了《健康保险系列丛书》编写计划，《健康保险辞典》正是这部系列丛书的组成部分。本辞典由健康保险基础、健康保险制度、健康保险市场、健康保险业务、健康保险组织、国际健康保险六个部分构成，全面介绍了国内外有关健康保险的词汇及其内涵。由于专业能力有限，本辞典不可避免地存在挂一漏万的现象，一些重要的词汇未能收录，一些词汇的解释可能存在疏漏。但是，作为我国第一部健康保险辞典，我们希望能够对于读者学习和全面了解健康保险尽到绵薄之力。

本辞典主编：郝演苏。分主编：赵春红（健康保险基础）、刁莉（健康保险制度）、陆峰（健康保险市场）、王妲（健康保险业务）、冯丽宇（健康保险组织）、王维（国际健康保险）。

本辞典编委（按姓氏笔画排列）：刁莉、王妲、王维、冯丽宇、李晓、李博方、陆峰、欧阳芳洁、赵春红、郝演苏、董振廷。

希望本辞典对于社会各界学习和了解健康保险知识、增强健康保险意识、促进我国健康保险的快速发展，提高全民族的健康保障，具有重要作用。

目 录

一、健康保险基础 …………… (1)
    风险 ………………………… (1)
    纯粹风险 …………………… (1)
    道德风险 …………………… (1)
    心理风险 …………………… (1)
    静态风险 …………………… (1)
    动态风险 …………………… (1)
    人身风险 …………………… (1)
    财产风险 …………………… (1)
    长寿风险 …………………… (1)
    责任风险 …………………… (1)
    信用风险 …………………… (2)
    环境风险 …………………… (2)
    职业风险 …………………… (2)
    自然风险 …………………… (2)
    巨灾风险 …………………… (2)
    政治风险 …………………… (2)
    社会风险 …………………… (2)
    风险因素 …………………… (2)
    物质风险因素 ……………… (2)
    道德风险因素 ……………… (2)
    心理风险因素 ……………… (2)
    风险事件 …………………… (2)
    风险管理 …………………… (2)
    风险管理目标 ……………… (2)
    风险规避 …………………… (3)
    风险自留 …………………… (3)
    风险预防 …………………… (3)
    风险抑制 …………………… (3)
    风险中和 …………………… (3)
    风险转移 …………………… (3)
    风险集合 …………………… (3)
    风险分散 …………………… (3)
    风险识别 …………………… (3)
    风险评估 …………………… (3)
    风险评价 …………………… (3)
    风险分类 …………………… (3)
    保险 ………………………… (3)
    商业保险 …………………… (4)
    社会保险 …………………… (4)
    养老保险 …………………… (4)
    工伤保险 …………………… (4)
    失业保险 …………………… (4)
    生育保险 …………………… (4)
    企业年金 …………………… (4)
    职业年金 …………………… (4)
    社会互助 …………………… (4)
    社会统筹 …………………… (5)
    统筹基金 …………………… (5)
    财产保险 …………………… (5)
    责任保险 …………………… (5)
    信用保险 …………………… (5)

人身保险	(5)	客户服务请求	(7)
人寿保险	(5)	客户服务代表	(7)
健康保险	(5)	保险营销	(8)
费用补充型医疗保险	(5)	展业	(8)
医疗保险	(5)	佣金	(8)
疾病保险	(6)	销售渠道	(8)
意外保险	(6)	直接销售	(8)
年金保险	(6)	间接销售	(8)
定期保险	(6)	银行保险	(8)
终身保险	(6)	互联网保险	(8)
主险	(6)	保险中介	(8)
附加险	(6)	保险公估人	(8)
保险职能	(6)	保险经纪人	(8)
经济补偿职能	(6)	保险代理人	(8)
资金融通职能	(6)	保险合同	(8)
社会管理职能	(6)	保险合同当事人	(8)
保险市场	(6)	保险合同关系人	(8)
保险市场主体	(6)	保险合同主体	(8)
保险市场客体	(6)	保险合同客体	(9)
保险供给	(6)	保险合同条款	(9)
保险需求	(7)	保险合同基本条款	(9)
保险密度	(7)	保险合同附加条款	(9)
保险深度	(7)	协会条款	(9)
保险公司	(7)	特别约定	(9)
相互保险公司	(7)	投保单	(9)
专业自保公司	(7)	暂保单	(9)
保险互助组织	(7)	保险单	(9)
保险客户	(7)	总保单	(9)
潜在客户	(7)	批单	(9)
个人客户	(7)	保险凭证	(9)
企业客户	(7)	标准保单	(9)
个人客户财务状况	(7)	特制保单	(9)
个人客户关系人	(7)	电子保单	(9)
客户的保险历史	(7)	原保险合同	(9)
客户的赔案历史	(7)	再保险合同	(10)

目 录

单一危险保险合同	(10)	保单期满	(12)
多种危险保险合同	(10)	续保	(12)
特定危险保险合同	(10)	续保通知	(12)
一切危险保险合同	(10)	附加险续保	(12)
总括保险合同	(10)	保证续保	(12)
长期保险合同	(10)	条件续保	(13)
短期保险合同	(10)	保单起保时间	(13)
人身保险合同	(10)	保单终止时间	(13)
财产保险合同	(10)	短期费率	(13)
给付性保险合同	(10)	见费出单	(13)
补偿性保险合同	(10)	保险合同中止	(13)
个人保险合同	(10)	保险合同复效	(13)
团体保险合同	(10)	复效保费	(13)
联合保险合同	(11)	加保	(13)
保险责任	(11)	减保	(13)
除外责任	(11)	保单现金价值	(13)
保险条款	(11)	保单现金价值净额	(13)
保险标志	(11)	保单贷款	(13)
保险合同回执	(11)	保单选择权	(13)
保险合同成立	(11)	减额交清保险	(13)
保单签发	(11)	展期保险	(13)
保险合同生效	(11)	保险合同转换	(14)
保险期限	(11)	保单转让	(14)
犹豫期	(11)	保单绝对转让	(14)
不可抗辩期	(11)	保单抵押转让	(14)
保险合同变更	(11)	保单账户	(14)
变更申请	(11)	保单年度	(14)
变更申请书	(12)	个人投资账户	(14)
风险变更通知	(12)	结算利率	(14)
职业变更	(12)	最低保证利率	(14)
退保	(12)	红利	(14)
退保金	(12)	红利选择权	(14)
退保费用	(12)	增额交清保险	(14)
保险合同终止	(12)	现金红利	(14)
保险合同解除	(12)	增额红利	(14)

终了红利 …………………… (14)	逆选择 ……………………… (16)
可分配盈余 ………………… (14)	可能最大损失 ……………… (17)
红利累积利率 ……………… (15)	重复保险 …………………… (17)
复效期间 …………………… (15)	保险费约定支付日 ………… (17)
复效利息 …………………… (15)	保险金额 …………………… (17)
初始费用 …………………… (15)	风险保额 …………………… (17)
风险保费 …………………… (15)	保险价值 …………………… (17)
保单管理费 ………………… (15)	定值保险 …………………… (17)
保险合同费用 ……………… (15)	不定值保险 ………………… (17)
账户价值 …………………… (15)	足额保险 …………………… (17)
个人账户价值转换 ………… (15)	不足额保险 ………………… (17)
保证收益 …………………… (15)	超额保险 …………………… (17)
生存金 ……………………… (15)	免赔额 ……………………… (17)
投保 ………………………… (15)	免赔率 ……………………… (17)
投保人 ……………………… (15)	相对免赔额 ………………… (17)
保单持有人 ………………… (15)	绝对免赔额 ………………… (18)
保险人 ……………………… (15)	额外保险费 ………………… (18)
被保险人 …………………… (15)	保单折扣 …………………… (18)
附加被保险人 ……………… (15)	无赔款优待 ………………… (18)
受益人 ……………………… (15)	缴费通知 …………………… (18)
保险标的 …………………… (16)	缴费年度 …………………… (18)
保险利益 …………………… (16)	健康加费 …………………… (18)
重要事实 …………………… (16)	职业加费 …………………… (18)
告知 ………………………… (16)	其他加费 …………………… (18)
询问告知 …………………… (16)	EM 加点 …………………… (18)
无限告知 …………………… (16)	终止缴费年度 ……………… (18)
最大诚信 …………………… (16)	逾期应收保费 ……………… (18)
保证 ………………………… (16)	首期保费 …………………… (18)
明示保证 …………………… (16)	缴费方式 …………………… (18)
默示保证 …………………… (16)	缴费期间 …………………… (18)
核保 ………………………… (16)	趸交 ………………………… (18)
核保人 ……………………… (16)	趸交保费 …………………… (18)
保险风险 …………………… (16)	期交保费 …………………… (18)
可保风险 …………………… (16)	不定期缴费 ………………… (19)
承保风险 …………………… (16)	续年度保费 ………………… (19)

目　录

续期保费	(19)	查勘人	(21)
自然保费	(19)	定损	(21)
均衡保费	(19)	理算金额	(21)
宽限期	(19)	理赔	(21)
保费自动垫交	(19)	赔付	(21)
保费豁免	(19)	通融赔付	(21)
承保	(19)	预付赔款	(21)
标准承保	(19)	赔款剔除	(21)
附加条件承保	(19)	赔付通知书	(21)
异地承保	(19)	理赔周期	(21)
共同保险	(19)	保险金领取人	(22)
共保条款	(19)	拒赔	(22)
共同承保人	(20)	结案	(22)
同地共保	(20)	赔款	(22)
异地共保	(20)	赔款计算书	(22)
赔偿	(20)	比例赔偿方式	(22)
赔偿限额	(20)	第一危险赔偿方式	(22)
累计赔偿限额	(20)	分摊原则	(22)
保险金	(20)	比例责任分摊	(22)
保险事故	(20)	限额责任分摊	(22)
意外事件	(20)	顺序责任分摊	(22)
出险	(20)	等额责任分摊	(22)
近因	(20)	直接赔款	(22)
近因原则	(20)	应付赔款	(22)
损失补偿原则	(20)	共同保障赔款	(23)
防灾防损	(20)	给付	(23)
防灾费	(20)	给付期间	(23)
核赔	(20)	给付选择权	(23)
理算	(20)	提前给付	(23)
理赔进展模式	(21)	协议给付	(23)
核赔人	(21)	追偿	(23)
理算人	(21)	代位	(23)
事故间隔期	(21)	权利代位	(23)
查抄底单	(21)	物上代位	(23)
理赔调查	(21)	代位追偿原则	(23)

代位求偿权	(23)	评估净保费	(26)
权益转让书	(23)	评估利率	(26)
应收代位追偿款	(24)	费率因子	(26)
追偿费用	(24)	准备金	(26)
被追偿人	(24)	总准备金	(26)
精算师	(24)	再保险准备金	(26)
精算假设	(24)	非寿险准备金	(26)
大数法则	(24)	任意准备金	(26)
修匀	(24)	法定责任准备金	(26)
演示利率	(24)	保费不足准备金	(26)
损失	(24)	未到期责任准备金	(26)
收入损失	(24)	寿险责任准备金	(26)
疾病发生率表	(24)	长期健康险责任准备金	(27)
发病率	(24)	未决赔款准备金	(27)
伤残率	(24)	已发生已报案未决赔款准备金	(27)
生命表	(24)		
经验生命表	(24)	已发生未报案未决赔款准备金	(27)
死亡率	(24)		
保险费	(25)	已发生未充分报告准备金	(27)
纯保费	(25)	已发生未立案未决赔款准备金	
附加费用	(25)		(27)
已赚保费	(25)	理赔费用准备金	(27)
未赚保费	(25)	间接理赔费用准备金	(27)
应收保费	(25)	直接理赔费用准备金	(27)
未收保费	(25)	修正准备金	(27)
预收保费	(25)	流量三角形	(27)
保费退还	(25)	链梯法	(27)
保险费率	(25)	案均赔款法	(27)
费率厘定	(25)	已发生案均赔款法	(28)
纯保费法	(25)	已结案案均赔款法	(28)
损失率法	(25)	逐案估计法	(28)
预定利率	(25)	准备金进展法	(28)
纯费率	(25)	修正已发生未报案未决赔款法	
费率浮动	(25)		(28)
特殊费率	(26)	准备金发展	(28)

二分之一法 …………… (28)
八分之一法 …………… (28)
二十四分之一法 ……… (28)
三百六十五分之一法 … (28)
准备金评估日 ………… (28)
间接理赔费用 ………… (28)
直接理赔费用 ………… (28)
案均赔款 ……………… (29)
法定继承人 …………… (29)
第三方 ………………… (29)
法律适用 ……………… (29)
协商 …………………… (29)
仲裁 …………………… (29)
诉讼 …………………… (29)
诉讼费 ………………… (29)
诉讼时效 ……………… (29)
不可抗力 ……………… (29)
正当防卫 ……………… (29)
紧急避险 ……………… (30)
宣告死亡 ……………… (30)
宣告失踪 ……………… (30)
自杀 …………………… (30)
故意 …………………… (30)
犯罪 …………………… (30)
故意犯罪 ……………… (30)
过失 …………………… (30)
一般过失 ……………… (30)
重大过失 ……………… (31)
侵权责任 ……………… (31)
一般侵权责任 ………… (31)
特殊侵权责任 ………… (31)
医疗事故 ……………… (31)
医疗责任 ……………… (31)
自然人 ………………… (31)
法人 …………………… (31)

周岁 …………………… (31)
未成年人 ……………… (31)
民事行为能力 ………… (31)
无民事行为能力 ……… (31)
限制民事行为能力 …… (32)
完全民事行为能力 …… (32)
监护人 ………………… (32)
法定代理人 …………… (32)
表见代理 ……………… (32)
酒后驾驶 ……………… (32)
醉酒驾驶 ……………… (32)

二、健康保险制度 ………… (33)
中华人民共和国保险法 … (33)
中华人民共和国社会保险法
 …………………………… (33)
保险业章程草案 ……… (34)
关于国营公营企业必须向中
 国人民保险公司进行保险
 的指示 ………………… (34)
中华人民共和国劳动保险条
 例 ……………………… (34)
关于改进公费医疗管理问题
 的通知 ………………… (34)
关于恢复国内保险业务和加
 强保险机构的通知 …… (34)
保险企业管理暂行条例 … (35)
国务院关于企业职工养老保
 险制度改革的决定 …… (35)
中共中央关于建立社会主义
 市场经济体制若干问题的
 决定 …………………… (35)
关于职工医疗制度改革的试
 点意见 ………………… (35)
关于职工医疗保障制度改革
 扩大试点的意见 ……… (35)

中共中央国务院关于卫生改
　革与发展的决定 ……… (36)
国务院关于建立统一的企业
　职工基本养老保险制度的
　决定 ………………… (36)
国务院关于建立城镇职工基
　本医疗保险制度的决定 … (37)
财政部关于加强职工基本医
　疗保险财务管理工作的通
　知 …………………… (37)
关于城镇医药卫生体制改革
　的指导意见 …………… (37)
财政部　劳动保障部关于企业
　补充医疗保险有关问题的
　通知 ………………… (37)
中共中央国务院关于进一步
　加强农村卫生工作的决定
　………………………… (38)
关于加快健康保险发展的指
　导意见 ………………… (38)
关于建立新型农村合作医疗
　制度的意见 …………… (39)
人身保险新型产品精算规定
　………………………… (39)
关于城镇灵活就业人员参加
　基本医疗保险的指导意见
　………………………… (39)
健康保险管理办法 ……… (40)
健康保险统计制度 ……… (40)
中共中央关于构建社会主义
　和谐社会若干重大问题的
　决定 ………………… (40)
关于促进农村人身保险健康
　规范发展的通知 ………… (40)
国务院关于开展城镇居民基
本医疗保险试点的指导意
　见 …………………… (41)
重大疾病保险的疾病定义使
　用规范 ………………… (41)
中共中央国务院关于深化医
　药卫生体制改革的意见 … (41)
医药卫生体制改革近期重点
　实施方案（2009—2011
　年） …………………… (42)
关于保险业深入贯彻医改意
　见积极参与多层次医疗保
　障体系建设的意见 …… (42)
医药卫生体制五项重点改革
　2009年工作安排 ……… (42)
关于做好2010年城镇居民基
　本医疗保险工作的通知 … (43)
保监会关于改革完善保险营
　销员管理体制的意见 …… (43)
女职工劳动保护特别规定 … (43)
关于开展城乡居民大病保险
　工作的指导意见 ……… (44)
关于健康保险产品提供健康
　管理服务有关事项的通知
　………………………… (44)
卫生信息化建设路线图 …… (44)
中医药健康管理服务规范 … (44)
国务院关于促进健康服务业
　发展的若干意见 ……… (45)
国务院关于加快发展现代保
　险服务业的若干意见 …… (45)
国务院办公厅关于印发中医
　药健康服务发展规划（2015
　—2020年）的通知 …… (46)
国务院办公厅关于印发深化
　医药卫生体制改革2014年

目 录

工作总结和 2015 年重点工作任务的通知 ………… (46)
国务院办公厅关于城市公立医院综合改革试点的指导意见 ………… (46)
国务院批转发展改革委关于 2015 年深化经济体制改革重点工作意见的通知 …… (47)
财政部 国家税务总局 保监会关于开展商业健康保险个人所得税政策试点工作的通知 ………… (47)
国务院办公厅关于全面实施城乡居民大病保险的意见 ………… (48)
个人税收优惠型健康保险业务管理暂行办法 ………… (48)
国务院办公厅关于加快发展生活性服务业促进消费结构升级的指导意见 …… (48)
国务院关于整合城乡居民基本医疗保险制度的意见 … (49)
国务院关于印发中医药发展战略规划纲要（2016—2030 年）的通知 ………… (49)
国务院办公厅关于促进医药产业健康发展的指导意见 ………… (49)
国务院办公厅关于印发深化医药卫生体制改革 2016 年重点工作任务的通知 …… (49)
国务院办公厅关于印发国家残疾预防行动计划（2016—2020 年）的通知 ………… (50)
健康中国 2030 规划纲要 …… (50)

国务院办公厅关于进一步扩大旅游文化体育健康养老教育培训等领域消费的意见 ………… (51)
国务院关于印发"十三五"深化医药卫生体制改革规划的通知 ………… (51)
国务院关于印发"十三五"卫生与健康规划的通知 … (51)
国务院办公厅关于印发中国防治慢性病中长期规划（2017—2025 年）的通知 … (52)
国务院关于印发"十三五"国家老龄事业发展和养老体系建设规划的通知 …… (52)
国务院关于印发中国（湖北）自由贸易试验区总体方案的通知 ………… (52)
国务院关于印发中国（重庆）自由贸易试验区总体方案的通知 ………… (53)
国务院办公厅关于印发深化医药卫生体制改革 2017 年重点工作任务的通知 … (53)
关于将商业健康保险个人所得税试点政策推广到全国范围实施的通知 ………… (53)
国务院办公厅关于支持社会力量提供多层次多样化医疗服务的意见 ………… (53)
中国健康服务产业发展报告 ………… (54)
社会保障 ………… (54)
湛江模式 ………… (54)
平谷模式 ………… (55)

太仓模式 …………………… (55)
江阴模式 …………………… (55)
番禺模式 …………………… (56)
洛阳模式 …………………… (56)
医疗保障 …………………… (56)
医疗救助 …………………… (56)
医疗服务 …………………… (56)
社会健康保险 ……………… (57)
商业健康保险 ……………… (57)
遗属保险 …………………… (57)
伤残保险 …………………… (57)
护理保险 …………………… (57)
基本医疗保险 ……………… (57)
补充医疗保险 ……………… (57)
企业补充医疗保险 ………… (57)
商业医疗保险 ……………… (58)
城镇职工基本医疗保险 …… (58)
城镇居民基本医疗保险 …… (58)
城乡居民基本医疗保险 …… (58)
城乡居民大病保险 ………… (58)
新型农村合作医疗 ………… (59)
社会保险关系 ……………… (59)
健康保险法律制度 ………… (59)
医疗保险制度 ……………… (59)
社会医疗保险模式 ………… (59)
国家医疗保险模式 ………… (60)
市场型医疗保险模式 ……… (60)
储蓄型医疗保险模式 ……… (60)
健康照护制度 ……………… (60)
健康干预 …………………… (60)
政府购买公共服务 ………… (61)
医疗技术评估 ……………… (61)
医疗保障三角 ……………… (61)
医疗保障支付范围决策 …… (61)
医疗保障筹资等式 ………… (62)

中低收入国家医疗筹资 …… (62)
贝弗里奇模式 ……………… (62)
长期照护筹资模式 ………… (62)
反托拉斯法案 ……………… (62)
公共限制 …………………… (62)
风险均等化制度 …………… (63)

三、健康保险市场 ………… (64)

健康保险市场 ……………… (64)
同质健康保险市场 ………… (64)
异质健康保险市场 ………… (64)
女性健康保险市场 ………… (64)
儿童健康保险市场 ………… (64)
老年健康保险市场 ………… (65)
高端健康保险市场 ………… (65)
学生健康保险市场 ………… (65)
军人健康保险市场 ………… (65)
国别健康保险市场 ………… (65)
政府主导的健康保险市场 … (65)
市场主导国家的健康保险市场
　………………………………… (65)
区域健康保险市场 ………… (65)
"一带一路"健康保险市场
　………………………………… (65)
东盟健康保险市场 ………… (65)
欧盟健康保险市场 ………… (65)
北约健康保险市场 ………… (65)
上海合作组织健康保险市场
　………………………………… (65)
独联体健康保险市场 ……… (65)
亚太经济合作组织健康保险
　市场 ……………………… (66)
境内健康保险市场 ………… (66)
境外健康保险市场 ………… (66)
跨境健康保险市场 ………… (66)
城市健康保险市场 ………… (66)

农村健康保险市场 ………… (66)	健康保险市场的交易对象 … (69)
流动人口健康保险市场 …… (66)	健康保险市场客体 ………… (69)
个人健康保险市场 ………… (66)	人身险公司健康保险 ……… (69)
团体健康保险市场 ………… (66)	财产险公司健康保险 ……… (69)
传统型健康保险市场 ……… (66)	专业健康保险公司 ………… (69)
分红型健康保险市场 ……… (66)	健康保险监管主体 ………… (70)
返本型健康保险市场 ……… (66)	保险公司健康保险业务 …… (70)
万能型健康保险市场 ……… (66)	互联网健康保险公司 ……… (70)
社保补充型健康保险市场 … (67)	相互健康保险市场 ………… (70)
大健康市场 ………………… (67)	股份制健康保险公司 ……… (70)
健康管理市场 ……………… (67)	国有健康保险公司 ………… (70)
医疗保险市场 ……………… (67)	外资健康保险公司 ………… (70)
护理保险市场 ……………… (67)	中外合资健康保险公司 …… (70)
重大疾病保险市场 ………… (67)	互助型保险组织 …………… (70)
慢病保险市场 ……………… (67)	个人保险组织 ……………… (70)
医疗中介市场 ……………… (67)	私营健康保险组织 ………… (71)
运动健康保险市场 ………… (67)	非营利性健康保险组织 …… (71)
失能补偿保险市场 ………… (67)	民间健康保障社团组织 …… (71)
短期健康保险市场 ………… (67)	行业（团体）自保组织 …… (71)
长期健康保险市场 ………… (67)	健康保险个人代理人 ……… (71)
专项健康保险市场 ………… (68)	健康保险兼业代理人 ……… (71)
心理健康保险市场 ………… (68)	健康保险专业代理人 ……… (71)
传统型健康保险市场 ……… (68)	健康保险经纪人 …………… (71)
创新型健康保险市场 ……… (68)	健康保险公估人 …………… (71)
互联网健康保险市场 ……… (68)	健康保险理赔代理人 ……… (72)
健康保险原保险市场 ……… (68)	健康保险索赔经纪人 ……… (72)
健康保险再保险市场 ……… (68)	健康保险营销员 …………… (72)
健康保险资金运营市场 …… (68)	健康保险独立代理人 ……… (72)
健康保险市场主体 ………… (68)	健康保险原保险经纪人 …… (72)
健康保险市场经营主体 …… (68)	健康保险再保险经纪人 …… (72)
健康保险投保人 …………… (69)	健康保险检验人 …………… (72)
健康保险保险人 …………… (69)	健康保险的种类 …………… (72)
健康保险中介 ……………… (69)	健康保险再保险 …………… (72)
健康保险市场的第三方管理者 ………………………… (69)	健康保险咨询 ……………… (72)
	健康保险采购 ……………… (72)

健康保险代交保费 ………… (73)
健康保险索赔协助 ………… (73)
健康保险经纪人续保 ………… (73)
健康保险经纪人询价 ………… (73)
健康保险市场供给 ………… (73)
健康保险市场需求 ………… (73)
健康保险市场供求特征 ………… (73)
健康保险的购买力 ………… (73)
健康险投保欲望 ………… (73)
保险机构的供给愿望 ………… (73)
保险机构的供给能力 ………… (73)
健康保险购买者的实际购买
　能力 ………… (74)
健康保险市场的供给主体 ………… (74)
健康保险市场的构成要素 ………… (74)
健康保险市场的组织形式 ………… (74)
健康保险市场需求主体 ………… (74)
健康保险市场专业化 ………… (74)
健康保险市场风险 ………… (74)
多层次健康保险市场体系 ………… (75)
健康保险市场地区差异 ………… (75)
健康保险市场国别差异 ………… (75)
健康保险市场在医疗保障体
　系中的地位 ………… (75)
健康保险市场多元化 ………… (76)
商业健康保险市场格局 ………… (76)
健康保险市场保险深度 ………… (76)
健康保险市场保险密度 ………… (76)
健康保险市场人均产能 ………… (77)
健康保险市场销售效率 ………… (77)
健康保险市场的市场发育 ………… (77)
健康保险市场竞争 ………… (77)
健康保险市场的长尾理论 ………… (77)
健康保险市场的个性化 ………… (78)
健康保险的网络市场 ………… (78)

健康保险市场发展机遇 ………… (78)
健康服务业市场 ………… (78)
健康产业链市场的一体化 ………… (79)
商业健康保险市场监管 ………… (79)
商业健康保险销售监管 ………… (79)
健康保险营销 ………… (80)
健康保险市场营销理念 ………… (80)
健康保险营销途径 ………… (81)
健康保险营销策略 ………… (81)
健康保险市场营销的主体 ………… (81)
健康保险市场营销的客体 ………… (81)
健康保险市场营销的对象 ………… (82)
健康保险市场营销环境 ………… (82)
健康保险营销环境机会 ………… (82)
健康保险营销环境威胁 ………… (82)
健康保险营销调研 ………… (82)
健康保险营销预测 ………… (82)
健康保险营销决策 ………… (82)
健康保险市场细分 ………… (83)
健康保险目标市场选择 ………… (83)
健康保险市场定位 ………… (83)
健康保险无差异营销 ………… (83)
健康保险差异性营销 ………… (83)
健康保险集中性营销 ………… (84)
健康保险市场领导者 ………… (84)
健康保险市场挑战者 ………… (84)
健康保险市场追随者 ………… (84)
健康保险市场补缺者 ………… (85)
健康保险营业推广 ………… (85)
健康保险营销管理 ………… (85)
健康保险营销风险 ………… (85)
健康保险产品开发策略 ………… (85)
健康保险产品组合策略 ………… (85)
健康保险产品品牌策略 ………… (86)
健康保险产品生命周期策略

.... (86)
健康保险产品定价策略 …… (86)
健康保险产品促销策略 …… (86)
健康保险产品渠道策略 …… (86)
商业健康保险市场风险 …… (87)
商业健康保险市场经营 …… (87)
商业健康保险市场经营风险
.... (87)
健康保险市场风险管理 …… (87)
商业健康保险市场行为规范
.... (88)
商业健康保险分销渠道 …… (88)
健康保险市场增长率 ……… (88)
健康保险市场集中度 ……… (88)
健康险赔付密度 …………… (89)
商业健康保险市场产业链 … (89)
商业健康保险市场发展空间
.... (89)
商业健康保险市场盈利空间
.... (89)
商业健康保险的市场角色 … (90)
商业健康保险市场的挤出
  效应 ………………………… (90)
基本医疗保险经办市场 …… (91)
泰康人寿全球医疗直通车
  服务 ………………………… (91)
商业护理保险市场 ………… (91)
公共护理保险市场 ………… (91)
护理保险市场挤出效应 …… (91)
护理保险市场信息不对称 … (91)
细分护理保险市场 ………… (92)
护理保险市场体系 ………… (92)
养老护理地产市场 ………… (92)
商业重疾保险市场 ………… (92)
重疾保险市场的双重性 …… (92)

大病保险市场 ……………… (92)
大病保险基金 ……………… (92)
重疾保险市场与政府的关系
.... (93)
慢病保险市场的长期性 …… (93)
互联网慢病管理市场 ……… (93)
养老产业与慢病产业的交叉
  协同 ………………………… (93)
健康体检市场 ……………… (93)
体检服务市场总量 ………… (93)
体检服务市场总量占比 …… (93)
各体检医疗机构市场份额 … (93)
体检服务市场的周期性 …… (94)
体检服务市场的社会责任
  属性 ………………………… (94)
体检服务市场的专业性 …… (94)
体检服务市场的跨界性 …… (94)
专业健康体检市场认可度 … (94)
健康体检的季节性 ………… (94)
跨境医疗中介市场 ………… (94)
健康保险市场中的医疗中介
.... (94)
互联网医疗中介市场 ……… (94)
医疗中介市场跨界 ………… (94)

四、健康保险业务 ………… (95)
健康 ………………………… (95)
健康保险 …………………… (95)
短期健康保险 ……………… (95)
长期健康保险 ……………… (95)
个人健康保险 ……………… (95)
团体健康保险 ……………… (95)
个人税收优惠健康保险 …… (95)
动物健康保险 ……………… (95)
企业健康保险 ……………… (95)
商业健康保险 ……………… (96)

综合健康保险 ………… （96）	团体住院费用保险 ……… （99）
强制健康保险 ………… （96）	普通医疗保险 …………… （99）
企业健康保险计划 …… （96）	普通医疗给付 …………… （99）
团体意外伤害保险 …… （96）	补充医疗费用保险 ……… （100）
保证续保健康保险 …… （96）	团体补充医疗保险 ……… （100）
职业健康保险 ………… （96）	团体特种医疗费用保险 … （100）
简易健康保险 ………… （96）	团体长期护理保险 ……… （100）
特定事故健康保险 …… （96）	团体牙科费用保险 ……… （100）
国民健康保险 ………… （96）	团体眼科保健保险 ……… （100）
非职业健康保险 ……… （96）	综合医疗费用保险 ……… （100）
超龄健康保险 ………… （96）	医疗费用保险 …………… （100）
次标准体健康保险 …… （96）	总括医疗费用保险 ……… （101）
健康储蓄账户 ………… （97）	住院补偿保险 …………… （101）
家庭健康保险 ………… （97）	一般住院医疗津贴 ……… （101）
个人契约健康保险 …… （97）	癌症住院医疗津贴 ……… （101）
特种疾病保险 ………… （97）	住院手术医疗津贴 ……… （101）
重大疾病保险 ………… （97）	长期护理社会保险 ……… （101）
普通疾病保险 ………… （97）	长期护理商业保险 ……… （101）
费用补偿型医疗保险 … （97）	单一责任护理保险 ……… （101）
定额给付型医疗保险 … （97）	综合责任护理保险 ……… （101）
住院医疗保险 ………… （98）	变额长期护理保险 ……… （101）
手术医疗保险 ………… （98）	万能长期护理保险 ……… （101）
意外伤害医疗保险 …… （98）	变额万能长期护理保险 … （101）
保证续保条款 ………… （98）	个人长期护理保险 ……… （102）
高额医疗费用保险 …… （98）	保额固定型长期护理保险
外科手术费用保险 …… （98）	………………………… （102）
疾病津贴 ……………… （98）	保额递增型长期护理保险
产妇津贴 ……………… （98）	………………………… （102）
门诊医疗费用保险 …… （99）	疾病身故保险金 ………… （102）
住院保险 ……………… （99）	长期护理保险金 ………… （102）
住院保单 ……………… （99）	老年护理保险金 ………… （102）
高额住院费用保险 …… （99）	长寿护理保险金 ………… （102）
大宗医疗费用保险 …… （99）	日常生活护理 …………… （102）
大宗住院保单 ………… （99）	生活护理 ………………… （102）
医疗费用保险单 ……… （99）	饮食护理 ………………… （102）

分级护理 …………………（102）
医护人员护理 ……………（102）
中度照护 …………………（102）
中度照护机构 ……………（103）
照顾式护理 ………………（103）
专业护理机构 ……………（103）
社区护理机构 ……………（103）
家庭护理 …………………（103）
医疗服务给付 ……………（103）
医疗服务保险 ……………（103）
日常生活活动失败 ………（103）
日常生活活动 ……………（103）
认知能力障碍 ……………（103）
认知能力 …………………（103）
费用补偿型长期护理保险
　　………………………（103）
定额给付型长期护理保险
　　………………………（104）
直接提供长期护理服务 …（104）
特别护理 …………………（104）
护理费用 …………………（104）
社区护理 …………………（104）
护理服务机构 ……………（104）
失能 ………………………（104）
失能收入损失保险 ………（104）
完全失能 …………………（104）
部分失能 …………………（104）
劳动能力鉴定 ……………（104）
日常生活能力 ……………（104）
工作能力 …………………（105）
收入 ………………………（105）
保障 ………………………（105）
原职业全残 ………………（105）
劳动收入 …………………（105）
非劳动收入 ………………（105）

利息 ………………………（105）
应税收入 …………………（105）
特殊条款 …………………（105）
保费豁免 …………………（105）
主合同 ……………………（105）
康复 ………………………（106）
除外责任 …………………（106）
通货膨胀 …………………（106）
物价指数 …………………（106）
社会保障金 ………………（106）
额外保险费 ………………（106）
体检 ………………………（106）
免体检限额 ………………（106）
医学核保 …………………（106）
生活方式核保 ……………（106）
职业核保 …………………（106）
团体核保 …………………（106）
绝对患病风险 ……………（107）
相对患病风险 ……………（107）
可干预患病风险 …………（107）
不可干预患病风险 ………（107）
危险因素 …………………（107）
健康危险因素 ……………（107）
健康风险分组 ……………（107）
可保性证明 ………………（107）
标准体 ……………………（107）
次标准体 …………………（107）
非标准体 …………………（107）
拒保 ………………………（107）
高残率 ……………………（107）
生存率 ……………………（107）
最高给付限额 ……………（108）
分项给付限额 ……………（108）
累计最高给付天数 ………（108）
满期保险金 ………………（108）

身故保险金 …………………（108）	现时健康状况 ……………（111）
生存保险金 …………………（108）	职业变更条款 ……………（111）
残疾保险金 …………………（108）	犹豫期条款 ………………（111）
全残保险金 …………………（108）	超额保险条款 ……………（111）
半残保险金 …………………（108）	理赔条款 …………………（112）
观察期 ………………………（108）	生效日条款 ………………（112）
等待期 ………………………（108）	保险责任终止条款 ………（112）
免责期 ………………………（108）	既存状况条款 ……………（112）
生存期 ………………………（109）	转换条款 …………………（112）
投保书 ………………………（109）	协调给付条款 ……………（112）
投保年龄 ……………………（109）	风险选择 …………………（113）
年龄限制 ……………………（109）	代理人核保 ………………（113）
医疗保险费 …………………（109）	体检医师核保 ……………（113）
健康声明书 …………………（109）	体检医生 …………………（113）
完全告知 ……………………（109）	体检报告 …………………（113）
有限告知 ……………………（109）	已体检合同 ………………（113）
确认保证 ……………………（109）	生存调查 …………………（113）
承诺保证 ……………………（109）	补充告知书 ………………（113）
隐瞒 …………………………（109）	投保记录 …………………（113）
虚假陈述 ……………………（109）	契约调查报告 ……………（113）
保费免缴条款 ………………（109）	初级核保书 ………………（114）
免缴保险费 …………………（109）	业务员报告书 ……………（114）
宽限期条款 …………………（110）	拒保体 ……………………（114）
等待期条款 …………………（110）	延期体 ……………………（114）
观察期条款 …………………（110）	加费承保 …………………（114）
复效条款 ……………………（110）	延期承保 …………………（114）
保单贷款条款 ………………（110）	拒绝投保 …………………（114）
自杀条款 ……………………（110）	暂保收据 …………………（114）
不可抗辩条款 ………………（110）	健康险保单 ………………（114）
年龄误告条款 ………………（110）	在途保单 …………………（114）
体检条款 ……………………（110）	承保限额 …………………（114）
通货膨胀保护条款 …………（111）	可解除健康保险单 ………（114）
不丧失现金价值条款 ………（111）	不可解除健康保险单 ……（115）
可续保条款 …………………（111）	报案 ………………………（115）
保证可保性 …………………（111）	立案 ………………………（115）

给付请求 …………………… (115)	病历 ………………………… (118)
简易赔案 …………………… (115)	死亡证明 …………………… (118)
索赔材料 …………………… (115)	基本健康险给付免赔额 …… (118)
损失通知书 ………………… (115)	责任期 ……………………… (118)
损失证明 …………………… (115)	共保 ………………………… (118)
索赔时效 …………………… (115)	预付制 ……………………… (118)
报案延误 …………………… (115)	后付制 ……………………… (118)
案件撤销 …………………… (115)	健康保险给付 ……………… (118)
保险欺诈 …………………… (115)	健康保险财务统计表 ……… (118)
报案人 ……………………… (116)	长期健康保险原保险保费
索赔人 ……………………… (116)	收入统计表 ……………… (119)
理赔联系人 ………………… (116)	健康保险经营利润表 ……… (119)
赔案记录人 ………………… (116)	健康保险销售渠道统计表
重大赔案联系人 …………… (116)	…………………………… (119)
赔偿等待期 ………………… (116)	健康保险业务统计表 ……… (119)
综合成本率 ………………… (116)	费用补偿型医疗保险理赔
综合费用率 ………………… (116)	统计表 …………………… (119)
综合赔付率 ………………… (116)	个人长期重疾险因统计表
救助 ………………………… (116)	…………………………… (119)
施救 ………………………… (116)	健康保险专项业务财务统
施救费用 …………………… (116)	计表 ……………………… (119)
救助担保人 ………………… (116)	健康保险委托管理业务统
医疗保险除外责任 ………… (116)	计表 ……………………… (119)
健康保险可续保性 ………… (117)	健康服务统计表 …………… (120)
不予续保 …………………… (117)	健康管理 …………………… (120)
骗赔 ………………………… (117)	健康风险 …………………… (120)
健康保险理赔 ……………… (117)	个案管理 …………………… (120)
索赔 ………………………… (117)	疾病管理 …………………… (120)
理赔理算人 ………………… (117)	重大疾病管理 ……………… (120)
健康保险索赔人 …………… (117)	伤残管理 …………………… (120)
索赔委托书 ………………… (117)	生活方式管理 ……………… (120)
理赔条件 …………………… (117)	健康需求管理 ……………… (120)
保单失效 …………………… (117)	健康保险成本效益 ………… (120)
请求给付申请书 …………… (117)	健康保险投资回报 ………… (121)
主治医师报告书 …………… (118)	电子健康档案 ……………… (121)

个人健康档案 …………… (121)	心理健康管理 …………… (124)
医院信息系统 …………… (121)	心理咨询 ………………… (124)
电子病历 ………………… (121)	心理测量 ………………… (124)
国际疾病分类 …………… (121)	心理问题 ………………… (124)
智能健康管理 …………… (121)	将健康融入所有政策 …… (124)
数字健康 ………………… (121)	身故 ……………………… (125)
移动健康 ………………… (121)	残疾 ……………………… (125)
智能健康 ………………… (121)	先天性畸形 ……………… (125)
治未病 …………………… (122)	意外伤害 ………………… (125)
中医养生 ………………… (122)	意外身故 ………………… (125)
循证医学 ………………… (122)	意外残疾 ………………… (125)
健康管理师 ……………… (122)	意外烧伤 ………………… (125)
医疗保密 ………………… (122)	头部外伤 ………………… (125)
健康信息资源 …………… (122)	自我伤害 ………………… (125)
健康信息技术 …………… (122)	疾病 ……………………… (125)
健康管理信息平台 ……… (122)	突发性疾病 ……………… (125)
医院信息系统 …………… (122)	职业病 …………………… (125)
健康风险评估 …………… (123)	终末疾病 ………………… (126)
健康体检 ………………… (123)	疾病身故 ………………… (126)
健康评估 ………………… (123)	全残 ……………………… (126)
生活方式疾病 …………… (123)	伤残等级 ………………… (126)
生活方式/行为评估 ……… (123)	后遗伤残 ………………… (126)
不可控（变）的健康危险	永久完全残疾 …………… (126)
因素 …………………… (123)	恶性肿瘤 ………………… (126)
可控（变）的健康危险因素	脑中风后遗症 …………… (126)
………………………… (123)	重大器官移植术 ………… (126)
合理营养 ………………… (123)	造血干细胞移植术 ……… (126)
膳食指南 ………………… (123)	终末期肾病 ……………… (126)
营养干预 ………………… (123)	多个肢体缺失 …………… (127)
保健食品 ………………… (124)	急性重症肝炎 …………… (127)
食源性疾病 ……………… (124)	亚急性重症肝炎 ………… (127)
身体活动 ………………… (124)	良性脑肿瘤 ……………… (127)
健康教育 ………………… (124)	慢性肝功能衰竭失代偿期 … (127)
健康促进 ………………… (124)	脑炎后遗症 ……………… (127)
心理健康 ………………… (124)	深度昏迷 ………………… (127)

失聪	(127)	急性胃炎	(130)
失明	(127)	慢性胃炎	(130)
瘫痪	(127)	胃食管反流病	(130)
循环系统	(127)	消化性溃疡	(130)
慢性心力衰竭	(127)	溃疡性结肠炎	(130)
急性心力衰竭	(127)	功能性胃肠炎	(130)
原发性高血压	(128)	胰腺炎	(131)
动脉粥样硬化	(128)	急性胰腺炎	(131)
冠状动脉粥样硬化心脏病	(128)	慢性胰腺炎	(131)
二尖瓣狭窄	(128)	胆囊炎	(131)
二尖瓣关闭不全	(128)	胆石症	(131)
原发性心肌病	(128)	阑尾炎	(131)
扩张型心肌病	(128)	内分泌系统	(131)
肥厚型心肌病	(128)	巨人症	(131)
限制型心肌病	(128)	肢端肥大症	(131)
急性心包炎	(128)	甲状腺功能亢进	(131)
缩窄性心包炎	(128)	皮质醇增多症	(131)
呼吸系统	(129)	原发性醛固酮增多症	(132)
感染	(129)	垂体性侏儒症	(132)
过敏	(129)	甲状腺机能减退症	(132)
粉尘	(129)	慢性肾上腺皮质功能减退症	(132)
有害气体	(129)		
肿瘤	(129)	糖尿病	(132)
急性上呼吸道感染	(129)	运动系统	(132)
急性气管-支气管炎	(129)	风湿热	(132)
慢性支气管炎	(129)	类风湿关节炎	(132)
慢性阻塞性肺气肿	(129)	皮肌炎	(132)
支气管哮喘	(129)	骨质疏松症	(132)
支气管扩张	(129)	骨折	(133)
肺炎	(130)	神经系统	(133)
气胸	(130)	周围神经系统	(133)
肺结核	(130)	前列腺炎	(133)
肺癌	(130)	癫痫	(133)
消化系统	(130)	脑出血	(133)
胃炎	(130)	重症肌无力	(133)

多发性硬化	(133)	精神病	(136)
精神疾病	(133)	急性心肌梗死	(136)
泌尿系统	(133)	再生障碍性贫血	(136)
急性肾小球肾炎	(133)	大型手术	(136)
原发性肾病综合征	(133)	器官移植	(137)
慢性肾小球肾炎	(134)	冠状动脉搭桥	(137)
肾盂肾炎	(134)	慢性肾衰竭	(137)
慢性肾功能不全	(134)	帕金森病	(137)
泌尿系统结石	(134)	慢性肝衰竭	(137)
生殖系统	(134)	心脏瓣膜	(137)
乳腺囊性增生病	(134)	心脏瓣膜手术	(137)
子宫肌瘤	(134)	慢性疾病	(137)
宫颈炎症	(134)	严重阿尔茨海默病	(137)
子宫内膜异位症	(134)	脑损伤	(137)
前列腺增生	(134)	烧伤	(137)
病毒性肝炎	(134)	原发性肺动脉高压	(137)
甲型病毒性肝炎	(135)	运动神经元病	(138)
乙型病毒性肝炎	(135)	语言能力丧失	(138)
丙型病毒性肝炎	(135)	重型再生障碍性贫血	(138)
十二指肠溃疡	(135)	六项基本日常生活活动	(138)
高脂血症	(135)	肢体机能完全丧失	(138)
高尿酸血症	(135)	语言能力完全丧失	(138)
痛风	(135)	咀嚼吞咽能力完全丧失	(138)
脑卒中后遗症	(135)	永久不可逆	(138)
卵巢囊肿	(135)	艾滋病病毒感染者	(138)
脑内血肿	(135)	重大疾病	(138)
血胸	(135)	遗传性疾病	(138)
贫血	(135)	既往症	(138)
系统性红斑狼疮	(135)	住院	(139)
先天性疾病	(136)	每次住院	(139)
遗传性疾病	(136)	医院	(139)
地方病	(136)	医生	(139)
法定传染病	(136)	重症监护/特别护理	(139)
矫形	(136)	门诊	(139)
整形	(136)	急诊	(139)

第二诊疗意见 …………… (139)
手术 ……………………… (139)
住院费 …………………… (139)
住院杂项费及手术费 …… (139)
床位费用 ………………… (139)
膳食费用 ………………… (139)
医疗费用 ………………… (140)
门诊医疗费用 …………… (140)
药品费用 ………………… (140)
治疗费用 ………………… (140)
检查化验费用 …………… (140)
手术费用 ………………… (140)
诊疗费用 ………………… (140)
急救车费用 ……………… (140)
健康咨询 ………………… (140)
紧急救援服务 …………… (140)

五、健康保险组织 ……………… (141)
中华人民共和国国家卫生和
计划生育委员会 ………… (141)
中华人民共和国人力资源和
社会保障部 ……………… (141)
中国保险监督管理委员会 … (141)
中国保险行业协会 ……… (141)
中国医疗保险研究会 …… (142)
中国非公立医疗机构协会 … (142)
中国新型农村合作医疗管理
机构 ……………………… (142)
中国公费、劳保医疗管理办
公室 ……………………… (142)
中国定点医疗机构 ……… (142)
医疗纠纷人民调解委员会 … (143)
中国人民健康保险股份有限
公司 ……………………… (143)
平安健康保险股份有限公司
…………………………… (143)

昆仑健康保险股份有限公司
…………………………… (143)
和谐健康保险股份有限公司
…………………………… (143)
太保安联健康保险股份有限
公司 ……………………… (143)
复星联合健康保险股份有限
公司 ……………………… (144)
瑞华健康保险股份有限公司
…………………………… (144)
蓝虎健康 ………………… (144)
北京大学医学部 ………… (144)
四川大学华西公共卫生学院
…………………………… (144)
阳光融合医院 …………… (144)
美兆体检集团 …………… (145)
慈铭体检集团 …………… (145)
美年大健康产业有限公司 … (145)
爱康国宾健康体检管理集团
…………………………… (145)
阿里健康 ………………… (145)
时康国际健康保险公司 … (145)
美国保险监管信息系统 … (145)
美国联邦政府医疗和社会服
务部 ……………………… (146)
美国全国医疗监管局 …… (146)
美国保险监督官协会 …… (146)
美国保险协会 …………… (146)
美国健康保险协会 ……… (146)
美国医疗保健组织 ……… (146)
美国卫生保健促进协会 … (147)
美国健康维护组织 ……… (147)
美国个人业务协会健康维护
组织 ……………………… (147)
美国医院服务维护组织 … (147)

美国优先医疗服务组织 …… （147）
美国专有提供者组织 ……… （148）
美国记点服务计划 ………… （148）
美国医疗保险交易所 ……… （148）
美国职业标准评定组织 …… （148）
美国财产和责任保险承保人
　协会 …………………… （148）
美国保险经纪人协会 ……… （148）
联合健康集团 ……………… （148）
万欣和 ……………………… （148）
维鹏健康保险公司 ………… （149）
安泰国际健康保险公司 …… （149）
哈门那健康保险公司 ……… （149）
信诺健康保险公司 ………… （149）
国际健康保险集团 ………… （149）
独立美国保险公司 ………… （149）
国际健康保险专业公司 …… （149）
奥斯卡健康保险公司 ……… （149）
三叶草健康保险平台 ……… （150）
光明健康保险平台 ………… （150）
美国健康保险网 …………… （150）
蓝盾治疗费用保险协会 …… （150）
蓝十字 ……………………… （150）
蓝十字蓝盾联合会 ………… （150）
亚太网络交换健康管理服务
　公司 …………………… （150）
美国凯撒健康计划和医疗集
　团 ……………………… （150）
环球健康服务公司 ………… （151）
美国阿尔梅达援助与健康服
　务公司 ………………… （151）
美国瑞典盟约医院 ………… （151）
美国保险学会 ……………… （151）
美国风险和保险学会 ……… （151）
美国大学 …………………… （152）
哈佛大学肯尼迪政府管理
　学院 …………………… （152）
约翰霍金斯大学 …………… （152）
加州大学伯克利分校公共政
　策学院 ………………… （152）
普林斯顿大学威尔逊公共与
　国际事务学院 ………… （152）
南加州大学普莱斯公共政策
　学院 …………………… （152）
杜克大学桑福德公共政策
　学院 …………………… （152）
密歇根大学安娜堡分校福特
　总统政策学院 ………… （153）
纽约大学瓦格纳公共服务与
　政策学院 ……………… （153）
威斯康辛大学麦迪逊校区社
　会工作学院 …………… （153）
乔治·华盛顿大学特拉奇滕
　伯格公共政策与公共管理
　学院 …………………… （153）
纽约保险学院 ……………… （153）
保险研究协会 ……………… （153）
美国医疗卫生服务中心 …… （153）
美国医疗选择管理署 ……… （154）
美国食品药物管理局 ……… （154）
美国医院公司 ……………… （154）
美国医学会 ………………… （154）
美国保险信息协会 ………… （154）
美国地区医疗购买联合体 … （154）
美国联合承保协会 ………… （154）
美国独立保险代理人组织 … （154）
英国保险协会 ……………… （155）
英国保险经纪人协会 ……… （155）
英国特许保险学会 ………… （155）
伦敦保险人协会 …………… （155）

英国国家卫生服务综合组织 …………………………（155）
英国基本保健集团 …………（155）
苏格兰医疗与牙医防御联盟 …………………………（155）
英国医疗责任防御联盟 ……（155）
英国医师受托管理公会 ……（155）
英国健康观察组织 …………（156）
保柏健康保险公司 …………（156）
威廉·拉塞尔国际保险公司 …………………………（156）
塞纳医疗药品公司 …………（156）
纳菲尔德医疗集团 …………（156）
英国初级医疗保健信托机构 …………………………（156）
英国全科医学委员会 ………（156）
英国国家医疗卓越研究所 …（156）
英国国家临床和卫生评价研究所 ……………………（157）
伦敦劳合社 …………………（157）
劳合社辛迪加 ………………（157）
劳合社承保人 ………………（157）
英国医院托拉斯 ……………（157）
劳合社协会 …………………（157）
劳合社经纪人 ………………（157）
伦敦保险和再保险市场协会 …………………………（157）
伦敦保险市场网络 …………（157）
英国大区卫生局 ……………（157）
国际医疗集团 ………………（157）
法国临时联保体 ……………（158）
法国医疗保障公司 …………（158）
法国工薪职工国家疾病保险公司 ……………………（158）
安盛PPP国际医疗保险公司 …………………………（158）
法国地方社会卫生局 ………（158）
法国医生工会联合会 ………（158）
法国地方疾病基金 …………（158）
法国地方医院厅 ……………（158）
德国健康保险有限公司 ……（159）
德国疾病基金会 ……………（159）
德国医师和疾病基金联邦委员会 ……………………（159）
德国联合联邦委员会 ………（159）
德国医疗卫生体系质量与费用效率技术评估机构 …（159）
荷兰指南发展筹备委员会 …（159）
荷兰卫生服务研究协会 ……（159）
荷兰健康福利和体育部 ……（159）
瑞士联邦社会保险最高法院 …………………………（160）
瑞士联邦社会保险办公室 …（160）
瑞士联邦公共卫生办公室 …（160）
瑞士联邦私人商业保险办公室 ………………………（160）
瑞士联邦普通医疗保险福利委员会 …………………（160）
瑞士基本医疗保险疾病偿付条例 ……………………（160）
瑞士联邦疾病保险基本原则委员会 …………………（160）
澳大利亚卫生部 ……………（160）
澳大利亚健康医疗标准委员会 ………………………（161）
澳大利亚药品福利价格局 …（161）
澳大利亚药品福利咨询委员会 ………………………（161）
澳大利亚医疗服务咨询委员会 ………………………（161）

澳大利亚药物经济学分会 … （161）
澳大利亚药品使用分会 …… （161）
澳大利亚社区医疗服务中心
　………………………… （161）
新西兰皇家调查委员会 …… （162）
新西兰独立家庭医生协会 … （162）
新西兰健康与残疾委员会 … （162）
安大略医疗协会 …………… （162）
加拿大健康信息协会 ……… （162）
加拿大专利药品价格评审委
　员会 ……………………… （162）
加拿大医疗技术评估协调办
　公室 ……………………… （162）
加拿大保险精算师协会 …… （162）
西班牙卫生部 ……………… （163）
西班牙劳动和社会事务部 … （163）
西班牙国家医药管理局 …… （163）
以色列普通工人疾病基金 … （163）
新加坡国家卫生保健集团 … （163）
新加坡卫生服务集团 ……… （163）
莱富士健康保险公司 ……… （163）
新加坡医疗救助基金 ……… （163）
南非发现健康保险公司 …… （163）
日本全国健康保险协会 …… （164）
PL东京健康管理中心……… （164）
韩国医保评审机构 ………… （164）
韩国全民医疗保险公司 …… （164）
韩国医药分离推进协议会 … （164）
俄罗斯国家卫生保障与疾病
　检疫委员会 ……………… （164）
巴西国家医疗保险协会 …… （164）
泰国国家健康保障办公室 … （165）
泰国国家健康保障委员会 … （165）
泰国卫生服务标准和质量控
　制委员会 ………………… （165）

泰国国家卫生委员会 ……… （165）
医师医院组织 ……………… （165）
失能收入记录系统 ………… （165）
欧洲全科医学教师学会 …… （165）
世界家庭医生组织 ………… （165）
国家职业安全和健康机构 … （166）
病历资料服务所 …………… （166）
国家保险发展组织 ………… （166）
风险与保险管理协会 ……… （166）
国际保险市场准则协会 …… （166）
世界卫生组织 ……………… （166）
世界卫生组织欧洲办事处 … （167）
国际健康保险公司 ………… （167）
国际医疗服务公司 ………… （167）
洲际健康保险集团 ………… （167）
柳温霍斯特组织 …………… （167）
国家相互保险公司协会 …… （167）
美国独立保险人协会 ……… （167）
国际疾病管理协会 ………… （167）
国际保险医学会 …………… （167）
独立医疗职业协会 ………… （168）
六、国际健康保险 …………… （169）
个人总额和需求导向型护理
　服务雇佣计划 …………… （169）
日本2002年医改 ………… （169）
日本长期护理服务保险 …… （169）
日本老年健康法 …………… （170）
日本国民健康保险 ………… （170）
日本统包支付制度 ………… （170）
日本家庭看护津贴计划 …… （170）
巴西综合医疗体系 ………… （170）
巴西联邦医疗体系 ………… （170）
以色列国民健康保险法 …… （170）
布鲁金斯模型 ……………… （171）
卢森堡抚养保险 …………… （171）

卢森堡护理服务现金津贴计划 ……（171）	英国长期照护筹资模式 ……（176）
印尼儿童健康综合管理 ……（171）	英国全民健保制度 ……（176）
印尼卫生保健系统 ……（171）	英国护理津贴计划 ……（176）
印尼公务员社会医疗保险制度 ……（171）	英国医院托拉斯 ……（176）
印尼公立医院自主化改革 ……（171）	英国初级健保团队 ……（176）
印度三级医疗网络 ……（172）	英国直接支付制度 ……（176）
印度全民农村健康计划 ……（172）	英国国家卫生服务体系 ……（176）
印度农村医疗执业者 ……（172）	英国的健康保险现状 ……（177）
印度私立医疗业 ……（172）	英国的健康保险模式 ……（177）
印度初级卫生中心 ……（172）	英国政府外包服务采购计划 ……（177）
印度社区卫生中心 ……（172）	英国看护者津贴 ……（178）
印度政府医疗体系 ……（172）	英国选择和评估技术新体系 ……（178）
印度特别行动组 ……（172）	英国健康保险市场发展路径 ……（178）
印度营利性医疗机构 ……（173）	英国资金持有人计划 ……（178）
加拿大卫生法 ……（173）	欧洲非正式医疗支付 ……（178）
加拿大全民公共健康保险 ……（173）	欧洲基本卫生保健 ……（178）
加拿大医疗技术评估 ……（173）	欧洲基本保健供给 ……（178）
加拿大的卫生保健筹资模式 ……（173）	欧洲基本保健服务购买模式 ……（179）
加拿大的健康保险模式 ……（173）	欧盟自愿健康保险 ……（179）
加拿大家庭保健网络体系 ……（174）	肯尼迪—卡森邦立法 ……（179）
加拿大照顾病危亲属津贴计划 ……（174）	法国的健康保险现状 ……（179）
西班牙63号皇家法令 ……（174）	法国的健康保险模式 ……（179）
西班牙公共医疗保险筹资 ……（174）	政府向护理服务提供者提供收入补助制度 ……（179）
西班牙加泰罗尼亚卫生保健系统 ……（174）	政府向护理服务需求者提供津贴制度 ……（180）
西班牙健康基本法 ……（174）	挪威合约全科医生计划 ……（180）
守门人机制 ……（174）	挪威自治市卫生服务法 ……（180）
芬兰基本卫生保健法 ……（175）	挪威医院法 ……（180）
芬兰基本保健改革 ……（175）	挪威看护者周薪制 ……（181）
阿拉木图宣言 ……（175）	南非 Discovery Vitality 健康管
现代医疗市场 ……（175）	

理公司医疗费用节约推动器
  计划 …………………………（181）
南非 Discovery Vitality 健康管
  理公司信用卡计划 ………（181）
南非 Discovery Vitality 健康管
  理公司健康食品计划 ……（182）
南非 Discovery 公司 Keycare
  系列产品 …………………（182）
南非 Discovery 公司健康管理
  服务制度 …………………（182）
中国香港地区全民健康服务
  法规制度 …………………（183）
美国老年医疗照顾计划 ……（183）
美国当前诊疗操作专用码 …（183）
美国传统健康保险市场 ……（183）
美国劳工补偿制度 …………（184）
美国医疗改革法案 …………（184）
美国医疗保险体系 …………（184）
美国社会保障法 ……………（185）
美国咖啡杯行动 ……………（185）
美国凯撒医疗的垂直医疗整
  合模式 ……………………（185）
美国的健康保险模式 ………（185）
美国政府医疗保障计划 ……（186）
美国适价医疗选择法 ………（186）
美国急诊医疗和活跃劳动法
  案 …………………………（186）
美国健康保险计划 …………（186）
美国健康保险市场 …………（186）
美国健康保险市场发展路径
  ……………………………（187）
美国健康保险法 ……………（187）
美国健康管理组织法 ………（187）
美国病人保障和适价医疗法案
  ……………………………（188）
美国疾病保险法 ……………（188）
美国职业安全和健康法 ……（188）
美国梅奥医院以用户健康为
  核心的定位 ………………（188）
美国商业健康保险 …………（188）
美国奥巴马医改方案 ………（188）
美国需求导向型护理服务雇
  用计划 ……………………（189）
美国管理式医疗保险市场 …（189）
泰国"三十铢"医疗保险
  计划 ………………………（189）
泰国 2001 年医保改革 ……（189）
泰国工人保险计划 …………（190）
泰国自愿性健康卡计划 ……（190）
泰国低收入健康卡制度 ……（190）
泰国社会保障计划 …………（190）
泰国国家公务员医疗保障
  制度 ………………………（190）
泰国国家健康保险法 ………（190）
泰国的健康保险模式 ………（190）
泰国基础医疗签约单位 ……（191）
荷兰的自发建立健康保险 …（191）
荷兰个人总额计划 …………（191）
荷兰医疗保险法 ……………（191）
荷兰额外医疗费用法 ………（192）
俾斯麦模式 …………………（192）
爱尔兰看护者保险 …………（192）
爱尔兰看护者津贴计划 ……（192）
荷兰疾病基金法 ……………（192）
斯洛文尼亚卫生保健系统 …（192）
韩国卫生保险体系 …………（193）
韩国医疗服务项目支付体系
  改革 ………………………（193）
韩国医疗药品体系改革 ……（193）
韩国医疗费用报销体系 ……（193）

韩国医药分离政策 ………… （194）
韩国经济评价与药品报销
　　改革 …………………… （194）
韩国筹资体系及医保行业
　　改革 …………………… （194）
奥地利护理服务现金津贴
　　计划 …………………… （194）
瑞士医疗技术临床与经济
　　学评价标准手册 ………… （194）
瑞士联邦疾病与意外保
　　险法 …………………… （194）
瑞士联邦疾病保险法 ……… （195）
瑞典卫生与医疗服务
　　法案 …………………… （195）
瑞典护理津贴计划 ………… （195）
瑞典社会服务法 …………… （195）
瑞典看护休假 ……………… （195）
瑞典看护者工资制度 ……… （195）
新加坡公共医疗保健机构 … （195）
新加坡公私共责医疗资金与
　　医疗服务体制 ………… （195）
新加坡双轨制医疗供应体系
　　………………………… （196）
新加坡乐龄健保计划 ……… （196）
新加坡医疗保险个人账户计划
　　………………………… （196）
新加坡的卫生保健体制 …… （196）
新加坡的医疗服务体系 …… （197）
新加坡保健储蓄计划 ……… （197）
新加坡健保双全计划 ……… （197）
新加坡综合卫生保健体系 … （197）
新西兰卫生战略 …………… （197）
新西兰卫生资金筹措机制 … （197）
新西兰公立医院免费医疗制度
　　………………………… （198）
新西兰坎特伯雷老年护理项目
　　………………………… （198）
新西兰医疗卫生保健体制 … （198）
新西兰社会保障法案 ……… （199）
新西兰基本卫生保健战略 … （199）
新西兰就地养老计划 ……… （199）
墨西哥大众医疗保险计划 … （199）
墨西哥大众医疗保险法 …… （199）
德国 Almeda 公司狭义健康
　　管理服务 ……………… （200）
德国 DKV 公司三角战略 … （200）
德国 DKV 公司关注健康战略
　　………………………… （200）
德国卫生保健改革法 ……… （201）
德国护理服务现金津贴计划
　　………………………… （201）
德国医疗保障结构法案 …… （201）
德国社会长期护理保险 …… （201）
德国的健康保险现状 ……… （201）
德国的健康保险模式 ……… （201）
德国法定医疗保险现代化法
　　………………………… （202）
德国健康保险市场发展路径
　　………………………… （202）
德国疾病保险法 …………… （202）
澳大利亚全民医疗保险 …… （202）
澳大利亚安养服务计划 …… （203）
澳大利亚医疗服务协议 …… （203）
澳大利亚医疗服务筹资体系
　　………………………… （203）
澳大利亚医疗差价覆盖计划
　　………………………… （203）
澳大利亚针对社区医疗机构
　　就医患者用药的药品福利
　　计划 …………………… （203）

澳大利亚私人医保激励方案
……………………（203）
澳大利亚社区老年护理服务
套餐计划 ……………（203）
澳大利亚的健康保险模式 …（203）
澳大利亚药品和医疗器械法案
……………………（204）
澳大利亚看护者收入补助 …（204）
澳大利亚看护者津贴 ………（204）

澳大利亚家庭和社区护理
计划 ……………………（204）
澳门特区半全民保健服务
模式 ……………………（204）
赞比亚的社区医疗保险 ……（204）

后记 ……………………………（205）

跋 ………………………………（207）

健康保险基础 (Health Insurance Bases)

风险(Risk) 风险是指事件发生的不确定性,由风险因素、风险事故和损失三要素构成。在保险理论与实务中,风险仅指损失的不确定性。这种不确定性包括发生与否的不确定、发生时间的不确定和导致结果的不确定。

纯粹风险(Pure Risk) 纯粹风险是指只有损失可能没有获利机会的风险。与纯粹风险相对应的是投机风险,保险经营的风险只能是纯粹风险。

道德风险(Moral Risk) 道德风险是指因投保人、被保险人或受益人为骗取保险金而故意造成保险事故或加重损失程度的风险。

心理风险(Morale Risk) 心理风险是指因漫不经心或疏忽大意,而不是主观意愿上的故意和蓄谋,造成保险事故或加重损失程度的风险。

静态风险(Static Risk) 静态风险是指在社会政治经济环境正常的情况下,由于自然力的不规则变动和人们的错误判断和错误行为所导致的风险。如地震、洪水、飓风等自然灾害,交通事故、火灾、工业伤害等意外事故均属于静态风险。

动态风险(Dynamic Risk) 动态风险是指与社会变动有关的风险,主要是社会经济、政治以及技术、组织机构发生变动而产生的风险。如通货膨胀、汇率风险、罢工、暴动、消费者偏好改变、国家政策变动等均属于动态风险。

人身风险(Personal Risk) 人身风险是指在日常生活以及经济活动中,人的生命或身体遭受各种形式的损害,造成人的经济生产能力降低或丧失的风险。包括但不限于死亡、残疾、疾病、生育、年老等损失形态。

财产风险(Property Risk) 财产风险是指因发生自然灾害、意外事故而使个人或单位占有、控制或照看的财产遭受损失、灭失或贬值的风险。

长寿风险(Longevity Risk) 长寿风险是指个人或总体人群未来的平均实际寿命高于预期寿命所产生的风险。

责任风险(Liability Risk) 责任风险是指因个人或单位的行为造成他人的财产损失或人身伤害,依法律或合同应承担赔偿责任的风险。

信用风险（Credit Risk） 信用风险是指在经济交往中，因义务人违约或违法致使权利人遭受经济损失的风险。

环境风险（Environmental Risk） 环境风险是指人们在建设、生产和生活过程中，所遭遇的突发性事故（一般不包括自然灾害和不测事件）对环境，或健康乃至经济带来危害的风险。因职业、收入、居住环境、工作环境和生活习惯等因素导致人死亡、患病或伤残的风险也属于环境风险。

职业风险（Occupational Risk） 职业风险是指在从业过程中，因工作环境导致人死亡、患病或伤残的风险。如因职业暴露产生的各种职业损伤、高负荷工作带来的精神压力等都属于职业风险的范畴。

自然风险（Natural Risk） 自然风险是指因自然力的不规则变化产生的现象所导致危害经济活动、物质生产或生命安全的风险。

巨灾风险（Catastrophic Risk；Catastrophe） 巨灾风险是指因一次重大自然灾害、疾病传播、恐怖主义袭击或人为事故造成巨大损失的风险。

政治风险（Political Risk） 政治风险是指因种族、宗教、利益集团和国家之间的冲突，或因政策、制度的变革与权力的交替造成损失的风险。政治风险通常包括战争、内乱、征收、征用、没收、国有化、汇兑等发生的风险。

社会风险（Social Risk） 社会风险是指因个人或单位的行为，包括过失行为，不当行为及故意行为对社会生产及人们生活造成损失的风险。

风险因素（Hazard） 风险因素是指促使某一特定风险事故发生或增加其发生的可能性或扩大其损失程度的原因或条件。它是风险事故发生的潜在原因，是造成损失的内在或间接原因。风险因素包括有形风险因素和无形风险因素，其中无形风险因素包括道德风险因素和心理风险因素。

物质风险因素（Physical Hazard） 物质风险因素又称有形风险因素，是指促使风险事故发生、增加损失机会或加重损失程度的、有形的、并能直接影响事物物理功能的因素。

道德风险因素（Moral Hazard） 道德风险因素是指人们以不诚实或不良企图，或欺诈行为故意增加风险事故发生的机会、频率和损失程度的因素。

心理风险因素（Morale Hazard） 心理风险因素是指由于人们不注意、不关心、存在某些侥幸或依赖心理，以致增加风险事故发生的机会、频率和损失程度的因素。

风险事件（Risk Event） 风险事件又称风险事故，是造成生命、财产损害的偶发事件，是造成损害的直接原因。

风险管理（Risk Management） 风险管理是指具体的经济单位通过对可能影响或破坏正常的生产经营或生活的风险的认识、衡量和分析，以最小的技术或经济成本取得最大安全保障的管理活动。

风险管理目标（Risk Management Objective） 风险管理目标由两部分组成，损失发生前的风险管理目标和损失发生后的风险管理目标，前者的目标是

一、健康保险基础（Health Insurance Bases）

避免或减少风险事故形成的机会，包括节约经济成本、减少忧虑心理；后者的目标是努力使损失的标的恢复到损失前的状态，包括维持企业的继续生存、生产服务的持续、稳定的收入、生产的持续增长和社会责任。

风险规避（Risk Avoidance） 风险规避是通过有计划的变更来消除风险或风险发生的条件，保护目标免受风险的影响。风险规避适用于应对损失发生概率高且损失程度大的风险。

风险自留（Risk Retention） 风险自留是由个人或单位自行承担风险的一种风险处理方式。

风险预防（Risk Prevention） 风险预防是在损失发生前为了消除或减少可能引发损失的各种因素而采取的一种风险处理方式，其目的是减小损失发生的可能性及损失程度。

风险抑制（Risk Reduction） 风险抑制是在损失发生时或发生后，为缩小损失程度而采取的一种风险处理方式。风险抑制不能降低风险事件发生的概率，只能降低风险损失的程度。

风险中和（Risk Hedging） 风险中和是将风险的损失机会与获利机会予以平均的一种风险处理方式。

风险转移（Risk Transfer） 风险转移是通过合同或非合同的方式将风险转嫁给另一个人或单位的一种风险处理方式。风险转移是对风险造成损失的承担的转移。

风险集合（Risk Pooling） 风险集合又称风险聚集，是集合大量同一性质的风险单位，使每一单位所承受的风险减少的风险处理方式。在保险过程中，风险集合与风险分散是同一过程的两个阶段。

风险分散（Risk Diversification） 风险分散是指增加承受风险的单位以减轻总体风险的压力。在保险过程中，风险集合与风险分散是同一过程的两个阶段。

风险识别（Risk Identification） 风险识别是在风险事故发生之前，经济单位和个人对面临的以及潜在的风险加以判断、归类整理并对风险的性质进行鉴定的过程。风险识别是风险管理的第一步，也是风险管理的基础。

风险评估（Risk Assessment） 风险评估是在风险事件发生之前或之后（但还没有结束），对该事件给人们的生活、生命、财产等各个方面造成的影响和损失的可能性进行量化评估的工作。风险评估就是量化测评某一事件或事物带来的影响或损失的可能程度。

风险评价（Risk Evaluation） 风险评价是在风险识别和风险估测的基础上，对风险发生的概率、损失程度，结合其他因素进行全面考虑，评估发生风险的可能性及其危害程度，并与公认的安全指标相比较，以衡量风险的程度，并决定是否需要采取相应措施的过程。

风险分类（Risk Classification） 风险分类以风险估测和评价为基础，将风险划分成不同的类别。

保险（Insurance） 保险以物质财产和经济利益的风险集中与分散为基本运动形式，是对于可以用货币衡量或标定价值的物质财产、经济利益或人的寿命及身体提供商业保障的经济行为。

商业保险（Commercial Insurance）
商业保险是通过订立保险合同运营，以营利为目的的保险形式，由专门的保险企业经营。商业保险关系是由当事人自愿缔结的合同关系，投保人根据合同约定，向保险公司支付保险费，保险公司根据合同约定的保险事故的发生所造成的财产损失承担赔偿保险金责任，或者当被保险人死亡、伤残、疾病或达到约定的年龄、期限时承担给付保险金责任。

社会保险（Social Security） 社会保险是国家为了预防和分担年老、失业、疾病以及死亡等社会风险，实现社会安全，而强制社会多数成员参加的、具有所得重分配功能的非营利性的社会安全制度。它强制某一群体将其收入的一部分作为社会保险费形成社会保险基金，在满足一定条件的情况下，被保险人可从基金获得固定的收入或损失的补偿，是一种再分配制度，它的目标是保证物质及劳动力的再生产和社会的稳定。社会保险的主要项目包括养老保险、医疗保险、失业保险、工伤保险、生育保险。

养老保险（Endowment Insurance）
养老保险也称社会基本养老保险，是国家依据相关法律法规规定，为解决劳动者在达到国家规定的解除劳动义务的劳动年龄界限或因年老丧失劳动能力而退出劳动岗位后而建立的一种保障其基本生活的社会保险制度。养老保险的目的是保障老年人的基本生活需求，为其提供稳定可靠的生活来源。

工伤保险（Employment Injury Insurance） 工伤保险是指劳动者在工作中或在规定的特殊情况下，遭受意外伤害或患职业病导致暂时或永久丧失劳动能力以及死亡时，劳动者或其遗属从国家和社会获得物质帮助的一种社会保险制度。

失业保险（Unemployment Insurance） 失业保险是国家通过立法强制实行的，由全社会集中建立基金，对因失业而暂时中断生活来源的劳动者提供物质帮助的制度。失业保险是社会保障体系的重要组成部分，是社会保险的主要项目之一。

生育保险（Maternity Insurance）
生育保险是国家通过立法，规定怀孕和分娩的女性劳动者在暂时中断劳动时，由国家和社会提供医疗服务、生育津贴和产假的一种社会保险制度，国家或社会对生育的职工给予必要的经济补偿和医疗保险。

企业年金（Employer Annuity） 企业年金是我国三层次社会保障体系的第二支柱，是对国家基本养老保险的重要补充，是企业及其职工在依法参加基本养老保险的基础上，依据国家政策和本企业经济状况，经过必要的民主决策程序建立的，享受国家税收政策支持的，由企业和职工共同缴费的养老保障计划。

职业年金（Occupational Annuity）
职业年金是指事业单位及其职工在依法参加基本养老保险的基础上，依据国家政策和本单位经济状况，经过必要的民主决策程序建立的，享受国家税收政策支持的，由事业单位和职工共同缴费的养老保障计划。

社会互助（Social Mutual Aid） 社会互助是指在政府鼓励和支持下，社会团体和社会成员自愿组织和参与的扶弱济贫活动。社会互助具有自愿和非营利的特征，其资金主要来源于社会捐赠和成员自愿缴费。

社会统筹（Overall Social Planning） 社会统筹是指社会保险基金在大范围内由社会保险经办机构依法统一征收、统一管理、在属地范围内统一调剂使用。

统筹基金（Pooling Funds） 统筹基金是指所有单位缴费都统一放到一个公共基金池的基金部分，然后再从统筹基金中列支基金给符合领取要求的参保人员。

财产保险（Property Insurance） 财产保险是以物质财产及其有关的经济利益和损害赔偿责任为保险标的的保险产品。广义的财产保险包括财产损失保险、农业保险、责任保险、信用保证保险等。

责任保险（Liability Insurance） 责任保险是以被保险人对第三者依法应承担的赔偿责任为保险标的的保险。按业务内容，责任保险可分为公众责任保险、产品责任保险、雇主责任保险、职业责任保险和第三者责任保险五类业务。

信用保险（Credit Insurance） 信用保险是以债权人因债务人不能偿付或拒绝偿付债务而遭受的经济损失为保险标的的保险。

人身保险（Personal Insurance） 人身保险是以人的寿命和身体作为保险标的的保险产品。

人寿保险（Life Insurance） 人寿保险是人身保险的一种，简称寿险。人寿保险是以被保险人的寿命为保险标的，且以被保险人的生存或死亡为给付条件的人身保险。

健康保险（Health Insurance） 健康保险是以被保险人的身体为保险标的，使被保险人在疾病或意外事故所致伤害时发生的费用或损失获得补偿的一种保险。健康保险分为疾病保险、医疗保险、失能收入损失保险、护理保险等。

费用补充型医疗保险（Cost Supplementary Medical Insurance） 费用补充型医疗保险，也叫费用报销型医疗保险，是根据被保险人实际发生的医疗费用支出，按照约定的标准确定保险金数额的医疗保险。费用补偿型医疗保险的给付金额不得超过被保险人实际发生的医疗费用金额。费用补偿型医疗保险，与定额给付型医疗保险一样，同属于健康保险范畴，都是当被保险人患病之后，保险公司对其已经发生或将要发生的医疗费用的合理部分予以补偿，以期帮助被保险人得到及时治疗，健康状况得以改善。但两者也有明显区别。费用补偿型的保险金给付方式主要包括：在保险额度和责任范围内，对被保险人的医疗费用花多少补偿多少；如果被保险人从第三方处获得补偿，保险公司仅补偿其差额部分；若投保人向多家保险公司投保，各保险公司根据一定比例分摊。总的补偿金额不能超过被保险人的实际支出，这一点与定额给付型的保险金给付方式不同。

医疗保险（Medical Insurance） 医疗保险是以保险合同约定的医疗行为发生为给付保险金条件，按约定对被保险人接受诊疗期间的医疗费用支出提供补偿的健康保险。

疾病保险（Disease Insurance） 疾病保险是对被保险人因疾病引起的收入损失、费用支出或因疾病所致死亡或残废，保险人按照保险合同规定承担给付保险金责任的保险。

意外保险（Accidental Insurance） 意外保险是投保人向保险公司缴纳一定金额的保费，当被保险人在保险期限内遭受意外伤害，并以此为直接原因造成死亡或残废时，保险公司按照保险合同的约定向被保险人或受益人支付一定数量保险金的保险。

年金保险（Annuity Insurance） 年金保险是以被保险人生存为给付保险金条件，并按约定的时间间隔分期给付生存保险金的人身保险。

定期保险（Term Insurance） 定期保险是指保险期间为固定时间段的保险。定期保险包括定期寿险、定期年金保险等。

终身保险（Whole Life Insurance） 终身保险通常指终身寿险，是以被保险人死亡为给付保险金条件，且保险期限为终身的人寿保险。

主险（Main Coverage） 主险也称基本险，是指可单独投保的保险产品。

附加险（Additional Coverage） 附加险是指不可单独投保而必须附加于主险或基本险，用来补充主险的保险范围的保险产品。

保险职能（Insurance Function） 保险职能是保险内在的和固有的功能，主要包括经济补偿、资金融通和社会管理等职能。

经济补偿职能（Indemnity Function） 经济补偿职能是指保险公司对特定的灾害事故给被保险人造成的损失给予赔偿，或对被保险人受到的死亡、伤残等给予定额给付所起的经济功用。

资金融通职能（Financial Function） 资金融通职能是指保险公司通过保险行为参与社会资金融通所起的补偿职能。保险资金融通职能包括保险资金投资各类金融产品、保单贷款等。

社会管理职能（Social Administration Function） 社会管理职能是指通过保险内在的特性，促进经济社会的协调以及社会各领域的正常运转和有序发展的经济功用。社会管理职能包括社会保障管理、社会风险管理、社会关系管理和社会信用管理。

保险市场（Insurance Market） 保险市场是保险商品交换关系的总和或是保险商品供给与需求关系的总和。保险市场既可以指固定的交易场所，如保险交易所，也可以是所有实现保险商品让渡的交换关系的总和。保险市场的交易对象是保险人为消费者所面临的风险提供的各种保险保障及其他保险服务，即各类保险商品。

保险市场主体（Subject of Insurance Market） 保险市场主体是保险市场交易活动的买方、卖方和中介方等参与者的统称。

保险市场客体（Object of Insurance Market） 保险市场客体是保险市场供需双方具体交易的保险产品。

保险供给（Insurance Supply） 保险供给是指在一定价格水平上，保险市

一、健康保险基础(Health Insurance Bases)

场上供给方愿意并且能够提供的保险产品或服务的数量。

保险需求(Insurance Demand) 保险需求是指在一定价格水平上,保险市场上需求方愿意并且能够购买的保险产品或服务的数量。

保险密度(Insurance Density) 保险密度也称人均保费,是指在一定时期内,某一国家(或地区)保险业全部保费收入与该国(或地区)人口的比值。

保险深度(Insurance Depth) 保险深度是指在一定时期内,某一国家(或地区)保险业全部保费收入在该国(或地区)国内生产总值中所占的百分比。

保险公司(Insurance Company) 保险公司是经保险监管机构批准设立,并依法登记注册经营保险业务的公司。

相互保险公司(Mutual Insurance Company) 相互保险公司是投保人基于相互保障的原则设立并共同拥有,为投保人自己经营保险业务的法人组织。相互保险公司经营目的是为各保单持有人提供低成本的保险产品,而不是追逐利润。

专业自保公司(Captive Insurance Company) 专业自保公司是由非保险企业拥有或控制的保险公司,其主要目的是为母公司及其子公司的某些风险提供保险保障。

保险互助组织(Fraternal Insurance Organization) 保险互助组织是由一些具有共同要求和面临同样风险的人自愿组织起来的,是预交风险损失补偿分摊金的一种保险形式。

保险客户(Insurance Client) 保险客户是接受保险产品、保险保障和风险管理等服务的个人或单位。

潜在客户(Potential Client) 潜在客户是指有一定交费能力且想要购买保险产品的个人或单位。

个人客户(Individual Client) 个人客户是已经接受了保险经营机构提供的保险产品或服务的个人。

企业客户(Corporate Client) 企业客户是已经接受了保险经营机构提供的保险产品或服务的社会经济组织。

个人客户财务状况(Financial Status of Individual Client) 个人客户财务状况是指个人客户的收入、资产和负债等状况。

个人客户关系人(Related Party of Individual Client) 个人客户关系人是指与个人客户存在关系的单位或个人。

客户的保险历史(Clients' Insurance History) 客户的保险历史是客户作为被保险人或投保人在保险经营机构购买保险产品和服务的记录。

客户的赔案历史(Clients' Claim History) 客户的赔案历史是客户作为被保险人或受益人在保险经营机构的赔案记录。

客户服务请求(Client Service Request) 客户服务请求是指客户要求保险经营机构为其提供各种保险合同约定的服务申请。

客户服务代表(Client Service Representative) 客户服务代表是指保险经营机构指派的负责给客户提供保险合同约定的或依法应由保险经营机构提供各种服务的人员。

保险营销（Insurance Marketing） 保险营销是指保险经营机构及相关人员进行保险理念宣传、保险产品销售及相关服务的活动。

展业（Business Promotion） 展业是指通过直接争取和代理关系等各种渠道，开展业务宣传和发展保险业务的行为。

佣金（Commission） 佣金是由专业代理人或者兼业代理人代为销售保险产品后，保险人按照一定的比例支付给代理人的一定费用。

销售渠道（Distribution Channel） 销售渠道是指保险经营机构向客户提供保险产品和服务的途径。

直接销售（Direct Distribution） 直接销售是保险经营机构通过雇员销售保险产品的方法。

间接销售（Indirect Distribution） 间接销售是保险经营机构通过保险代理人和保险经纪人等保险中介销售保险产品的方法。

银行保险（Bank Insurance） 银行保险是指银行与保险公司通过协议合作、合资企业、兼并收购和设立新公司等方式，为客户提供保险产品和服务的模式。

互联网保险（Internet Insurance） 互联网保险是新兴的一种以计算机互联网为媒介的保险营销模式，有别于传统的保险代理人营销模式。这种模式实现了保险信息咨询、保险计划书设计、投保、交费、核保、承保、保单信息查询、保全变更、续期交费、理赔和给付等保险全过程的网络化。

保险中介（Insurance Intermediary） 保险中介是介于保险机构之间或保险机构与投保人之间，专门为保险交易双方提供保险销售、业务咨询、风险管理、投保方案安排、风险评估、损失鉴定与理算、代理查勘及理赔等服务，并从中依法获取佣金或服务费的个人和单位。

保险公估人（Loss Adjuster） 保险公估人是指受保险当事人的委托，专门从事保险标的或保险事故的评估、鉴定、勘验、估损或理算业务的单位。

保险经纪人（Insurance Broker） 保险经纪人是指基于投保人的利益，为投保人与保险公司订立保险合同提供中介服务，并依法收取佣金的单位。

保险代理人（Insurance Agent） 保险代理人是指根据保险公司的委托，向保险公司收取代理佣金，并在保险公司授权的范围内代为办理保险业务的个人或单位。

保险合同（Insurance Contract） 保险合同是投保人与保险人约定保险权利义务关系的协议。保险合同的当事人是投保人和保险人；保险合同的关系人是被保险人和受益人；保险合同的内容是保险当事人以及关系人的权利义务关系。

保险合同当事人（Parties to an Insurance Contract） 保险合同当事人是保险合同中的投保人和保险人。

保险合同关系人（Privies to an Insurance Contract） 保险合同关系人是保险合同当事人之外的对于保险合同约定的利益享有独立请求权的人，包括被保险人和受益人。

保险合同主体（Subject of Insurance Contract） 保险合同主体是在保

一、健康保险基础（Health Insurance Bases）

合同中享有权利和承担义务的人，包括保险合同的当事人及其关系人。

保险合同客体（Object of Insurance Contract） 保险合同客体是投保人或被保险人在保险标的上所具有的法律上承认的保险利益。

保险合同条款（Clauses of Insurance Contract） 保险合同条款是保险合同中约定双方当事人以及关系人权利义务及其他有关事项的具体内容。

保险合同基本条款（Basic Clause of Insurance Contract） 保险合同基本条款是指标准保险单背面印就的保险合同文本的基本内容，即保险合同的法定记载事项，也称保险合同的要素。

保险合同附加条款（Supplemental Clause of Insurance Contract） 保险合同附加条款是对于基本条款的补充，是对基本险责任范围内不予承保的风险而约定在其他险种项下承保的扩展性条款。

协会条款（Institute Cargo Clauses） 协会条款是由英国伦敦保险人协会根据实际需要而拟定发布的有关船舶和货运保险条款的总称，是当今国际保险市场水险方面通用的特约条款。

特别约定（Special Terms and Conditions） 特别约定是指由保险合同当事人就某些事项在保险合同中特别加以约定的附加条款。

投保单（Application Form） 投保单是投保人为订立保险合同而向保险人提出的书面（包括数据电文形式）申请。

暂保单（Binding Receipt） 暂保单也称临时保险条，是保险人在尚未接受投保人的正式要约，对于投保单尚未签章认可，暂时不能签发正式的保险单之前为了满足投保人的保险需要而出具的保险证明。

保险单（Insurance Policy） 保险单是保险人和投保人之间订立保险合同的正式书面文件，亦是正式的保险合同文本。

总保单（Master Policy） 总保单是保险人对同一投保人在不同地区的团体成员进行统一承保的保险合同。

批单（Endorsement） 批单是保险合同双方当事人对于保险单内容进行修订或增删的证明文件。后出具的批单效力优于先出具的批单效力；手写的批单效力优于机打批单的效力。

保险凭证（Insurance Certificate） 保险凭证是被保险人所持有的已经获得某项保险保障的证明文件，是一种简化了的保险单，具有和保险单相同的作用和效力。

标准保单（Standard Policy） 标准保单通常由保险人制定并经权威机构批准，具有统一格式与内容的通用的保险单。

特制保单（Tailor-made Policy） 特制保单是保险人根据业务需要和客户需求经协商一致制定的保险单。

电子保单（Electronic Policy） 电子保单是保险合同成立后，保险人以电子载体向投保人签发的保险合同的凭证。

原保险合同（Original Insurance Contract） 原保险合同是相对于再保险合同而言的，是确定投保人与保险人保险权利义务关系的协议。

再保险合同（Reinsurance Contract） 再保险合同是分出公司和分入公司确定双方权利义务关系的协议，又称分保合同。再保险合同是一个保险人（再保险分出人）分出一定的保费给另一个保险人（再保险接受人），再保险接受人对再保险分出人由原保险合同所引起的赔付成本及其他相关费用进行补偿的保险合同。

单一危险保险合同（Single Peril Insurance Contract） 单一危险保险合同是保险人只对某一种危险造成的损失承担保险责任的保险合同。

多种危险保险合同（Multiple Perils Insurance Contract） 多种危险保险合同是保险人对多种危险造成的损失承担保险责任的保险合同。

特定危险保险合同（Specified Perils Insurance Contract） 特定危险保险合同是保险人对特定的某一种或者多种危险造成的损失承担保险责任的保险合同。

一切危险保险合同（All Risks Contract） 一切危险保险合同是保险人对合同列举的责任免除条款之外的危险造成的所有损失承担保险责任的保险合同。

总括保险合同（Blanket Insurance Contract） 总括保险合同是指保险标的不明确记载于合同，仅有一定的范围，以此来确定保险人责任范围的保险合同。总括保险合同中，所有性质不同的但属于标准范围内的标的物视为整体看待，任何一个标的受到损失，保险人都承担责任。

长期保险合同（Long-term Insurance Contract） 长期保险合同是保险期限超过一年的保险合同。

短期保险合同（Short-term Insurance Contract） 短期保险合同是保险期限在一年及一年以内的保险合同。

人身保险合同（Personal Insurance Contract） 人身保险合同是以人的寿命和身体为保险标的的保险合同。

财产保险合同（Property Insurance Contract） 财产保险合同是以物质财产及其有关利益作为保险标的的保险合同。

给付性保险合同（Benefit Insurance Contract） 给付性保险合同是指保险合同当事人约定在保险事故发生后或约定期限届满时，保险人按照合同约定的保险金额给付保险金的保险合同。大多数寿险合同都属于给付性保险合同。

补偿性保险合同（Indemnity Insurance Contract） 补偿性保险合同是指保险合同当事人约定在保险事故发生后，保险人根据被保险人所遭受的实际损失，以保险金额为限给予补偿的保险合同。大多数财产保险合同都属于补偿性保险合同。

个人保险合同（Individual Insurance Contract） 个人保险合同是以个人为投保人，以投保人本人、投保人家庭成员或者与投保人具有保险利益的其他人为被保险人的保险合同。个人保险合同与团体保险合同相对应。

团体保险合同（Group Insurance Contract） 团体保险合同是投保人为特定团体成员投保，由保险公司以一份保险合同提供保险保障的人身保险合同。团体保险中的"团体"是指机关、企事业单位、社会团体等独立核算的组织，

一、健康保险基础 (Health Insurance Bases)

不是以投保目的集合在一起的"团体"。

联合保险合同（Joint Insurance Contract） 联合保险合同又称连生保险合同，是将存在利害关系的两个或两个以上的人视为一个被保险人的人身保险合同。

保险责任（Coverage） 保险责任是保险合同中约定的保险人向被保险人提供保险保障的范围。

除外责任（Exclusion） 除外责任是保险合同中，保险人在承保风险范围之外另行约定的不承担或者限制承担的责任范围。

保险条款（Insurance Clause） 保险条款是保险单上规定的有关保险人与被保险人的权利、义务及其他保险事项的条文。保险单上都印有保险条款，其中事先印在保单上的条款称为"基本条款"，有些法律规定必须列入的内容，即"法定条款"也包含其中。

保险标志（Insurance Tag） 保险标志是保险人向投保人发出的、证明投保人已经投保某个保险并且保险合同已经成立的标志。

保险合同回执（Insurance Contract Acknowledgement） 保险合同回执是投保人以书面或其他有效方式确认已收到合同并了解合同条款的凭证。

保险合同成立（Establishment of Insurance Contract） 保险合同成立是指投保人提出保险要求，经保险人同意承保，并就合同内容达成一致的行为。

保单签发（Policy Issue） 保单签发是指保险人向投保人出具保单，表示或证明保险合同成立的行为。

保险合同生效（Validation of Insurance Contract） 保险合同生效是指依法成立的保险合同，根据法律规定或合同约定在保险合同当事人之间产生法律约束力。

保险期限（Policy Period） 保险期限也称保险期间或保险责任的起讫期间，在此期间内保险人对发生的保险责任范围内的保险事故承担赔付责任。保险期间的计算有两种方法，一种以年、月、天等时间单位计算；一种以某一事件的始末为保险期限。

犹豫期（Cooling-off Period） 犹豫期也称冷静期，是指投保人收到保险合同，并以保险当事人双方协商，或根据法律规定，或根据保险合同的约定方式签收后的一段时间（通常为10天或15天），在此期间内投保人可以提出解除保险合同的申请，保险人扣除工本费后退还全部保险费。

不可抗辩期（Incontestable Period） 不可抗辩期是指从保险合同生效或复效经过一段时间后起始（一般为两年之后），至保险合同终止的期间，在此期间内保险人不得以违反告知义务为理由解除保险合同。

保险合同变更（Insurance Contract Modification） 保险合同变更是指在保险期限内，保险合同当事人依照法律规定的条件和程序，在协商一致的基础上，对保险合同进行修改的行为。

变更申请（Policy Change Application） 变更申请是指在保险期限内，申请人向保险人提出的请求变更保险合同的申请。

变更申请书(Policy Change Application Form) 变更申请书是指申请人签署的向保险人提出变更申请的书面(包括数据电文形式)文件。

风险变更通知(Notice of Risk Change) 风险变更通知是指在保险期限内,投保人或被保险人将保险标的危险程度增加或减少的情况以书面形式(包括数据电文形式)通知保险人的行为。

职业变更(Occupation Change) 职业变更是指在保险期限内,当被保险人的职业发生变更时,保险人根据职业的危险程度变化,调整保险费率或保险金额的行为。

退保(Surrender) 退保是指在保险期限内,投保人或被保险人根据法律规定或合同约定要求解除保险合同的行为,保险合同随之终止。

退保金(Surrender Value) 退保金是指投保人办理退保时,按保险条款规定支付给投保人的金额。投保人解除合同时,已交足两年以上保险费的,保险人应当在接到解除合同通知之日起三十日内,退还保险单的现金价值;未交足两年保险费的,保险人按照合同约定在扣除手续费后,退还保险费。

退保费用(Surrender Charge) 退保费用是指在退保时,保险人根据保险合同的约定和合同已经生效的时间向投保人收取的费用,一般包括营业费用、代理佣金以及保险人承担保险责任所收取的费用等。

保险合同终止(Termination of Insurance Contract) 保险合同终止是指保险合同成立后因法定或约定事由发生,使合同确定的权利义务关系消灭、法律效力完全消失的事实。保险合同终止的主要原因有合同的期限届满、履行完毕、主体消灭等法定或约定事由,其结果是合同权利义务的消灭。

保险合同解除(Cancellation of Insurance Contract) 保险合同解除是指保险合同有效期间,当事人依法律规定或合同约定提前终止合同效力的一种法律行为。保险合同解除包括法定解除和协议解除。

保单期满(Policy Expiration) 保单期满是指保险合同约定的合同期限届满,保险人不再为此后发生的保险事故承担保险责任。

续保(Renewal) 续保是指原保险合同有效期满后,投保人在原有保险合同的基础上向保险人提出续保申请,保险人根据投保人的申请和实际情况,以原合同承保条件或者对原合同条件做适当修改而继续签约承保的行为。

续保通知(Renewal Notice) 续保通知是指在保单期满前,由保险人向投保人或被保险人发出的、提示其办理续保手续的通知书。

附加险续保(Rider Renewal) 附加险续保是指在保险合同主险继续有效且其附加险责任期满终止的前提下,按保险合同当事人的约定,保险人同意原附加险责任继续有效或在一定条件下继续有效的行为。

保证续保(Guaranteed Renewable) 保证续保是指在保单期满前,只要投保人提出续保申请,保险人必须按照约定费率和原条款继续承保的保证

一、健康保险基础（Health Insurance Bases）

行为。

条件续保（Conditionally Renewable） 条件续保是指在保单期满前，如投保人提出续保申请，保险人重新评估是否继续承保及以何种条件继续承保。

保单起保时间（Time of Policy Commencement） 保单起保时间是指保险人承担保险责任的开始时间。

保单终止时间（Time of Policy Termination） 保单终止时间是指保险人承担的保险责任结束的时间。

短期费率（Short-term Premium Rate） 短期费率是指按年费率的一定百分比表示的，用于计算投保人短期承保或提前退保等情况时应收取的保费所使用的费率。

见费出单（Policy Upon Premium Payment） 见费出单是指在保险合同鉴定过程中，保险人实际收到投保人的全额保费后，方可出具正式的保单的行为。

保险合同中止（Insurance Contract Suspension） 保险合同中止是指保险合同暂时失去效力。由于投保人未在保险合同约定或法律规定的宽限期内足额交纳续期保费，造成保险合同暂停履行。

保险合同复效（Insurance Contract Reinstatement） 保险合同复效是指保险合同中止后一定时间内，经保险人与投保人协商并达成协议，在投保人补交保险费后，保险合同效力恢复。

复效保费（Reinstatement Premium） 复效保费是指投保人为复效已中止效力的保险合同而向保险人支付所欠的保险费。

加保（Sum Insured Increase） 加保是指在保险期限内，经投保人申请并提供可保证明，保险人同意增加保险金额的行为。加保需投保人补缴相应的保费。

减保（Sum Insured Decrease） 减保是指在保险期限内，经投保人申请，保险人同意降低保险金额的行为。减保同时保险人按规定退还相应的保费。

保单现金价值（Cash Value of Insurance Policy） 保单现金价值是指带有储蓄性质的人身保险单所具有的实际价值。通常为保险人对该保单提存的准备金及积累值，可用于垫交保费、保单贷款等。

保单现金价值净额（Net Cash Value of Insurance Policy） 保单现金价值净额是保单现金价值扣除欠交保险费及其他欠款本息的差额。

保单贷款（Policy Loan） 保单贷款是指带有储蓄性质的人身保险中，保险人以保单现金价值作为担保向投保人提供贷款的行为。

保单选择权（Policy Options） 保单选择权是指在保险合同失效前，投保人享有的处置保单的权利，包括减额交清保险和展期保险等。

减额交清保险（Reduced Paid-up Insurance） 减额交清保险是投保人不能按合同约定交纳保费时，为保持原保险合同的保险责任、保险期限不变，将当时保单现金价值作为趸交保费，计算新的保险金额的一种保单选择权。

展期保险（Extended Insurance） 展期保险是投保人不能按合同约定交纳保费时，为保持原保险合同的保险金额不变，将当时保险合同保单现金价值作为趸交保费，计算新的保险期限的一种保单选择权。

保险合同转换（Policy Conversion） 保险合同转换是保险合同生效后，经保险人同意，投保人将原保险合同转换成同一家保险公司的其他保险合同的情形。

保单转让（Policy Assignment） 保单转让是投保人或被保险人将保险合同中的权利和义务转让给他人的法律行为，其实质是合同主体的变更。

保单绝对转让（Absolute Assignment of Policy） 保单绝对转让是指在被保险人仍然生存的情况下，保单持有人将保单所有权完全转让给受让人的转让方式。

保单抵押转让（Mortgaged Assignment of Policy） 保单抵押转让是指保单持有人把一份具有现金价值的保单用作被保险人的信用担保或贷款抵押，受让人得到部分保单权利的转让方式。

保单账户（Policy Account） 保单账户是保险人为投保人开立与保险合同关联的，用于投保人交费、分红和保单资产管理等保单管理功能的账户。

保单年度（Policy Year） 保单年度是在保险合同有效期内，保险合同生效日起一年期间或保单周年日起至下一个保单周年日的期间。

个人投资账户（Individual Investment Account） 个人投资账户是指根据投资连结保险或万能保险合同条款的约定，保险人为了履行保险合同的保险责任，为明确投保人或被保险人的权益而为每份保险合同的投保人或被保险人设立的账户。

结算利率（Crediting Interest Rate） 结算利率是保险公司定期宣布的，用于计算保单账户中资产增值的利率。

最低保证利率（Minimum Guaranteed Interest Rate） 最低保证利率是保险合同中约定的，用于计算保单账户中资产增值额的最低利率。

红利（Dividend） 红利是指保险公司根据实际经营成果优于评估假设的可分配盈余的一定比例向保单持有人分配的数额。

红利选择权（Dividend Options） 红利选择权是指现金红利分配方式下，可供保单持有人选择的红利领取方式，包括现金、抵交保费、累积生息以及增额交清等。

增额交清保险（Paid–up Additions Insurance） 增额交清保险是指保单持有人将每年的保单红利作为购买与原保险合同满期日相同保险的趸交保费，增加原保险合同保险金额的一种红利选择权。

现金红利（Cash Dividend） 现金红利是保单持有人直接以现金的形式领取保单红利的一种红利选择权。

增额红利（Dividend to Increase Sum Insured） 增额红利是在整个保险期限内每年以增加保额的方式分配红利的一种红利分配方式。

终了红利（Earned Dividend） 终了红利是保单持有人在保险合同终止时以现金方式领取的红利。

可分配盈余（Distributable Surplus） 可分配盈余是在分红保险合同中，保险人根据分红保险业务实际经营情况确定的可以向保单持有人和保险人分配

一、健康保险基础（Health Insurance Bases）

的盈余总和。

红利累积利率（Dividend Accumulation Interest Rate） 红利累积利率是保险公司定期公布的，在合同约定的红利计息期间，按照累积生息红利领取方式的分配红利所采用的利率。

复效期间（Reinstatement Period） 复效期间是保险合同失效后可以恢复合同效力的时间期限，一般为两年。

复效利息（Reinstatement Interest） 复效利息是指失效的保险合同要恢复其效力，投保人除向保险人补缴失效期间的保费以外，还需支付所欠保费在这期间累计的利息，即复效利息。

初始费用（Initial Charges） 初始费用是长期寿险保单中，在保单前几年，从投保人缴纳的保费中扣除一定比例的费用，即初始费用。

风险保费（Risk Premium） 风险保费是指对于具有投资性质的保险合同，为被保险人提供合同约定保障责任而从个人账户中每月扣除的保险费。

保单管理费（Policy Overhead） 保单管理费是为维持保险合同有效而从个人账户中每月扣除的服务管理费用。

保险合同费用（Insurance Contract Expenses） 保险合同费用即风险保费与保单管理费用之和。

账户价值（Account Value） 账户价值是投资连结保险或万能型保险中投资账户的总价值。

个人账户价值转换（Transfer of Personal Account Value） 个人账户价值转换是指投资连结保险中由投保人书面（包括数据电文形式）申请，经保险人同意，将其个人账户中的全部或部分个人账户价值从一个投资账户全部或部分转换到同一合同下其他投资账户。个人账户价值转换可扣除相应的手续费。

保证收益（Guaranteed Yield） 保证收益是具有投资性质的人身保险合同标明的投资账户最低收益。

生存金（Survival Cash） 生存金是指在保单有效期内，投保人按合同规定可领取的部分账户价值或基本保险金额或保险费。

投保（Insuring） 投保是投保人与保险人（通常是保险公司）订立保险合同，并按照保险合同支付保险费的过程。

投保人（Applicant） 投保人是指与保险人订立保险合同并按照保险合同负有支付保险费义务的人。自然人与法人皆可成为投保人。成为投保人的条件为：具有相应的民事权利能力和行为能力；对保险标的具有保险利益。

保单持有人（Policy Holder） 保单持有人又称保单所有人，是拥有保单各种权利的人，主要适用于人寿保险合同。

保险人（Insurer） 保险人也称承保人，是指与投保人订立保险合同，并承担赔偿或者给付保险金责任的保险机构。

被保险人（Insured） 被保险人是指其财产或者人身受保险合同保障，享有保险金请求权的人，投保人可以为被保险人。

附加被保险人（Additional Insured） 附加被保险人也称连带被保险人，指保险合同中约定的、受保险合同保障的，处于从属地位的被保险人。

受益人（Beneficiary） 受益人是人

身保险合同中由被保险人指定的享有保险金请求权的人。投保人、被保险人可以为受益人。如果被保险人未指定受益人，则他的法定继承人即为受益人。

保险标的（Subject of Insurance） 保险标的是指作为保险对象的财产及其有关利益或者人的寿命和身体。

保险利益（Interest Insured） 保险利益是投保人或者被保险人对保险标的具有的法律上承认的利益。即投保人或被保险人因保险标的遭受风险事故而受损失，因保险标的未发生风险事故而受益。

重要事实（Material Fact） 重要事实是指能够影响一个正常的谨慎的保险人决定是否接受承保或者据以确定保险费率或者是否在保险合同中增加特别约定条款的事实。

告知（Disclosure） 告知是投保人在订立保险合同时将与保险标的或被保险人有关的重要事实以口头或书面形式（包括数据电文形式）向保险人做出陈述的行为。

询问告知（Disclosure upon Inquiry） 询问告知是投保人在订立保险合同时，就保险人对保险标的或者被保险人的有关重要事实的询问，向保险人做出告知。

无限告知（Unbounded Disclosure） 无限告知是投保人在订立保险合同时，无论保险人是否询问，而将其知道的或者应当知道的、足以影响保险人是否同意承保或提高保险费的重要事实向保险人作的告知。

最大诚信（Utmost Good Faith） 最大诚信是指在订立和履行保险合同时，保险合同当事人以最大诚意履行自己的应尽义务，向对方充分而准确地告知有关保险的重要事实的行为。

保证（Warranty） 保证是保险人要求投保人或被保险人对某一事项的作为或不作为、某种事态的存在或不存在做出的承诺或确认。

明示保证（Express Warranty） 明示保证是指将保证的内容以文字或书面形式（包括数据电文形式）记载于保险合同的保证。

默示保证（Implied Warranty） 默示保证是指虽然在保单中无文字，但习惯上认为被保险人在投保时应对某事项的为或不为做出的保证。默示保证的法律效力同明示保证一样，不得违反。

核保（Underwriting） 核保是保险人在掌握保险标的的重要事实的基础上，对风险进行评估与分类，进而决定是否承保、以何种条件承保的过程。

核保人（Underwriter） 核保人是保险企业内部从事核保工作的专业人员。

保险风险（Insurance Risk） 保险风险是指尚未发生的、能使保险对象遭受损害的危险或事故，如自然灾害、意外事故或事件等。被视为保险风险的事件具有可能性和偶然性。

可保风险（Insurable Risk） 可保风险是指符合保险人承保条件的、整个保险市场能够接受的风险。

承保风险（Insured Risk） 承保风险是保险合同中载明的、已经由特定某个保险人具体承保的风险。

逆选择（Adverse Selection） 逆选

择是由于保险人与投保人之间存在信息不对称，而致使风险较高的个人或单位更倾向于投保的行为。

可能最大损失（Probable Maximum Loss） 可能最大损失是指在所有既有的防护设备和措施都有效运行的前提下，对一个特定的保险地址或危险单位所能预料的最大损失。一旦防护设备或措施失灵（如报警延误、供水不足等），实际造成的损失仍可能超过这个预料损失额。

重复保险（Double Insurance） 重复保险是指投保人对同一保险标的、同一保险利益和同一保险事故，在同一期限内分别向两个及两个以上的保险人订立保险合同，且保险金额总和超过保险价值的保险。

保险费约定支付日（Premium Due Date） 保险费约定支付日是指按保险合同生效日与保险合同中约定的交费周期计算出的应交纳保险费的日期，或是保险合同当事人在合同中约定的交纳保险费的日期。

保险金额（Sum Insured） 保险金额是指一个保险合同项下保险公司承担赔偿或给付保险金责任的最高限额，即投保人对保险标的的实际投保金额；同时又是保险公司收取保险费的计算基础。

风险保额（Net Amount at Risk） 风险保额是指人身保险业务中，保险公司用以计算风险保障费（在万能险中常常体现）或作为体检标准的基础。风险保额为有效保额减去期末责任准备金加上退保手续费，其中有效保额是指若发生了保险合同中最大给付额的保险事故，保险公司需支付的最高金额。

保险价值（Insurable Value） 保险价值是经保险合同当事人约定并记载于保险合同中的保险标的的价值，或保险事故发生后保险标的的实际价值。保险价值是确定保险金额的基础，是投保人对保险标的所享有的保险利益在经济上用货币估计的价值额。

定值保险（Fixed–value Insurance） 定值保险是保险合同当事人约定保险标的的保险价值并在保险合同中载明的保险。定值保险中保险标的的保险价值是确定的，不考虑发生保险事故时保险标的的实际价值。

不定值保险（Unvalued Insurance） 不定值保险是保险合同当事人在保险合同中未约定保险标的的保险价值的保险。

足额保险（Full Insurance） 足额保险是指保险金额等于保险价值的保险。

不足额保险（Under–insurance） 不足额保险是指保险金额低于保险价值的保险。

超额保险（Over–insurance） 超额保险是指保险金额超过保险价值的保险。

免赔额（Deductible） 免赔额是保险合同中约定的，保险人不负赔偿责任的、由被保险人自行承担损失的额度。

免赔率（Deductible Ratio） 免赔率是保险合同中约定的，免赔金额与被保险人遭受的损失金额的比率。

相对免赔额（Franchise） 相对免赔额是保险合同中约定的，当损失在约定免赔额以内时，保险人不承担损失赔偿责任；损失超过约定免赔额时，保险人承担保险金额之内的全部损失。

绝对免赔额（Straight Deductible）
绝对免赔额是保险合同中约定的，当损失在约定免赔额以内时，保险人不承担损失赔偿责任；损失超过约定免赔额时，保险人只承担超过部分的损失。

额外保险费（Extra Premium） 额外保险费也称保单加费，保险人对接受的非标准风险体，为了使保险费水平与风险水平相一致，在基础保费上又额外增加的保费。

保单折扣（Premium Discount） 保单折扣是保险人根据保险标的的风险暴露情况，对符合条件的保险合同扣减保险费的行为。

无赔款优待（No Claim Discount）
无赔款优待是被保险人或保险标的在一定期限内无赔款，在续保时可享受的保险费折扣。

缴费通知（Premium Notice） 续费通知是保险人在保费应交日之前或宽限期结束前向投保人发出的提醒其交费的通知。

缴费年度（Premium Year） 缴费年度是以年度为单位进行缴费计算的时间区间。

健康加费（Health–related Extra Premium） 健康加费是指由于被保险人身体的健康原因，保险人因承担更多的风险而需要多收取的保费。

职业加费（Occupation–related Extra Premium） 职业加费是指由于被保险人的职业原因，保险人因承担更多的风险而需要多收的保费。

其他加费（Other Extra Premium） 其他加费是指因健康、职业以外的其他原因使得被保险人或者保险标的的风险暴露增加而导致的加费。

EM加点（Extra Mortality or Morbidity Point） EM加点是指由特殊标的风险变化引起的死亡率、发病率变化所增加的点数。

终止缴费年度（Last Premium Payment Year） 终止缴费年度是指在期缴形式缴费的长期保险中，合同约定的最后交费的年度。

逾期应收保费（Receivable Premium Overdue） 逾期应收保费是指超过保险合同规定的交费期限，投保人未能向保险人支付的保费。

首期保费（Initial Premium） 首期保费是指按分期形式交付保险费的保险产品中，投保人在交费期间内按规定交纳的第一期保费。

缴费方式（Premium Payment Method） 缴费计划是保险合同中约定的被保险人或投保人向保险人缴纳保费的方式。人寿保险费的缴费方式有趸缴和分期缴付两种。

缴费期间（Premium Payment Period） 缴费期间是保险合同中约定的交纳保险费的时间段。

趸交（Lump–sum） 趸交与按期付款相对应，趸交就是一次性付清所有保费。

趸交保费（Lump–sum Premium） 趸交保费是投保人按保险合同约定一次性交清的保险费。

期交保费（Regular Premium） 期交保费是投保人按保险合同约定分次交纳的保险费。

一、健康保险基础（Health Insurance Bases）

不定期缴费（Irregular Payment） 不定期缴费在保险合同中，不限定投保人具体交费日期的交费方式。

续年度保费（Renewal Premium） 续年度保费是以期交形式交付保险费的投保人，在交费期间内交纳的第二年及之后各年保险费为续年度保费。

续期保费（Subsequent Installment Premium） 续期保费是以期交形式交纳保险费的投保人，在交费期间内交纳的第二期及之后各期保险费为续期保费。

自然保费（Natural Premium） 自然保费是根据被保险人的实际年龄，以及各个年龄段一年期间的死亡率为基础所制定的各年龄的保险费为自然保费。随着被保险人年龄的增加，自然保费也每年增加。

均衡保费（Level Premium） 均衡保费是指保险人将人的不同年龄的自然保险费结合利息因素，均匀地分配在各个年度，投保人在每期交纳的数额相同的保费。

宽限期（Grace Period） 宽限期是自首次缴付保险费以后，每次保险费到期日起的一定时间段（一般为60天）。宽限期内缴付逾期保险费，并不计收利息。如果被保险人在宽限期内死亡，保险仍有效，保险人承担保险责任并支付保险金，支付的保险金扣除应缴的当期保险费。

保费自动垫交（Automatic Premium Loan） 保费自动垫交是指投保人在宽限期结束时仍未交纳保费，保险人根据投保人的选择，用保单现金价值垫付保费，使保险合同保持有效的行为。

保费豁免（Waiver of Premium） 保费豁免是在保险合同规定的缴费期内，投保人或被保险人达到某些特定的情况（如身故、残疾、重疾或轻症疾病等），由保险公司获准，同意投保人可以不再缴纳后续保费，保险合同仍然有效。

承保（Underwriting） 承保是指保险人在投保人提出要保请求后，经审核认为符合承保条件并同意接受投保人申请，承担保险合同规定的保险责任的行为。

标准承保（Standard Underwriting） 标准承保是指身体、职业、道德等方面没有明显缺陷的被保险人按照所制定的标准或正常的费率来承保。

附加条件承保（Provisional Underwriting） 附加条件承保是指保险人对于不属于标准风险类别的保险标的附加一定条件承保。

异地承保（Underwriting Risks Outside the Licensed Territory） 异地承保是保险人对于在其经营区域以外的保险标的单独进行承保的行为。

共同保险（Coinsurance） 共同保险是两个或两个以上的保险人及其分支机构（不包括同一保险人的不同分支机构）使用同一保险合同，对同一保险标的、同一保险责任、同一保险期限和同一保险金额进行承保的保险。

共保条款（Coinsurance Clause） 共保条款是财产保险合同特约条款的一种。共保条款规定保险标的物的一部分，应由被保险人自行承担保险事故发生时所造成的损失的条款。目的在于使被保险人认真维护保险财产的安全，避免危险事故发生。在合同中有此条款时，被保险人不得将未保险的部分，再向其他保险人投保。

共同承保人（Co-insurer） 共同承保人是指参与共保的保险人。

同地共保（Coinsurance Within the Licensed Territory） 同地共保是保险标的在共保承保人经营区域内的共保。

异地共保（Coinsurance Outside the Licensed Territory） 异地共保是保险标的至少在一个共保承保人经营区域之外，并至少在另一个共保承保人经营区域内的共保。

赔偿（Indemnity） 赔偿是指对造成的损失、损坏或者伤害进行的经济补偿。

赔偿限额（Indemnity Limit） 赔偿限额是保险合同中约定的，当保险事故发生后，保险人所承担的赔偿金额上限。保险单可以规定两种赔偿限额，即每次责任事故或同一原因引起的一系列事故的赔偿限额，或保险期内累计的赔偿限额。

累计赔偿限额（Aggregate Limit of Indemnity） 累计赔偿限额是保险合同中约定的，保险人在整个保险期限内对所有保险事故引起的损失累计所承担的最高赔偿金额。

保险金（Insurance Benefit） 保险金是保险人根据保险合同的约定，对被保险人或者受益人进行给付的金额；或者当保险事故发生时，对物质损失进行实际赔偿的金额。

保险事故（Insured Event） 保险事故是指保险合同约定的保险责任范围内的事故。

意外事件（Accident） 意外事件是外来的、突发的、不可预见的、非本意的和非疾病的导致被保险人身体受到伤害或财产遭受损失的客观事件。

出险（Loss Occurred） 出险是指保险期限内，保险合同约定的保险事故的发生。

近因（Proximate Cause） 近因是造成损失最根本、可追溯并对损失的发生起主导作用或支配作用的原因，但不一定是时间或空间上与损失最接近的原因。

近因原则（Principle of Proximate Cause） 近因原则是造成保险标的损失的近因属于保险责任范围则保险人负责赔偿，造成保险标的损失的近因不属于保险责任范围则保险人不负责赔偿的原则。

损失补偿原则（Principle of Loss Compensation） 损失补偿原则是指当被保险人因保险事故而遭受损失时，其从保险人处所能获得的赔偿只能以其实际损失为限。损失补偿原则主要适用于财产保险以及其他补偿性保险合同。

防灾防损（Loss Prevention and Reduction） 防灾防损是保险公司为预防和减少灾害事故发生以及所造成的损失，而采取的各种措施。

防灾费（Expenses for Loss Prevention and Reduction） 防灾费是因防灾防损工作而发生的费用。

核赔（Claims Assessment） 核赔是被保险人或受益人提出索赔或给付请求后，保险人对保险事故进行认定、审核、调查，做出赔付或拒赔决定的过程。

理算（Adjustment） 理算是在核赔

一、健康保险基础（Health Insurance Bases）

过程中，保险人确定赔付保险金数额的过程。

理赔进展模式（Claim Settlement Pattern） 理赔进展模式是保险责任范围内的保险事故发生后，赔案从事故报告、受理、调查、审核、理算和赔付的整个过程分析。

核赔人（Claims Assessor） 核赔人是发生保险事故后，负责对赔案进行审核的个人。

理算人（Loss Adjuster） 理算人是保险责任范围内的保险事故发生后，负责审阅索赔材料、确定保险责任以及赔偿金额的个人或单位。

事故间隔期（Occurrence Period） 事故间隔期是在健康保险合同中约定的一个时间跨度，如果连续的两次保险事故之间的时间间隔小于该特定时间跨度，那么在核赔时，两次保险事故将视为一次保险事故。

查抄底单（Confirmation of Coverage） 查抄底单是保险事故发生后，保险人核对保险合同以确认出险的保险标的所对应的保险合同是否在有效期内，以及核定事故是否属于保险责任的行为。

理赔调查（Claim Investigation） 理赔调查是保险人对保险事故的性质、经过、原因、损失程度和责任认定等方面进行的调查，包括非现场调查和现场查勘。

查勘人（Claims Investigator） 查勘人是保险事故发生后，负责保险事故调查并缮制调查报告的个人或单位。

定损（Loss Assessment） 定损是保险责任范围内的保险事故发生后，保险人通过调查、取证等确定保险标的实际损失的过程。

理算金额（Settlement Amount） 理算金额是对保险责任范围内的保险事故所造成的损失及相关费用进行理算得到的数值结果。

理赔（Claim Settlement Process） 理赔是被保险人或受益人提出索赔或给付请求后，保险人搜集索赔材料并对保险事故进行认定、审核、调查，做出赔付或拒赔决定的过程。

赔付（Claim Payment） 赔付是保险责任范围内的保险事故发生后，保险人根据保险合同约定向被保险人或受益人赔偿或者给付保险金的行为。

通融赔付（Exgratia Payment） 通融赔付是指保险人根据保险合同约定本不应承担或不应完全承担赔付责任，但仍赔付全部或部分保险金的行为。

预付赔款（Prepaid Claim） 预付赔款是保险人对索赔的证明文件进行审核后认为保险事故属于保险责任，并在确定最终赔款金额之前，预先支付的可以确定的最低数额的赔款金额。

赔款剔除（Deduction of Interim Payment） 赔款剔除是保险人从最终应支付的保险金中扣除预付赔款的行为。

赔付通知书（Claim Benefit Notification） 赔付通知书是保险人向被保险人或受益人发出的领取赔偿或给付的保险金的书面（包括数据电文形式）通知。

理赔周期（Claims Processing Cycle） 理赔周期是保险人接到索赔或给付请求到最后结案之间的时间段。

保险金领取人（Benefit Receiver） 保险金领取人是保险责任范围内的保险事故发生后领取保险金的单位或个人。

拒赔（Rejection） 拒赔是保险人对不属于保险责任的索赔或给付请求做出的拒绝赔偿或拒绝给付的决定。

结案（Settled Claims） 结案是保险人对赔案中应承担的义务和应享有的权利执行完毕的状态。

赔款（Claim Payment） 赔款是对属于保险合同约定的保险责任范围内的保险事故造成的损失，保险人根据合同约定向被保险人或受益人给予的经济补偿。

赔款计算书（Claim Calculation Sheet） 赔款计算书是保险公司用于计算最终赔付金额的书面（包括数据电文形式）文件。

比例赔偿方式（Principle of Average） 比例赔偿方式是指在不足额保险的情况下，对于保险标的的实际损失，保险人按保险金额与保险价值的比例承担赔偿责任的赔偿方式。

第一危险赔偿方式（First Loss Basis Indemnity） 第一危险赔偿方式是指当实际损失金额不高于保险金额时，不论是否足额保险，保险人均按照实际损失金额赔偿，当实际损失金额高于保险金额时，超出部分由被保险人自行承担的赔偿方式。

分摊原则（Principle of Compensation） 分摊原则是指在重复保险中，当保险事故发生后，各保险人采取一定的分摊方法分配赔偿责任，使被保险人既能得到充分的补偿，又不会超过其实际损失而获得额外的利益。

比例责任分摊（Compensation According to Proportionate Liability） 比例责任分摊是指在重复保险中，各保险人按其承保的保险金额在保险金额总和中的比例来承担赔偿责任的分摊方式。

限额责任分摊（Compensation By Independent Liability） 限额责任分摊是指在重复保险中，各保险人按各自单独承保时其应负的赔偿限额与所有保险人单独承保时的赔偿限额之和的比例承担赔偿责任的分摊方式。

顺序责任分摊（Compensation According to Underwriting Sequence） 顺序责任分摊是指在重复保险中，根据各保险人出立保单的顺序来确定赔偿责任，即先由第一个出立保单的保险人在其保险金额限度内赔偿，再由第二个保险人对超过第一个保险人保险金额的损失部分在其保险金额限度内赔偿，依次类推，直至将被保险人的损失全部赔偿的方法。

等额责任分摊（Compensation by Equal Shares） 等额责任分摊是指在重复保险中，每一保险人等额承担赔偿责任直至每份保险合同项下的赔偿限额用尽或所有损失得以足额补偿，以最先发生者为准。

直接赔款（Direct Claim Payment） 直接赔款是指对于保险合同约定的保险责任范围内的保险事故造成的损失，保险人根据合同约定向被保险人或受益人给予的经济补偿。

应付赔款（Claims Payable） 应付赔款是保险人应该支付但尚未支付的赔付金额。

一、健康保险基础（Health Insurance Bases）

共同保障赔款（Reinsurance Recovery of Joint Account） 共同保障赔款是指共同保障合同摊回的赔款。

给付（Benefit Payment） 给付是指寿险保险合同中，保险人向被保险人或受益人给付保险金的行为。与补偿不同的是，给付以合同约定金额为标准，而补偿是在保险金额范围内以实际发生损失为标准。

给付期间（Benefit Period） 给付期间是保险合同中约定的，保险人向被保险人或受益人给付保险金的起止时间。

给付选择权（Settlement Options） 给付选择权是指在人寿保险合同中，受益人在领取保险金时可以选择的一次性领取、分期领取或转换为年金领取的选择权。

提前给付（Accelerated Benefit Payment） 提前给付是指在以死亡为保险金给付条件的保险中，在被保险人死亡前，经被保险人申请，保险人提前向被保险人支付部分身故保险金的行为。

协议给付（Agreed Benefit Payment） 协议给付是保险人与被保险人或受益人在保险金给付责任上存在争议，最后双方通过协议方式就赔付责任达成一致的行为。

追偿（Recourse Against the Third Party） 追偿是指保险人赔偿保险金后，以代位求偿权向第三者责任方提出索赔的行为。

代位（Subrogation） 代位是指保险人赔偿保险金后，依法或按保险合同约定取得的向造成保险事故的第三者责任方请求赔偿的权利，或取得对受损保险标的的部分或全部权利。

权利代位（Subrogation of Right） 权利代位是指因第三者造成保险事故，保险人自赔偿保险金之日起，在赔偿金额范围内代为行使向第三者责任方请求赔偿的权利。

物上代位（Subrogation on Salvage） 物上代位是指保险事故发生后，保险人已支付了全部保险金额，并且保险金额等于保险价值的，受损保险标的的全部权利归于保险人；保险金额低于保险价值的，保险人按照保险金额与保险价值的比例取得受损保险标的的部分权利。

代位追偿原则（Principle of Subrogation） 代位追偿原则是指保险标的的发生保险事故造成推定全损，或者保险标的由于第三者责任导致的损失，保险人按照合同约定履行赔偿责任后，依法取得对保险标的的所有权或对保险标的的损失负有责任的第三者责任方的追偿权的原则。代位追偿权利的实现有三个前提条件：一是保险人必须首先给付保险金；二是保险责任的形成必须是第三方造成的；三是第三方给保险标的造成的损失必须属于保险责任范围。

代位求偿权（Right of Subrogation） 代位求偿权是指在财产保险中，保险人赔偿保险金后享有的、由被保险人转移而来的、向对被保险人负有赔偿责任的第三者责任方请求赔偿的权利。

权益转让书（Subrogation Receipt） 权益转让书是被保险人出具的证明已获得保险人赔偿并将向第三者责任方追偿的权利转让给保险人的书面（包括数据

电文形式）文件。

应收代位追偿款（Collectible Subrogation Recovery） 应收代位追偿款是保险人履行赔付责任、取得代位追偿权后，应向第三方责任人追偿的款项。

追偿费用（Expenses to Recourse） 追偿费用是保险人取得代位求偿权后向第三方或责任方进行索赔时发生的费用。

被追偿人（Liable Party） 被追偿人是因对保险标的的损害而造成保险事故、受到保险人追偿的第三方。

精算师（Actuary） 精算师是分析风险并量化其财务影响的专门职业人员。精算师综合运用数学、统计学、经济学、金融学及财务管理等方面的专业知识及技能，分析、评估不确定的现金流对未来财务状况的影响。在保险领域中，精算师主要从事产品设计、费率厘定、产品管理以及财务管理等。

精算假设（Actuarial Assumption） 精算假设是为完成产品定价或财务管理工作，对未来事故发生率、投资收益率、费用率和保单失效率等要素所设定的假设条件的总称。

大数法则（Law of Large Numbers） 大数法则又称大数定律，是概率论中讨论随机变量序列的算术平均值向随机变量各数学期望的算术平均值收敛的定律。保险理论中，风险单位数量愈多，实际损失的结果会愈接近从无限单位数量得出的预期损失可能的结果。保险人据此可以相对精确地厘定保险费率，确保保险期限内保费收入和损失赔偿及其他费用开支相平衡。

修匀（Graduation） 修匀是利用初始估计，结合先验观点修正初始估计值的精算方法。

演示利率（Illustrating Interest Rate） 演示利率是用于演示人身保险新型产品对应资产的未来年投资收益的假设利率。

损失（Loss） 损失是指非故意的、非预期的和非计划的经济价值的减少或灭失。损失包括直接损失和间接损失。

收入损失（Income Loss） 收入损失在健康保险中，特指因遭受意外伤害或疾病等，从而导致暂时或永久丧失劳动能力，进而带来的收入减少。

疾病发生率表（Morbidity Table） 疾病发生率表是按年龄、性别和病种等因素列明特定群体发病率的表。

发病率（Morbidity Rate） 发病率是特定年龄的特定人群在一定时间内罹患某种疾病新增加例数。发病率是健康保险中重大疾病保险费率厘定的基础。

伤残率（Disability Rate） 伤残率在健康保险中，特指某一类疾病或者意外事故最终导致个人残疾的概率。

生命表（Mortality Table） 生命表是根据一定时期的特定区域人口或特定人口群体的有关死亡统计资料，编制成的描述每一类人口在各个不同年龄的死亡率的表。

经验生命表（Experience Mortality Table） 经验生命表是根据人寿保险、社会保险以往的死亡记录（经验）所编制的生命表。保险公司使用的是经过风险选择之后的经验生命表。

死亡率（Mortality Rate） 死亡率是某一特定人群在各年龄发生死亡的概率。

一、健康保险基础（Health Insurance Bases）

保险费（Premium） 保险费又称毛保费或总保费，指投保人为取得保险保障，按合同约定向保险人支付的费用，取决于保险金额、保险费率和保险期限。总保费由纯保费和附加保费构成。

纯保费（Pure Premium） 纯保费又称净保费或风险保费，指保险费中用于保险赔偿或给付的部分。

附加费用（Loading） 附加费用又称附加保费，指保险费中用于维持保险企业运营的业务管理费用、税费以及企业利润等。附加费用通常是保险费的一定比率。

已赚保费（Earned Premium） 已赚保费是评估期内保险公司承保的保险责任已经结束部分对应的保费。在保险会计中，由保险业务收入减去分出保费以及提取的未到期责任准备金得到。

未赚保费（Unearned Premium） 未赚保费也称未满期保险费，在评估期内保险公司尚未承担保险责任的期间对应的保费。

应收保费（Receivable Premium） 应收保费是指按保险合同约定的保费应交日已至，保险人按照合同约定应向投保人收取但尚未收到的保费。

未收保费（Outstanding Premium） 未收保费是指按保险合同约定的保费应交日已至，但保险人尚未收到的保费。

预收保费（Advance Premium） 预收保费是保险人在保险合同生效前或续期保费应交日前向投保人预收的保险费。

保费退还（Premium Refund） 保费退还是指在保险合同犹豫期内，由投保人申请，经保险人审核同意后退还部分或全部实收保费的行为。

保险费率（Premium Rate） 保险费率是应缴纳保险费与保险金额的比率。保险费率由纯费率和附加费率构成。

费率厘定（Rating） 费率厘定是保险产品开发过程中确定产品价格的过程。费率厘定应遵循公平性、充分性、稳定性和促进防灾防损的原则。

纯保费法（Pure Premium Method） 纯保费法是根据预测的纯风险保费、费用、风险加成和预期利润测算保险产品新费率的方法。

损失率法（Loss Ratio Method） 损失率法是以现行费率水平为基础，通过测算实际损失率和期望损失率的偏差，估计未来费率应调整的幅度，计算未来应使用的费率水平的方法。

预定利率（Assumed Interest Rate） 预定利率是指保险公司在产品定价时，根据公司对未来资金运用收益率的预测而为保单假设的每年收益率，通俗来讲就是保险公司提供给消费者的回报率，主要参照银行存款利率和预期投资收益率来设置。

纯费率（Pure Premium Rate） 纯费率是应缴纳纯保费与保险金额的比率。寿险业务中，确定纯费率的基础是预定利率、预定死亡率（疾病率）；非寿险业务中，确定纯费率的基础是保额损失率。

费率浮动（Premium Rate Adjustment） 费率浮动是指保险公司销售产品时，在费率表中的基准费率基础上根据客户群的相关风险特征对保险费率做相应向上或向下的调整。

特殊费率（Special Premium Rate） 特殊费率是保险人针对适保范围内特殊国家、特定买方或者特定支付方式等可承保的风险情况而单独厘定的费率。

评估净保费（Valuation Net Premium） 评估净保费是在一定的评估标准下，所计算出的净保费。

评估利率（Valuation Interest Rate） 评估利率是保险公司依法确定的用以计算责任准备金的利率。

费率因子（Credit and Surcharge Factor） 费率因子是在约定承保条件下，因保险标的、投保人或者被保险人等情况差异，对标准保费进行浮动的一个或者一组因子。

准备金（Reserve） 准备金又称责任准备金，保险公司为保证如约履行未来的赔偿或给付责任，从保费收入或盈余中提取的与其所承担的保险责任相对应的资金准备。

总准备金（Total Reserve） 总准备金也称自由准备金，是用来满足风险损失超过损失期望以上部分的责任准备金。总准备金是从保险公司的税后利润中提取的，用以应付巨大赔款时弥补亏损的资金。

再保险准备金（Reinsurance Reserve） 再保险准备金实际上是保证金。分出公司为备付再保险接受人在再保险合同下应负责的赔款，从应付的再保险费中扣存的一项基金，称为再保险准备金。

非寿险准备金（Nonlife Insurance Reserve） 非寿险准备金按其提存方式的不同，可分为法定准备金和任意准备金。

任意准备金（Optional Reserve） 任意准备金是保险企业根据自己的业务开展需要，除依法留足准备金外，应在当期盈余中提存一笔费用，用作经营风险损失与保险资金运用损失波动较大所带来的不利的准备。

法定责任准备金（Statutory Reserve） 法定责任准备金是为确保保险公司偿付能力，由保险公司按照相关法律规定提存的准备金。法定责任准备金是保险监管机构为确保保险公司财务状况确定的准备金额最小值，保险公司所提存的准备金必须高于这一数值。

保费不足准备金（Premium Deficiency Reserve） 保费不足准备金是指在寿险业务中，评估未来交费期间内的纯保费与毛保费之差，若纯保费大于毛保费，则按评估基础计算其在评估日的精算现值。

未到期责任准备金（Unearned Premium Reserve） 未到期责任准备金也称未满期保费准备金，在准备金评估日为尚未终止的保险责任而提取的准备金，包括保险公司为保险期限在一年以内（含一年）的保险合同项下尚未到期的保险责任而提取的准备金，以及为保险期限在一年以上（不含一年）的保险合同项下尚未到期的保险责任而提取的长期责任准备金。之所以规定这种资金准备，是因为保险业务年度与会计年度不一致。

寿险责任准备金（Life Insurance Premium Reserve） 寿险责任准备金是寿险业务中，保险公司为将来要发生的保险责任而提存的资金准备。

一、健康保险基础（Health Insurance Bases）

长期健康险责任准备金（Long-term Health Insurance Premium Reserve） 长期健康险责任准备金是对长期性健康保险业务为承担未来保险责任而按规定提存的准备金。

未决赔款准备金（Outstanding Claims Reserve） 未决赔款准备金也称损失准备金，保险公司在会计年度决算以前发生保险责任而未赔偿或未给付保险金，在当年收入的保险费中提取的资金准备。未决赔款准备金包括已发生已报案未决赔款准备金、已发生未报案未决赔款准备金、已发生未充分报告准备金、已发生未立案未决赔款准备金、理赔费用准备金。

已发生已报案未决赔款准备金（Incurred and Reported Claims Reserve） 已发生已报案未决赔款准备金是保险公司为保险事故已经发生并已向保险公司报告可损（可能损失通知书）或提出索赔，但尚未结案的赔案所提取的准备金。

已发生未报案未决赔款准备金（Incurred but not Reported Claims Reserve） 已发生未报案未决赔款准备金是保险公司为保险事故已经发生，但尚未报告可损或提出索赔的赔案所提取的准备金。

已发生未充分报告准备金（Incurred but not Enough Reported Claims Reserve） 已发生未充分报告准备金是保险公司为已经立案但是尚未结案的赔案在未来可能的赔付偏差而提取的准备金。

已发生未立案未决赔款准备金（Incurred but not Recorded Claims Reserve） 已发生未立案未决赔款准备金是保险公司为已经发生保险事故但是尚未提出索赔或者已经提出索赔但是尚未立案的赔案而提取的准备金。

理赔费用准备金（Claim Expense Reserve） 理赔费用准备金是保险公司为尚未完全结案的赔案未来可能发生的理赔费用而提取的准备金。

间接理赔费用准备金（Indirect Claim Expense Reserve） 间接理赔费用准备金是保险公司为尚未完全结案的赔案未来可能发生的，并且无法直接确认到每个赔案的理赔费用而提取的准备金。

直接理赔费用准备金（Direct Claim Expense Reserve） 直接理赔费用准备金是保险公司为尚未完全结案的赔案未来可能发生的，并且可以直接确认到每个赔案的理赔费用而提取的准备金。

修正准备金（Modified Reserve） 修正准备金是保险公司根据费用的实际分布调整均衡纯保费，为了与首年或前几年较高的费用相匹配而增加第一个或前几个保单年度的附加保费，相应计算得到的准备金。

流量三角形（Run-off Triangle） 流量三角形是指保险公司将索赔发展数据、保费发展数据等，按照一定的方式（保单年度、事故年度、报告年度等），组织成的三角形表格。

链梯法（Chain Ladder Method） 链梯法是指按照流量三角形中各列的比例关系来预测未来索赔数据的一种未决赔款准备金评估方法。

案均赔款法（Average Cost Per Claim Method） 案均赔款法是依据保险公司的历史数据计算出每案赔款额的平

均数，再根据对将来赔付金额变动趋势的预测加以修正的一种未决赔款准备金评估方法。

已发生案均赔款法（Payments Per Claim Incurred Method） 已发生案均赔款法是以已经发生理赔的索赔次数和每案平均赔付额为基础数据的一种案均赔款法。

已结案案均赔款法（Payments Per Claim Settled Method） 已结案案均赔款法是以已结案的索赔次数和每案平均赔付额为基础数据的一种案均赔款法。

逐案估计法（Case Estimate Approach） 逐案估计法是对未决赔案逐个估计在将来结案时需要支付的赔款额的一种未决赔款准备金评估方法。

准备金进展法（Reserve Development Method） 准备金进展法是通过分析逐案估计法得到的准备金的充分程度，以及未来索赔支付额与准备金的关系来评估未决赔款准备金的一种方法。

修正已发生未报案未决赔款法（Adjusted IBNR Method） 修正已发生未报案未决赔款法是根据已发生索赔的实际进展情况和期望损失来修正已发生未报案（IBNR）准备金的一种未决赔款准备金评估方法。

准备金发展（Change in Reserve） 准备金发展是连续两个评估日评估的相同区间内的准备金之间的差异。

二分之一法（One Half Method） 二分之一法是假定风险在一年中是均匀分布、保费收入在一年中均匀收取条件下的未到期责任准备金提取方法。

八分之一法（One Eighth Method） 八分之一法是假定风险在每一季度内是均匀分布、保费收入在每一季度内均匀收取条件下的未到期责任准备金提取方法。如果风险、保费收入在一年中并非均匀分布，那么二分之一法计提的准备金与实际差异较大，八分之一法更为准确。

二十四分之一法（One Twenty-fourth Method） 二十四分之一法是假定风险在每一月度内是均匀分布、保费收入在每一月度内均匀收取条件下的未到期责任准备金提取方法。如果风险、保费收入在每一季度中并非均匀分布，那么八分之一法计提的准备金与实际差异较大，二十四分之一法更为准确。

三百六十五分之一法（One Three Hundred and Sixty-fifth Method） 三百六十五分之一法是在风险均匀分布假设条件下，按日计算未到期风险的准备金提取方法。如果风险、保费收入在每月中并非均匀分布，那么二十四分之一法计提的准备金与实际差异较大，三百六十五分之一法更为准确，但是结算更加繁琐，工作量大。

准备金评估日（Reserve Valuation Date） 准备金评估日是评估准备金所使用的各种数据的截止日。

间接理赔费用（Indirect Claim Expense） 间接理赔费用是指在保险理赔过程中，无法直接确认到每个赔案的理赔费用。

直接理赔费用（Direct Claim Expense） 直接理赔费用是指在保险理赔过程中，可以直接确认到每个赔案与案件理赔直接相关的费用。

一、健康保险基础（Health Insurance Bases）

案均赔款（Payment Per Claim） 案均赔款是在一定统计期间内，保险人依据赔款数据计算出的每案赔款的平均金额。

法定继承人（Legal Heir） 法定继承人是指在被继承人没有对其遗产的处理立有遗嘱的情况下，由法律直接规定的继承人。以死亡为给付条件的保险合同中，被保险人在未指定受益人的情况下，保险金由其法定继承人领取。

第三方（The Third Party） 第三方通常指合同关系双方的两个主体之外相对独立的、有一定公正性的第三主体，一般引入第三方的目的是为了确保交易的公平、公正，避免纠纷和欺诈。

法律适用（Application of Law） 法律适用是指在具体的法律事实出现后，通过将其归入相应的抽象法律事实，然后根据该法律规范关于抽象法律关系之规定，进而形成具体的法律关系和法律秩序。

协商（Negotiation） 协商是当事人双方在平等自愿的基础上，抱着公平、合理解决问题的态度和诚意，通过摆明事实，交换意见，取得沟通，从而找出解决问题、解决争议办法的一种方式。

仲裁（Arbitration） 仲裁是由双方当事人协议将争议提交（具有公认地位的）第三者，由该第三者对争议的是非曲直进行评判并做出裁决的一种解决争议的方法。仲裁异于诉讼和审判，仲裁需要双方自愿，也异于强制调解，是一种特殊调解，是自愿型公断，区别于诉讼等强制型公断。

诉讼（Lawsuit） 诉讼是指纠纷当事人通过向具有管辖权的法院起诉另一方当事人解决纠纷的形式。诉讼是一种法律行动，分为民事和刑事两类，前者原诉人是受害者当事人，因为有未可解决的争议，所以诉诸法律；后者涉及刑事犯罪，由政府当局控告疑犯。

诉讼费（Litigation Costs） 诉讼费是当事人为向人民法院提起诉讼程序应当缴纳的费用，包括案件受理费和其他诉讼费用。当事人应当向人民法院交纳的诉讼费用包括：（1）案件受理费；（2）申请费；（3）证人、鉴定人、翻译人员、理算人员在人民法院指定日期出庭发生的交通费、住宿费、生活费和误工补贴。

诉讼时效（The Limitation of Action） 诉讼时效是指民事权利受到侵害的权利人在法定的时效期间内不行使权利，当时效期间届满时，债务人获得诉讼时效抗辩权。在法律规定的诉讼时效期间内，权利人提出请求的，人民法院就强制义务人履行所承担的义务。而在法定的诉讼时效期间届满之后，权利人行使请求权的，人民法院就不再予以保护。

不可抗力（Beyond Human Control） 不可抗力是合同订立时不能预见、不能避免并不能克服的客观情况。包括自然灾害，如台风、地震、洪水、冰雹；政府行为，如征收、征用；社会异常事件，如罢工、骚乱三方面。

正当防卫（Justifiable Defense） 正当防卫是对正在进行不法侵害行为的人采取的制止不法侵害的行为，对不法侵害人造成损害的，属于正当防卫，不负刑事责任。正当防卫需满足四个条件：一是正当防卫所针对的必须是不法侵害；二是正当防卫必须是在不法侵害正在进行的时候；三是正当防卫所针对的必须是不法侵害人；四是正当防卫不能超越一定限度。

紧急避险（Act of Rescue） 紧急避险是指为了使国家、公共利益、本人或者他人的人身、财产和其他权利免受正在发生的危险，不得已采取的行为，造成损害的，不负刑事责任。紧急避险超过必要限度造成不应有的伤害的，应当负刑事责任，但是应当减轻或者免除处罚。

宣告死亡（Declaration of Death） 宣告死亡是指经利害关系人申请，由法院宣告下落不明的满一定期限的自然人为死亡的制度。宣告死亡是指自然人离开住所，下落不明达到法定期限，经利害关系人申请，由人民法院宣告其死亡的法律制度。

宣告失踪（Declaration of Disappearance） 宣告失踪是指经利害关系人申请，由人民法院对下落不明满一定期间的人宣告为失踪人的制度。为消除因自然人长期下落不明所造成的不利影响，法律通过设立宣告失踪制度，通过宣告下落不明人为失踪人，并为其设立财产代管人，由代管人管理失踪人财产，以保护失踪人与相对人的财产权益。

自杀（Suicide） 自杀是指个体在复杂心理活动作用下，蓄意或自愿采取各种手段结束自己生命的行为。

故意（On Purpose） 故意是指行为人明知自己的行为会造成危害社会的结果，并且希望或者放任这种结果发生的心理状态，包括直接故意和间接故意。直接故意是指犯罪嫌疑人明知或应当知道危害结果希望并追求结果的发生；间接故意是指犯罪嫌疑人明知或应当知道危害结果却放任危害结果的发生。

犯罪（Commit a Crime） 犯罪是指对犯罪各种内在、外在特征的高度、准确的概括，是对犯罪的内涵和外延的确切、简要的说明。犯罪概念一般分为形式概念、实质概念、混合概念。我国《刑法》第十三条对犯罪的规定："一切危害国家主权、领土完整和安全，分裂国家、颠覆人民民主专政的政权和推翻社会主义制度，破坏社会秩序和经济秩序，侵犯国有财产或者劳动群众集体所有的财产，侵犯公民私人所有的财产，侵犯公民的人身权利、民主权利和其他权利，以及其他危害社会的行为，依照法律应当受刑罚处罚的，都是犯罪，但是情节显著轻微危害不大的，不认为是犯罪。"

故意犯罪（Commit a Crime Intentionally） 故意犯罪是明知自己的行为会发生危害社会的结果，但是却希望或者放任这种结果发生，因而构成犯罪的，是故意犯罪。故意犯罪应当负刑事责任。

过失（Negligence） 过失在法律上指应注意、能注意而不注意造成了危害，这种行为称之为过失。

一般过失（General Negligence） 一般过失是指与处理自己事务为同一注意义务，该注意义务较普通人的注意义务要求要高，它要求行为人在行为过程中要尽到与处理自己的事务一样的同一注意义务，违反该注意义务称具体轻过失，也即一般过失。

重大过失（Culpable Negligence） 重大过失是指行为人因疏忽或过于自信不仅没有遵守法律对他较高的注意之要求，甚至连人们一般应该注意并能够注意的要求都未达到，以致造成某种损害后果。

侵权责任（Tortious Liability） 侵权责任是指民事主体因实施侵权行为而应承担的民事法律后果。侵权责任是任何人都对他人承担这样一种义务，即不因为自己的错误（过错）行为而侵害了他人的合法权益，否则即能构成侵权行为，要对受害方承担责任。侵权行为基本上都是违法行为。

一般侵权责任（General Tortious Liability） 一般侵权责任是指因行为人对因故意或过失侵害他人财产权和人身权，并造成损害的违法行为应当承担的民事责任。

特殊侵权责任（Special Tortious Liability） 特殊侵权责任是指当事人基于自己有关的行为、物件、事件或者其他特别原因致人损害，依照民法上的特别责任条款或者民事特别法的规定仍应对他人的人身、财产损失所应当承担的民事责任。

医疗事故（Medical Accident） 医疗事故是指医疗机构及其医务人员在医疗活动中，违反医疗卫生管理法律、行政法规、部门规章和诊疗护理规范、常规，过失造成患者人身损害的事故。确定是否为医疗事故目前需要医疗事故鉴定委员会鉴定才能认定。

医疗责任（Medical Liability） 医疗责任是指医疗机构及医务人员在医疗过程中因过失，或者在法律规定的情况下无论有无过失，造成患者人身损害或者其他损害，应当承担的以损害赔偿为主要方式的侵权责任。

自然人（Natural Person） 自然人是在自然条件下诞生的人，是在自然状态之下作为民事主体存在的人，代表着人格，代表其有权参加民事活动，享有权利并承担义务。

法人（Legal Entity） 法人是具有民事权利能力和民事行为能力，依法独立享有民事权利和承担民事义务的组织。法人是世界各国规范经济秩序以及整个社会秩序的一项重要法律制度。

周岁（Year Old） 周岁是国际通用的年龄计算方式。周岁计算的是出生后已经度过的时间长度（为基数，故也可以计算尾数，如三岁零两个月、七岁半等）。

未成年人（Juvenile） 未成年人在我国是指未满十八周岁的公民，在其他国家，未成年人被定义的年龄范围不同。判断一个人是否为未成年人，有没有完全民事行为能力是一个重要衡量标准。

民事行为能力（Capacity for Civil Conduct） 民事行为能力是指能够以自己的行为依法行使权利和承担义务，从而使法律关系发生、变更或消灭的资格。自然人的行为能力分三种情况：完全行为能力、限制行为能力、无行为能力。法人的行为能力由法人的机关或代表行使。

无民事行为能力（Civil Disability）

无民事行为能力是指不具有以自己的行为取得民事权利和负担民事义务的资格,不能产生法律关系发生、变更、消灭的效果。我国《民法通则》规定不满十周岁的未成年人是无民事行为能力人,由他的法定代理人代理民事活动。

限制民事行为能力（Limited Capacity for Civil Conduct） 限制民事行为能力又称部分民事行为能力或不完全行为能力,是指可以独立进行一些民事活动但不能独立进行全部民事活动的资格。根据我国《民法通则》的规定,限制民事行为能力人包括十周岁以上的未成年人和不能完全辨认自己行为的精神病人。

完全民事行为能力（Full Capacity for Civil Conduct） 完全民事行为能力是指可完全独立地进行民事活动,通过自己的行为取得民事权利和承担民事义务的资格。我国《民法通则》规定满十八周岁以上的成年人是完全民事行为能力人。

监护人（Guardian） 监护人是对无民事行为能力和限制民事行为能力人（如未成年人或精神病人）的人身、财产和其他合法权益负有监督和保护责任的人。监护人必须具有完全行为能力,并依法律规定产生。

法定代理人（Legal Representative） 法定代理人是指根据法律规定,代理无诉讼行为能力的当事人进行诉讼,直接行使诉讼代理权的人。

表见代理（Agency by Estoppel） 表见代理是指基于被代理人的过失或被代理人与无权代理人之间存在特殊关系,使相对人有理由相信无权代理人享有代理权而与之发生的民事法律行为,代理行为的后果由被代理人承担的一种特殊的无权代理。在保险代理中表见代理指代理人的行为后果由保险人承担。

酒后驾驶（Driving Under the Influence of Alcohol） 酒后驾驶是指根据国家质量监督检验检疫局发布的《车辆驾驶醉酒驾车的测试人员血液、呼气酒精含量阈值与检验》（GB19522—2004）中规定,饮酒驾车是指车辆驾驶人员血液中的酒精含量大于或者等于 20mg/100ml,小于 80mg/100ml 的驾驶行为。

醉酒驾驶（Drunken Driving） 醉酒驾驶是指根据国家质量监督检验检疫局发布的《车辆驾驶醉酒驾车的测试人员血液、呼气酒精含量阈值与检验》（GB19522—2004）中规定,醉酒驾车是指车辆驾驶人员血液中的酒精含量大于或者等于 80mg/100ml 的驾驶行为。

二、

健康保险制度（Health Insurance System）

中华人民共和国保险法（Social Insurance Law of the People's Republic of China）《中华人民共和国保险法》是为了规范保险活动，保护保险活动当事人的合法权益，加强对保险业的监督管理，维护社会经济秩序和社会公共利益，促进保险事业的健康发展制定的法律。1995年6月30日第八届全国人民代表大会常务委员会第十四次会议通过；2002年10月28日第九届全国人民代表大会常务委员会第三十次会议第一次修正；2009年2月28日第十一届全国人民代表大会常务委员会第七次会议第二次修订；2014年8月31日第十二届全国人民代表大会常务委员会第十次会议《全国人民代表大会常务委员会关于修改〈中华人民共和国保险法〉等五部法律的决定》第三次修正；根据2015年4月24日中华人民共和国第十二届全国人民代表大会常务委员会第十四次会议《全国人民代表大会常务委员会关于修改〈中华人民共和国计量法〉等五部法律的决定》第四次修订。保险法规定，健康保险属于人身保险业务，保险人不得兼营人身保险业务和财产保险业务。但是，经营财产保险业务的保险公司经国务院保险监督管理机构批准，可以经营短期健康保险业务和意外伤害保险业务。

中华人民共和国社会保险法（Social Insurance law of the People's Republic of China）《中华人民共和国社会保险法》是中国特色社会主义法律体系起支架作用的重要法律，是一部着力保障和改善民生的法律。由中华人民共和国第十一届全国人民代表大会常务委员会第十七次会议于2010年10月28日通过，中华人民共和国主席令第35号公布，自2011年7月1日起施行。《中华人民共和国社会保险法》是继《中华人民共和国劳动合同法》《中华人民共和国就业促进法》《中华人民共和国劳动争议调解仲裁法》之后，在保障和改善民生领域又一部支架性法律，是新中国成立以来第一部社会保险制度的综合性法律，是党和政府履行"让人人享有社会保障"承诺的法律保证。《中华人民共和国社会保险法》从法律上明确国家建立基本养老、基本医疗和工伤、失业、生育等社会保险制度，并对确立基本养老保险关系转移接续制度，提高基本养老保险基金统筹层次，建立新型农村社会养老保险制度、城镇居民养老保险制度和新型农村合作医疗制度等做出原则规定。《中华人民共和国社会保险法》的实施，对于加快建立覆盖城乡居民的社会保障体系，具有重大意义。

保险业章程草案（Draft Articles of Insurance） 保险业章程草案是中国最早草拟监督管理保险企业的法律。光绪三十三年（公元1907年）初拟《保险业章程》，第二年改为《保险业章程草案》。宣统二年（公元1910年）由修订法律馆修订，分总则、股份公司、相互公会、物产保险、生命保险、罚则、附则等七章一百零五条。草案规定，凡筹集资本设立公司或公会分保物产损害及生命危险而担负其赔偿者是为保险事业，须经农工商部立案。非保险公司不准经营保险，物产与生命两种保险不准兼营。凡七人或七人以上集资20万银圆以上创办保险营业者为股份保险公司。凡联合50位以上同志集资10万银圆以上设会互保危险者，名为相互保险公会。

关于国营公营企业必须向中国人民保险公司进行保险的指示（Directive on the Insurance of State-owned Public Enterprises to the PICC） 《关于国营公营企业必须向中国人民保险公司进行保险的指示》由中央人民政府政务院中央财政经济委员会于1949年12月23日颁发，要求国营公营的各企业都要投保，且其费用可列入生产成本之内。此指示虽然是一个笼统的保险规范，但已经涉及了疾病与健康保险的内容。

中华人民共和国劳动保险条例（Regulations of the People's Republic of China on Labor Insurance） 《中华人民共和国劳动保险条例》简称劳动保险条例，于1951年2月26日由政务院颁布，并于1953年、1956年两次修订。该条例共七章五十四条，规定了劳动保险的实施范围、劳动保险金的征集与保管、各项劳动保险待遇、劳动保险金的支配、劳动保险事业的执行与监督等，全面确立了适用于中国城镇职工的劳动保险制度。

关于改进公费医疗管理问题的通知（Circular on Improving the Management of Public Health Care） 《关于改进公费医疗管理问题的通知》于1965年12月27日由卫生部、财政部联合发布。该通知明确提出，享受公费医疗待遇的人员治病的门诊挂号费和出诊费，改由个人缴纳，不得在公费医疗经费中报销，但因公致残，乙级以上革命残废军人例外，由国家负责。营养滋补药品自费的办法要坚持执行。

关于恢复国内保险业务和加强保险机构的通知（Circular on the Restoration of Domestic Insurance Business and Strengthening of Insurance Institutions） 《关于恢复国内保险业务和加强保险机构的通知》于1979年4月由中国人民银行颁布，对恢复国内保险业务和设置保险机构做出具体部署。"文化大革命"期间，国内保险业务全面停办，党的十一届三中全会之后，国民经济开始走上正轨，需要尽快恢复国内保险业务。国

二、健康保险制度 (Health Insurance System)

内保险业务的恢复工作,首先是设计制定保险条款、费率和单证格式。国有企业发生意外损失统一由财政解决的做法也作了相应改变,全民所有制和集体所有制企业的财产,都可自愿参加保险。投保的财产一旦发生损失,由保险公司按保险合同的规定负责赔偿,国家财政不再核销和拨款。

保险企业管理暂行条例(Interim Regulations on the Administration of Insurance Enterprises) 《保险企业管理暂行条例》于1985年3月3日由国务院发布,自1985年4月1日生效。条例共六章二十四条,规定了保险企业的设立、中国人民保险公司偿付能力和保险准备金、再保险等重要内容。该条例在我国保险法尚未出台之前,对于加强国家对保险企业的管理、促进保险事业的发展、维护被保险方的利益、发挥保险的经济补偿作用具有重要意义。

国务院关于企业职工养老保险制度改革的决定(Decision of the SC on Reforming the Pension System of Enterprise Employees) 《国务院关于企业职工养老保险制度改革的决定》于1991年6月26日由国务院以国发〔1991〕33号颁布。我国企业职工的养老保险制度是20世纪50年代初期建立的,1958年和1978年两次做出修改。此项改革,考虑到各地区和企业情况不同,各省、自治区、直辖市人民政府可以根据国家的统一政策,对职工养老保险做出具体规定,允许不同地区、企业之间存在一定的差别。逐步建立起基本养老保险与企业补充养老保险和职工个人储蓄性养老保险相结合的制度,实行国家、企业、个人三方共同负担。

中共中央关于建立社会主义市场经济体制若干问题的决定(Decision of the CCCPC on the Establishment of A Socialist Market Economic System) 《中共中央关于建立社会主义市场经济体制若干问题的决定》于1993年11月14日由中国共产党第十四届中央委员会第三次全体会议审议通过。该文件共六部分、三十三条,是一份具有里程碑意义的文件,确立中国建立社会主义市场经济体制的改革目标,实现了改革开放和现代化建设的历史性突破。该决定提出了城镇职工养老和医疗保险金由单位和个人共同负担,实行"社会统筹和个人账户相结合"的医疗保障体系改革的方向。

关于职工医疗制度改革的试点意见(Opinions on the Pilot Reform of the Medical System for Workers and Staff Members) 《关于职工医疗制度改革的试点意见》于1994年4月14日由国家体改委、财政部、劳动部、卫生部联合发布。改革开放之前,职工医疗制度(包括公费医疗和劳保医疗)存在浪费、无制约等缺陷。为了推动职工医疗制度的改革,建立适应社会主义市场经济体制要求、符合中国国情的医疗保险新制度,决定进行改革试点。该意见就改革的目标和基本原则、试点的主要内容、试点的有关政策、试点工作的组织领导四个方面做出了说明。

关于职工医疗保障制度改革扩大试点的意见(Opinions on the Pilot Expansion of Medical Insurance System for

Workers and Staff Members)《关于职工医疗保障制度改革扩大试点的意见》于1996年4月22日由国家体改委、财政部、劳动部、卫生部联合发布。自1994年起，职工医疗制度改革试点工作进展顺利，取得了初步成效。建立了医疗费用筹措的新机制，提高了职工的基本医疗保障水平，抑制了医疗费用增长过快的势头，推动了医疗机构内部的改革，为进一步深化医疗保障制度改革积累了一定的经验。鉴于职工医疗保障制度改革关系到广大职工的切身利益，政策性强，涉及面广，为了进一步取得经验，需有计划、有步骤地扩大职工医疗保障制度改革的试点范围。该意见就改革的目标和基本原则、扩大试点的主要内容、试点的有关政策、扩大试点的组织领导四个方面做出了说明。

中共中央国务院关于卫生改革与发展的决定（Decision of the CCCPC and the SC on Health Reform and Development）《中共中央国务院关于卫生改革与发展的决定》于1997年1月15日由中共中央、国务院颁布。全文共九部分四十条，指出当前卫生事业的发展与经济建设和社会进步的要求还不相适应，地区间卫生发展不平衡，农村卫生、预防保健工作薄弱，医疗保险制度不健全等问题。提出了卫生工作的奋斗目标和指导思想，到2000年，初步建立起具有中国特色的包括卫生服务、医疗保险、卫生执法监督的卫生体系，基本实现人人享有初级卫生保健，国民健康水平进一步提高。积极推进卫生改革，更好地为人民健康服务，建立社会统筹与个人账户相结合的医疗保险制度，切实加强对医疗保险基金的管理和监督，积极发展多种形式的补充医疗保险。加强农村卫生工作，实现初级卫生保健规划目标，在农村多数地区建立起各种形式的合作医疗制度，有条件的地方可以逐步向社会医疗保险过渡。切实做好预防保健工作，深入开展爱国卫生运动。中西医并重，发展中医药，共同承担保护和增进人民健康的任务。推动科技进步，加强队伍建设。加强药品管理，促进医、药协调发展。完善卫生经济政策，增加卫生投入，离退休人员费用和卫生人员的医疗保险费按国家规定予以保证。切实加强党和政府对卫生工作的领导。

国务院关于建立统一的企业职工基本养老保险制度的决定（Decision of the SC on the Establishment of A Unified Basic Old－age Insurance System for Enterprise Employees）《国务院关于建立统一的企业职工基本养老保险制度的决定》于1997年7月16日由国务院发布，正式确立了我国养老保险制度采取"社会统筹和个人账户相结合"的基本框架。此项决定颁布之前，企业职工养老保险制度改革处在试点阶段，存在基本养老保险制度不统一、企业负担重、统筹层次低、管理制度不健全等问题。为加快改革步伐，建立统一的企业职工基本养老保险制度，促进经济与社会健康发展，该决定强调企业职工养老保险要贯彻社会互济与自我保障相结合、公平与效率相结合、行政管理与基金管理分开等原则，保障水平要与我国社会生产力发展水平及各方面的承受能力相

二、健康保险制度（Health Insurance System）

适应。

国务院关于建立城镇职工基本医疗保险制度的决定（Decision of the SC on the Establishment of Basic Medical Insurance System for Urban Workers）《国务院关于建立城镇职工基本医疗保险制度的决定》于1998年12月14日由国务院颁布。该文件明确提出了改革的任务和原则、覆盖范围和缴费办法、建立基本医疗保险统筹基金和个人账户、健全基本医疗保险基金的管理和监督机制、加强医疗服务管理、妥善解决有关人员的医疗待遇、加强组织领导七个方面的内容。

财政部关于加强职工基本医疗保险财务管理工作的通知（Notice of the MF on Strengthening the Financial Management of Basic Medical Insurance for Workers and Staff Members）《财政部关于加强职工基本医疗保险财务管理工作的通知》于1999年10月12日由财政部以财社字〔1999〕158号印发。通知明确要求认真做好城镇职工基本医疗保险缴费率的测算确定工作，根据上一年度或前三年用人单位和财政支付职工医疗费用的实际或平均数额（不含个人负担的医疗费部分），在进行必要的扣除后，合理确定一般职工医疗费支出基数。在认真测算的基础上，根据一般职工医疗费支出基数占职工工资总额的比例，考虑企事业单位、财政的实际承受能力、个人缴费情况等因素，合理确定城镇职工基本医疗保险的单位缴费率。妥善安排财政应负担的职工基本医疗保险支出。通知还规定了职工医疗保险支出的列支渠道。要求按照以收定支、收支平衡，社会统筹和个人账户分开核算，保证职工基本医疗需求的原则，加强职工基本医疗保险基金管理。同时加强特殊人群的医疗费用管理，并加强医疗保险基金监督管理工作。

关于城镇医药卫生体制改革的指导意见（Guiding Opinions on the Reform of the Medical and Health System in Cities and Towns）《关于城镇医药卫生体制改革的指导意见》于2000年2月11日由国务院办公厅以国办发〔2000〕16号转发了国务院体改办、国家计委、国家经贸委、财政部、劳动和保障部、卫生部、药品监管局、中医药局联合起草的相关文件。为进一步调动医药卫生工作者的积极性，优化卫生资源配置，改进医德医风，提高医疗服务质量，整顿药品生产流通秩序，抑制医药费用过快增长，国务院决定在建立城镇职工基本医疗保险制度的同时，进行城镇医药卫生体制改革。改革的目标是：建立适应社会主义市场经济要求的城镇医药卫生体制，促进卫生机构和医药行业健康发展，让群众享有价格合理、质量优良的医疗服务，提高人民的健康水平。该指导意见提出要实行卫生工作全行业管理，建立新的医疗机构分类管理制度，建立健全社区卫生服务组织、综合医院和专科医院合理分工的医疗服务体系等共计十四条要求。

财政部 劳动保障部关于企业补充医疗保险有关问题的通知（Notice of the MF, MLSS on Issues Concerning Supplementary Medical Insurance of Enterprises)《财政部 劳动保障部关于企业补充医疗保险有关问题的通知》于2002年5月21日由财政部劳动保障部以财社〔2002〕18号发布。该通知的主旨是为加快医疗保险制度改革步伐，进一步完善多层次的医疗保障体系。主要内容为：（1）按规定参加各项社会保险并按时足额缴纳社会保险费的企业，可自主决定是否建立补充医疗保险。企业可在按规定参加当地基本医疗保险基础上，建立补充医疗保险，用于对城镇职工基本医疗保险制度支付以外由职工个人负担的医药费用进行的适当补助，减轻参保职工的医药费负担；（2）企业补充医疗保险费在工资总额4%以内的部分，企业可直接从成本中列支，不再经同级财政部门审批；（3）企业补充医疗保险办法应与当地基本医疗保险制度相衔接。企业补充医疗保险资金由企业或行业集中使用和管理，单独建账，单独管理，用于本企业个人负担较重职工和退休人员的医药费补助，不得划入基本医疗保险个人账户，也不得另行建立个人账户或变相用于职工其他方面的开支；（4）财政部门和劳动保障部门要加强对企业补充医疗保险资金管理的监督和财务监管，防止挪用资金等违规行为。

中共中央国务院关于进一步加强农村卫生工作的决定（Decision of the CCCPC and the SC on Further Strengthening Rural Health Work） 于2002年10月19日由中共中央国务院以中发〔2002〕13号发布。该决定指出，改革开放以来，农村缺医少药的状况得到较大改善，农民健康水平和平均期望寿命有了很大提高。但是从总体上看，农村卫生工作仍比较薄弱，体制改革滞后，资金投入不足，卫生人才匮乏，基础设施落后，农村合作医疗面临很多困难。要按照"财政支持、农民自愿、政府组织"的原则，建立以大病统筹为主的新型农村合作医疗（新农合）制度。各级政府要积极组织引导农民建立以大病统筹为主的新型农村合作医疗制度，重点解决农民因患传染病、地方病等大病而出现的因病致贫、返贫问题。农村合作医疗制度应与当地经济社会发展水平、农民经济承受能力和医疗费用需要相适应，坚持自愿原则，反对强迫命令，实行农民个人缴费、集体扶持和政府资助相结合的筹资机制。经济发达的农村可以鼓励农民参加商业医疗保险。

关于加快健康保险发展的指导意见（Guiding Opinions on Accelerating the Development of Health Insurance）《关于加快健康保险发展的指导意见》于2002年12月26日由中国保监会以保监发〔2002〕130号印发。健康保险是我国保障体系的重要组成部分，在满足人民群众日益增长的健康保障需求，促进国民经济发展和社会稳定方面正发挥出越来越重要的作用。然而，我国健康保险在产品开发、风险控制、客户服务、经营方式和管理手段等方面与经济和社会发展的要求不相适应，与人民群众对健康保障的迫切需求不相适应，与保险市场对外开放的步伐不相适应。为加快我国健康保险的发展速度，建立起适应中国国情的健康保险发展模式，该指导意见指出，应加强健康保险的专业化经

二、健康保险制度（Health Insurance System）

营和管理，建立专业管理机构，实行单独核算，建立完善的健康保险产品体系、专门的核保和核赔体系、专业的精算体系、专业的信息管理系统，积极探索新型风险管理模式，加快健康保险专业人才的培养，加强对外交流与合作，加强同业间的交流与合作。

关于建立新型农村合作医疗制度的意见（Opinions on the Establishment of a New Rural Cooperative Medical System） 《关于建立新型农村合作医疗制度的意见》于2003年1月16日由国务院办公厅以国办发〔2003〕3号转发卫生部、财政部、农业部联合发布的文件。该意见分为目标和原则、组织管理、筹资标准、资金管理、医疗服务管理、组织实施六部分。该意见指出，新型农村合作医疗制度是由政府组织、引导、支持，农民自愿参加，个人、集体和政府多方筹资，以大病统筹为主的农民医疗互助共济制度。建立新型农村合作医疗制度要遵循自愿参加多方筹资、以收定支保障适度、先行试点逐步推广的原则，以县（市）为单位进行统筹，精简效能，资金必须专款专用，专户储存，不得挤占挪用。

人身保险新型产品精算规定（Actuarial Provisions for New Products of Life Insurance） 《关于印发人身保险新型产品精算规定的通知》于2003年5月16日由中国保监会以保监发〔2003〕67号发布，该规定自2003年7月1日起执行。通知中包括《个人分红保险精算规定》《个人投资连结保险精算规定》《个人万能保险精算规定》。其中《个人分红保险精算规定》共五部分十六条，规定了分红保险只可以采取终身寿险、两全保险或年金保险的形式。根据其中规定，分红型健康保险退出市场。保险费应当根据预定利息率、预定死亡率、预定附加费用率等要素采用换算表方法进行计算。保单年度末保单价值准备金、保单年度末保单最低现金价值、保单年度末保单现金价值和保单年度中保单现金价值的计算方法。盈余分配的原则、比例、红利分配方式、红利计算办法。以及法定责任准备金的计算等内容。《个人投资连结保险精算规定》共五部分十六条，从适用范围、基本原则、费用的收取、投资账户评估与投资单位定价、责任准备金等方面对个人投资连结保险做出了说明。《个人万能保险精算规定》共三部分九条，对该规定的适用范围、个人万能保险产品基本要素和保单现金价值与责任准备金做出了说明。

关于城镇灵活就业人员参加基本医疗保险的指导意见（Guiding Opinions on the Participation of Urban Flexible Employment Personnel in Basic Medical Insurance） 《关于城镇灵活就业人员参加基本医疗保险的指导意见》于2003年5月26日由劳动和社会保障部以劳社厅发〔2003〕10号发布。随着我国经济体制改革的进一步深化和产业结构的调整，以非全日制、临时性和弹性工作等灵活形式就业的人员（以下简称灵活就业人员）逐步增加，这部分人的医疗保障问题日益突出。为解决灵活就业人员的医疗保障问题，该指导意见分四部分共十三条，规定了城镇灵活就业人员参加基本医疗保险的有关问题，明确指出应积极将灵活就业人员纳入基本医疗保险制度范围；规范灵活就业人员参保方式、激励措施和待遇水平；加强治理，切实做好灵活就业人员的医疗保险治理服务工作；精心组织，稳妥推进灵活就业人员参保工作。

健康保险管理办法（Regulation of Health Insurance）《健康保险管理办法》经2006年6月12日中国保险监督管理委员会主席办公会审议通过，于2006年8月7日予以公布，编号保监会令2006年8号，自2006年9月1日起施行。该办法共八章五十三条，从经营管理、产品管理、销售管理、精算要求、再保险管理、法律责任等方面对健康保险的各项内容做出了系统的规定。该办法规定，健康保险包括疾病保险、医疗保险、失能收入损失保险和护理保险，按照保险期限分为长期健康保险和短期健康保险。依法成立的人寿保险公司、健康保险公司，经中国保监会核定，可以经营健康保险业务。以外的保险公司，经中国保监会核定，可以经营短期健康保险业务。长期健康保险产品应当设置合同犹豫期，犹豫期不得少于10天。短期个人健康保险产品可以进行费率浮动。以及其他重要内容。

健康保险统计制度（Health Insurance Statistics System）《健康保险统计制度》于2008年4月10日由中国保监会以保监发〔2008〕25号印发。该制度要求各保险集团（控股）公司、各保险公司，按照"全科目、大集中"的方式，通过中国保险统计信息系统，向中国保监会报送健康保险统计数据，健康保险统计数据应与现行统计数据合并报送。各公司应按要求，分别向中国保险统计信息系统报送月报、季报、半年报和年报统计指标，并确保数据的真实、准确和完整。

中共中央关于构建社会主义和谐社会若干重大问题的决定（Decision of the CCCPC on Several Important Issues Concerning the Construction of a Socialist Harmonious Society）《中共中央关于构建社会主义和谐社会若干重大问题的决定》是2006年10月11日，中国共产党第十六届中央委员会第六次全体会议，全面分析了形势和任务，研究了构建社会主义和谐社会的若干重大问题而通过的决定。该决定明确提出，要完善社会保障制度，保障群众基本生活；完善城镇职工基本医疗保险，建立以大病统筹为主的城镇居民医疗保险，发展社会医疗救助；加快推进新型农村合作医疗。到2020年，构建社会主义和谐社会的目标和主要任务包括全民族的思想道德素质、科学文化素质和健康素质明显提高。决定强调，应当加强医疗卫生服务，提高人民健康水平。

关于促进农村人身保险健康规范发展的通知（Circular on Promoting the Healthy and Standardized Development of Rural Life Insurance）《关于促进农村人身保险健康规范发展的通知》于2006年10月12日由中国保监会以保监发〔2006〕105号发布。通知规定，保险公司在县级行政区以下（不含县城）开展人身保险业务，必须具有与经营区

二、健康保险制度（Health Insurance System）

域和经营业务相适应的保险服务能力。鼓励保险公司通过在县城设立支公司、营销服务部或者通过保险中介机构开展农村人身保险业务。保险公司在开办农村人身保险时，必须提供客户权益告知书或进行投保风险提示，并在犹豫期内对一年期以上人身保险的投保人进行100%回访。

国务院关于开展城镇居民基本医疗保险试点的指导意见（Guiding Opinions of the SC on Pilot Projects for Basic Medical Insurance for Urban Residents）《国务院关于开展城镇居民基本医疗保险试点的指导意见》于2007年7月10日由国务院以国发〔2007〕20号印发。1998年中国开始建立城镇职工基本医疗保险制度，启动了新型农村合作医疗制度试点，建立了城乡医疗救助制度。但是，城镇非从业居民仍然没有相应的医疗保障制度安排。为实现基本建立覆盖城乡全体居民的医疗保障体系的目标，国务院决定，从2007年起开展城镇居民基本医疗保险试点。该指导意见明确提出，城镇居民基本医疗保险基金用于支付规定范围内的医疗费用，其他费用可以通过补充医疗保险、商业健康保险、医疗救助和社会慈善捐助等方式解决。

重大疾病保险的疾病定义使用规范（Standard Practice for Disease Definitions for Major Disease Insurance）《重大疾病保险的疾病定义使用规范》于2007年7月31日由中国保险行业协会制定。此规范出台的目的：方便消费者比较和选择重大疾病保险产品，保护消费者权益，指导保险公司使用疾病定义。该规范适用于保险期间主要为成年人（十八周岁以上）阶段的重大疾病保险。该规范规定，保险公司将产品定名为重大疾病保险，且保险期间主要为成年人（十八周岁以上）阶段的，该产品保障的疾病范围应当包括本规范内的恶性肿瘤、急性心肌梗塞、脑中风后遗症、冠状动脉搭桥术（或称冠状动脉旁路移植术）、重大器官移植术或造血干细胞移植术、终末期肾病（或称慢性肾功能衰竭尿毒症期）。该规范定义了二十五种重大疾病、保险公司的八项除外责任、八项术语定义以及其他相关规定。

中共中央国务院关于深化医药卫生体制改革的意见（Opinions of the CCCPC and the SC on Deepening the Reform of the Medical and Health Care System）《中共中央国务院关于深化医药卫生体制改革的意见》由中共中央国务院于2009年3月17日颁布，意见提出了为建立中国特色医药卫生体制，逐步实现人人享有基本医疗卫生服务的目标，提高全民健康水平的相关要求。意见指出要加快建设医疗保障体系。加快建立和完善以基本医疗保障为主体，其他多种形式补充医疗保险和商业健康保险为补充，覆盖城乡居民的多层次医疗保障体系。积极发展商业健康保险。鼓励商业保险机构开发适应不同需要的健康保险产品，简化理赔手续，方便群众，满足多样化的健康需求。鼓励企业和个人通过参加商业保险及多种形式的补充保险解决基本医疗保障之外的需求。在确保基金安全和有效监管的前提下，积极提倡以政府购买医疗保障服务的方式，探索委托具有资质的商业保险机构经办各类医疗保障管理服务。

医药卫生体制改革近期重点实施方案（2009—2011年）（Recent Key Implementation Plan of Medical and Health System Reform 2009 – 2011）《医药卫生体制改革近期重点实施方案（2009—2011年）》于2009年3月18日由国务院以国发〔2009〕12号印发。方案指出，2009—2011年要重点抓好五项改革：一是加快推进基本医疗保障制度建设；二是初步建立国家基本药物制度；三是健全基层医疗卫生服务体系；四是促进基本公共卫生服务逐步均等化；五是推进公立医院改革试点。推进五项重点改革，旨在落实医疗卫生事业的公益性质。要逐步解决城镇职工基本医疗保险、城镇居民基本医疗保险、新型农村合作医疗制度之间的衔接问题。

关于保险业深入贯彻医改意见积极参与多层次医疗保障体系建设的意见（Opinions on Deepening the Implementation of the Reform of Medical Insurance and Actively Participating in the Construction of Multi – Level Medical Security System）《关于保险业深入贯彻医改意见积极参与多层次医疗保障体系建设的意见》于2009年5月27日由中国保监会以保监发〔2009〕71号发布。该意见明确指出，商业健康保险是多层次医疗保障体系的有机组成部分。随着我国经济发展和社会进步，人民群众对提高健康保障水平有了更高要求。积极发展医疗保险、疾病保险、护理保险和失能收入损失保险等商业健康保险，可以减轻个人在基本医疗保障之外的医疗费用、疾病损失费用和护理保健费用等负担，满足多样化的健康保障需求。健康保险是保险业发展的重要领域之一。应进一步丰富健康保险产品体系，加大产品创新力度，在保险责任、保险费率、支付方式和服务内容等方面为企业和个人提供多样化、个性化的选择。大力发展各类医疗保险和疾病保险，加大失能收入损失保险产品研发力度，设计适应人口老龄化需要的护理保险产品，为广大人民群众提供多样化的健康保障服务。建立健康保险数据管理制度，鼓励探索健康保险与健康管理结合的综合保障服务模式，逐步实现健康维护、诊疗活动的事前、事中和事后全程管理。支持专业健康保险公司等相关保险机构先行探索。创新经营管理，完善健康保险单独核算制度、精算制度、风险管理制度、核保制度、理赔制度和数据管理制度，加大投入，推进健康保险专业化发展。加强健康保险专业人才队伍建设，完善培训体系，提升健康保险从业人员的专业素质。加强市场行为监管，规范经营行为。认真执行《保险法》及《健康保险管理办法》，强化健康保险产品监管和销售过程监管，防范销售误导风险，强化偿付能力监管，加强健康保险经营规律研究，提高监管的科学性和有效性，保障和促进行业持续健康发展。

医药卫生体制五项重点改革2009年工作安排（Work Arrangement about Five Priorities for Medical and Health System Reform in 2009）《医药卫生体制五项重点改革2009年工作安排》于

二、健康保险制度 (Health Insurance System)

2009年7月22日由国务院办公厅以国办函〔2009〕75号印发。该安排围绕医药卫生体制五项重点改革三年目标,抓住关键突出重点,提出了2009年推进改革的10项任务,并明确了牵头部门。包括扩大基本医疗保障覆盖面、提高基本医疗保障水平、国家基本药物制度取得进展、加强基层医疗卫生机构建设、加强以全科医生为重点的基层医疗卫生队伍建设、改革基层医疗卫生机构补偿机制、重点抓好涉及面广影响全民健康水平的公共卫生项目的实施、调整公立医院布局和结构,完善管理体制、改革公立医院补偿机制以及推行电子医疗档案和常见病临床路径。

关于做好2010年城镇居民基本医疗保险工作的通知 (Circular on Doing a Good Job of Basic Medical Insurance for Urban Residents in 2010) 《关于做好2010年城镇居民基本医疗保险工作的通知》于2010年6月1日由人力资源和社会保障部、财政部以人社部发〔2010〕39号发布。2009年,城镇居民基本医疗保险(以下简称城镇居民医保)制度在全国所有城市全面建立,参保人数持续快速增长,待遇水平进一步提高,城镇居民医保工作取得良好成效。为做好2010年城镇居民医保工作,通知指出,应完善参保政策,巩固扩大覆盖面,方便灵活就业人员、农民工等流动就业人员参保和享受待遇,进一步推进大学生参保工作。提高财政补助标准,健全筹资机制,在财政补助标准提高的同时,各地要根据经济发展、城镇居民可支配收入等情况,适当提高个人缴费水平。提高待遇水平,逐步减轻参保人员个人负担。加强医疗保险管理,提升经办能力和水平。

保监会关于改革完善保险营销员管理体制的意见 (Opinions of the CIRC on Reforming and Improving the Management System of Insurance Salesmen) 《保监会关于改革完善保险营销员管理体制的意见》于2010年9月20日由中国保监会以保监发〔2010〕84号发布。我国保险营销制度在促进保险业快速增长等方面发挥了重要作用。但是,随着社会环境的不断进步,中国保险发展进入新的阶段,管理粗放、大进大出、素质不高、关系不顺等问题比较突出。为解决这些问题,各保险公司和保险中介机构应依法理顺和明确与保险营销员的法律关系,减少与保险营销员的法律纠纷,切实维护保险营销员的合法权益。切实承担起本公司保险营销员管理体制改革责任,要按照体制更顺、管控更严、素质更高、队伍更稳的发展方向转换经营理念,规范公司招聘行为。鼓励保险公司和保险中介机构积极探索新的保险营销模式和营销渠道,逐步实现保险销售体系专业化和职业化。鼓励保险公司投资设立专属保险代理机构或者保险销售公司。

女职工劳动保护特别规定 (Special Provisions on Labor Protection for Female Workers) 《女职工劳动保护特别规定》于2012年4月28日经国务院第200次常务会议通过,中华人民共和国国务院令第619号予以公布。规定明确指出,女职工产假期间的生育津贴,对已经参加生育保险的，按照用人单位上年度职工月平均工资的标准由生育保险基金支付；对未参加生育保险的，按照女职工产假前工资的标准由用人单位支付。女职工生育或者流产的医疗费用，按照生育保险规定的项目和标准，对已经参加生育保险的，由生育保险基金支付；对未参加生育保险的，由用人单位支付。

关于开展城乡居民大病保险工作的指导意见（Guiding Opinions on the Work of Critical Illness Insurance for Urban and Rural Residents）《关于开展城乡居民大病保险工作的指导意见》于2012年8月24日由六部委以发改社会〔2012〕2605号印发。为进一步完善城乡居民医疗保障制度，健全多层次医疗保障体系，有效提高重特大疾病保障水平，应坚持以人为本，统筹安排；政府主导，专业运作；责任共担，持续发展；因地制宜，机制创新的原则，从城镇居民医保基金、新农合基金中划出一定比例或额度作为大病保险资金，采取向商业保险机构购买大病保险的方式，规范大病保险招标投标与合同管理，严格商业保险机构基本准入条件，不断提升大病保险管理服务的能力和水平。商业保险机构要切实加强管理，控制风险，降低管理成本、提升服务效率，加快结算速度，依规及时、合理向医疗机构支付医疗费用。鼓励商业保险机构在承办好大病保险业务的基础上，提供多样化的健康保险产品。

关于健康保险产品提供健康管理服务有关事项的通知（Notice on Matters Relating to the Provision of Health Management Services of Health Insurance Products）《关于健康保险产品提供健康管理服务有关事项的通知》于2012年8月18日由中国保监会以保监发〔2012〕73号印发。为促进健康保险领域产品创新，充分发挥商业健康保险在构建多层次医疗保障体系中的重要作用，通知规定了健康管理服务的定义、服务原则、定价标准、合同形式以及保险公司的说明义务。

卫生信息化建设路线图（Roadmap for Health Information Construction）《卫生信息化建设路线图》于2013年3月29日正式颁布，表明我国"十二五"期间卫生信息化建设路线图初步确定，其总体框架简称为"3521"工程。即建设国家级、省级和地市级3级卫生信息平台，加强公共卫生、医疗服务、新农合、基本药物制度和综合管理5项业务应用，建设健康档案和电子病历2个基础数据库和1个专用网络，加强信息标准体系和信息安全体系建设，确保数据资源共享，实现互联互通。

中医药健康管理服务规范（Chinese Medicine Health Management Service Standard）《中医药健康管理服务规范》于2013年7月31日由国家卫生计生委和国家中医药管理局以国卫基层发〔2013〕7号印发。该规范分为老年人中医药健康管理服务和0—36个月儿童中医药健康管理服务两部分。老年人中医药健康管理服务规定，为辖区内65岁及以上常住居民，每年提供1次中医药健康管理服务，内容包括中医体质辨识和

二、健康保险制度（Health Insurance System）

中医药保健指导。0—36个月儿童中医药健康管理服务规定，为辖区内居住的0—36个月儿童，在儿童6、12、18、24、30、36月龄时对儿童家长进行儿童中医药健康指导。该规范还分别规定了相应的服务流程、服务要求和考核指标。

国务院关于促进健康服务业发展的若干意见（Opinions of the SC on Promoting the Development of the Health Service Industry）《国务院关于促进健康服务业发展的若干意见》于2013年9月28日由国务院以国发〔2013〕40号印发。该意见分为总体要求、主要任务、政策措施三部分。该文件指出，健康服务业以维护和促进人民群众身心健康为目标，主要包括医疗服务、健康管理与促进、健康保险以及相关服务。发展目标包括健康保险服务进一步完善。商业健康保险产品更加丰富，参保人数大幅增加，商业健康保险支出占卫生总费用的比重大幅提高，形成较为完善的健康保险机制。鼓励企业、慈善机构、基金会、商业保险机构等以出资新建、参与改制、托管、公办民营等多种形式投资医疗服务业。积极发展健康保险。丰富商业健康保险产品。在完善基本医疗保障制度、稳步提高基本医疗保障水平的基础上，鼓励商业保险公司提供多样化、多层次、规范化的产品和服务。鼓励发展与基本医疗保险相衔接的商业健康保险，推进商业保险公司承办城乡居民大病保险，扩大人群覆盖面。积极开发长期护理商业险以及与健康管理、养老等服务相关的商业健康保险产品。推行医疗责任保险、医疗意外保险等多种形式医疗执业保险。发展多样化健康保险服务。建立商业保险公司与医疗、体检、护理等机构合作的机制，加强对医疗行为的监督和对医疗费用的控制，促进医疗服务行为规范化，为参保人提供健康风险评估、健康风险干预等服务，并在此基础上探索健康管理组织等新型组织形式。鼓励以政府购买服务的方式委托具有资质的商业保险机构开展各类医疗保险经办服务。借鉴国外经验并结合我国国情，健全完善健康保险有关税收政策。

国务院关于加快发展现代保险服务业的若干意见（Opinions of the SC on Accelerating the Development of Modern Insurance Service Industry）《国务院关于加快发展现代保险服务业的若干意见》于2014年8月10日由国务院以国发〔2014〕29号文印发。该意见分为总体要求；构筑保险民生保障网，完善多层次社会保障体系；发挥保险风险管理功能，完善社会治理体系；完善保险经济补偿机制，提高灾害救助参与度；大力发展"三农"保险，创新支农惠农方式；拓展保险服务功能，促进经济提质增效升级；推进保险业改革开放，全面提升行业发展水平；加强和改进保险监管，防范化解风险；加强基础建设，优化保险业发展环境；完善现代保险服务业发展的支持政策共十部分三十六条。该意见明确指出，要把商业保险建成社会保障体系的重要支柱。商业保险要逐步成为个人和家庭商业保障计划的主要承担者、企业发起的养老健康保障计划的重要提供者、社会保险市场化运作的积极参与者。支持有条件的企业建立商业养老健康保障计划。要发展多样化健康保险服务。鼓励保险公司大力开发各类医疗、疾病保险和失能收入损失保险等商业健康保险产品,并与基本医疗保险相衔接。发展商业性长期护理保险。提供与商业健康保险产品相结合的疾病预防、健康维护、慢性病管理等健康管理服务。支持保险机构参与健康服务业产业链整合,探索运用股权投资、战略合作等方式,设立医疗机构和参与公立医院改制。要加强养老产业和健康服务业用地保障。各级人民政府要在土地利用总体规划中统筹考虑养老产业、健康服务业发展需要,扩大养老服务设施、健康服务业用地供给,优先保障供应。加强对养老、健康服务设施用地监管,严禁改变土地用途。鼓励符合条件的保险机构等投资兴办养老产业和健康服务业机构。

国务院办公厅关于印发中医药健康服务发展规划(2015—2020年)的通知(Circular of the GOSC on Issuing the Plan for the Development of Health Services for Chinese Medicine 2015 - 2020) 《国务院办公厅关于印发中医药健康服务发展规划(2015—2020年)的通知》于2015年4月24日由国务院办公厅以国办发〔2015〕32号印发。该通知分为总体要求、重点任务、完善政策、保障措施,共四部分。通知提出,要开展中医特色健康管理。将中医药优势与健康管理结合,以慢性病管理为重点,以治未病理念为核心,探索融健康文化、健康管理、健康保险为一体的中医健康保障模式。鼓励保险公司开发中医药养生保健、治未病保险以及各类医疗保险、疾病保险、护理保险和失能收入损失保险等商业健康保险产品,通过中医健康风险评估、风险干预等方式,提供与商业健康保险产品相结合的疾病预防、健康维护、慢性病管理等中医特色健康管理服务。指导健康体检机构规范开展中医特色健康管理业务。

国务院办公厅关于印发深化医药卫生体制改革2014年工作总结和2015年重点工作任务的通知(Circular of the GOSC on Issuing the Work Summery in 2014 and the key Tasks in 2015 of the Reform of the Medical and Health Care System) 《国务院办公厅关于印发深化医药卫生体制改革2014年工作总结和2015年重点工作任务的通知》于2015年4月26日由国务院办公厅以国办发〔2015〕34号印发。该通知分为深化医药卫生体制改革2014年工作总结、深化医药卫生体制改革2015年重点工作任务,共两部分。通知中肯定了2014年加快发展商业健康保险取得的成果,并提出在2015年,仍要大力发展商业健康保险。贯彻落实《国务院办公厅关于加快发展商业健康保险的若干意见》。鼓励商业保险机构参与各类医疗保险经办服务。大力发展与基本医疗保险有机衔接的商业健康保险,加快发展医疗执业保险。加强监管,规范商业健康保险市场秩序,确保有序竞争。

国务院办公厅关于城市公立医院综合改革试点的指导意见(Guiding Opinions of the GOSC on the Pilot Reform of

二、健康保险制度（Health Insurance System）

Urban Public Hospitals）《国务院办公厅关于城市公立医院综合改革试点的指导意见》于2015年5月6日由国务院办公厅以国办发〔2015〕38号印发。该指导意见分为总体要求、改革公立医院管理体制、建立公立医院运行新机制、强化医保支付和监控作用、建立符合医疗行业特点的人事薪酬制度、构建各类医疗机构协同发展的服务体系、推动建立分级诊疗制度、加快推进医疗卫生信息化建设、强化组织实施，共九部分三十条。该指导意见明确提出，要深化医保支付方式改革，利用商业健康保险公司的专业知识，发挥其第三方购买者的作用，帮助缓解医患信息不对称和医患矛盾问题。此外，要逐步提高保障绩效，推进商业健康保险发展。加强基本医保、城乡居民大病保险、职工补充医疗保险、医疗救助、商业健康保险等多种保障制度的衔接，进一步减轻群众医药费用负担。

国务院批转发展改革委关于2015年深化经济体制改革重点工作意见的通知（Circular of the SC Approved the NDRC'S Opinions on key Works about Deepening Economic System Reform in 2015）《国务院批转发展改革委关于2015年深化经济体制改革重点工作意见的通知》于2015年5月8日由国务院以国发〔2015〕26号印发。该通知分为总体要求、持续简政放权加快推进政府自身改革、深化企业改革进一步增强市场主体活力、落实财税改革总体方案推动财税体制改革取得新进展、推进金融改革健全金融服务实体经济的体制机制、加快推进城镇化、农业农村和科技体制等改革推动经济结构不断优化、构建开放型经济新体制、实施新一轮高水平对外开放、深化民生保障相关改革健全保基本、兜底线的体制机制、加快生态文明制度建设促进节能减排和保护生态环境、完善工作机制、确保改革措施落地生效，共十部分三十九条。其中第三十三条明确提出，要推动医改向纵深发展，全面推开县级公立医院综合改革，在100个地级以上城市进行公立医院改革试点，破除以药补医机制。开展省级深化医改综合试点。全面实施城乡居民大病保险制度，完善疾病应急救助机制，加快推进重特大疾病医疗救助。推动出台整合城乡居民基本医疗保险管理体制改革方案。推进医保支付方式改革，健全进城落户农民参加基本医疗保险和关系转续政策。加快发展商业健康保险。

财政部　国家税务总局　保监会关于开展商业健康保险个人所得税政策试点工作的通知（Notice of the MF, the STA and the CIRC on the Pilot Work of the Individual Income Tax Policy on Commercial Health Insurance）《财政部　国家税务总局　保监会关于开展商业健康保险个人所得税政策试点工作的通知》于2015年5月8日由财政部、国家税务总局、保监会以财税〔2015〕56号联合发布。通知规定，对试点地区个人购买符合规定的商业健康保险产品的支出，允许在当年（月）计算应纳税所得额时予以税前扣除，扣除限额为2 400元/年（200元/月）。试点地区企事业单位统一组织并为员工购买符合规定的商业健康保险产品的支出，应分别计入员工个人工资薪金，视同个人购买，按上述限额予以扣除。此外该通知还规定了适用商业健康保险税收优惠政策的纳税人、适用的商业健康保险产品和试点城市。

国务院办公厅关于全面实施城乡居民大病保险的意见（Opinions of the GOSC on the Full Implementation of Critical Illness Insurance for Urban and Rural Residents）《国务院办公厅关于全面实施城乡居民大病保险的意见》于 2015 年 7 月 28 日由国务院办公厅以国办发〔2015〕57 号印发。该意见分为基本原则和目标、完善大病保险筹资机制、提高大病保险保障水平、加强医疗保障各项制度的衔接、规范大病保险承办服务、严格监督管理、强化组织实施，共七部分。加强医疗保障各项制度的衔接中指出，要强化基本医保、大病保险、医疗救助、疾病应急救助、商业健康保险及慈善救助等制度间的互补联动，明确分工、细化措施，建立大病信息通报制度，支持商业健康保险信息系统与基本医保、医疗机构信息系统进行必要的信息共享。规范大病保险承办服务中指出，要不断提升大病保险管理服务的能力和水平，鼓励商业保险机构在承办好大病保险业务的基础上，提供多样化的健康保险产品。

个人税收优惠型健康保险业务管理暂行办法（Interim Procedures for the Administration of Individual Preferential Tax Health Insurance Business）《个人税收优惠型健康保险业务管理暂行办法》于 2015 年 8 月 10 日由中国保监会以保监发〔2015〕82 号印发。该暂行办法共九章四十五条，从经营要求、产品管理、业务管理、财务管理、信息系统管理、信息披露、监督管理等方面，对个人税收优惠型健康保险业务做出了全面的管理安排规定。暂行办法规定了保险公司经营个人税优健康保险应当具备的条件；个人税优健康保险产品设计应遵循保障为主、合理定价、微利经营原则。保险公司应按照长期健康保险要求经营个人税优健康保险，不得因被保险人既往病史拒保，并保证续保。个人税优健康保险产品采取万能险方式，包含医疗保险和个人账户积累两项责任。医疗保险的保险金额不得低于 20 万元人民币并不设免赔额。医疗保险简单赔付率不得低于 80%。保险公司不得对个人账户收取初始费用等管理费用。保险公司在确认收到投保人缴纳的保费后，应向其开具个人税优健康保险专用单证，用于个人所得税税前抵扣。保险公司应对个人税优健康保险业务进行单独核算。

国务院办公厅关于加快发展生活性服务业促进消费结构升级的指导意见（Guiding Opinions of the GOSC on Accelerating the Development of Living Service Industry and Promoting the Upgrading of Consumption Structure）《国务院办公厅关于加快发展生活性服务业促进消费结构升级的指导意见》于 2015 年 11 月 19 日由国务院办公厅以国办发〔2015〕85 号印发。该指导意见分为总体要求、主要任务、政策措施，共三部分。在主要任务中明确提出，要围绕提

二、健康保险制度（Health Insurance System）

升全民健康素质和水平，逐步建立覆盖全生命周期、业态丰富、结构合理的健康服务体系。鼓励发展健康体检、健康咨询、健康文化、健康旅游、体育健身等多样化健康服务。积极发展健康保险，丰富商业健康保险产品，发展多样化健康保险服务。

国务院关于整合城乡居民基本医疗保险制度的意见（Opinions of the SC on the Integration of Basic Medical Insurance System for Urban and Rural Residents）《国务院关于整合城乡居民基本医疗保险制度的意见》于 2016 年 1 月 3 日由国务院以国发〔2016〕3 号印发。该意见分为总体要求与基本原则、整合基本制度政策、理顺管理体制、提升服务效能、精心组织实施确保整合工作平稳推进，共五部分。在基本原则部分，意见强调了统筹规划、协调发展。要把城乡居民医保制度整合纳入全民医保体系发展和深化医改全局，统筹安排，合理规划，突出医保、医疗、医药三医联动，加强基本医保、大病保险、医疗救助、疾病应急救助、商业健康保险等衔接，强化制度的系统性、整体性、协同性。

国务院关于印发中医药发展战略规划纲要（2016—2030 年）的通知（Circular of the SC on Issuing the Outline of the Plan for the Development Strategy of Chinese Medicine 2016–2030）《国务院关于印发中医药发展战略规划纲要（2016—2030 年）的通知》于 2016 年 2 月 22 日由国务院以国发〔2016〕15 号印发。该通知分为基本形势、指导思想基本原则和发展目标、重点任务、保障措施、组织实施，共五部分，明确了未来十五年我国中医药发展方向和工作重点。其中明确提出，要加快中医养生保健服务体系建设。实施中医治未病健康工程，加强中医医院治未病科室建设，为群众提供中医健康咨询评估、干预调理、随访管理等治未病服务，探索融健康文化、健康管理、健康保险于一体的中医健康保障模式。

国务院办公厅关于促进医药产业健康发展的指导意见（Guiding Opinions of the GOSC on Promoting the Healthy Development of the Pharmaceutical Industry）《国务院办公厅关于促进医药产业健康发展的指导意见》于 2016 年 3 月 4 日由国务院办公厅以国办发〔2016〕11 号印发。该指导意见分为总体要求、主要任务、加强政策保障和组织实施，共三部分十六条。第二部分第八条紧密衔接医改，营造良好市场环境，明确指出要健全医疗服务体系，完善价格、医保政策。健全大病保障政策，全面开展重特大疾病医疗救助工作，大力发展商业健康保险，满足社会多样化健康保障和医药产品需求。

国务院办公厅关于印发深化医药卫生体制改革 2016 年重点工作任务的通知（Circular of the GOSC on Issuing the Key Tasks of the Reform of the Medical and Health Care System in 2016）《国务院办公厅关于印发深化医药卫生体制改革 2016 年重点工作任务的通知》于 2016 年 4 月 21 日由国务院办公厅以国办发〔2016〕26 号印发。该通知分为全面深化公立医院改革、加快推进分级诊疗制度建设、巩固完善全民医保体系、健全药品供应保障机制、建立健全综合监管体系、加强卫生人才队伍建设、稳固完善基本公共卫生服务均等化制度、推进卫生信息化建设、加快发展健康服务业、加强组织实施，共十部分，详细阐述了2016年深化医药卫生体制改革的重点工作任务。通知中明确提出，要推进发展商业健康保险。指导保险业加强产品创新，丰富健康保险产品，提升服务水平。开展健康保险个人所得税优惠政策试点，不断完善优化试点方案。修订健康保险管理办法，健全健康保险相关监管制度，规范商业健康保险市场秩序。此项工作由保监会、人力资源社会保障部、财政部、卫生计生委负责。此外还有巩固完善城乡居民大病保险和医疗救助制度，推动完善基本医保、大病保险、医疗救助、疾病应急救助、商业健康保险和慈善救助有效衔接的政策。

国务院办公厅关于印发国家残疾预防行动计划（2016—2020年）的通知 [Circular of the GOSC on Issuing the National Disability Prevention Action Plan (2016–2020)]《国务院办公厅关于印发国家残疾预防行动计划（2016—2020年）的通知》于2016年8月25日由国务院办公厅以国办发〔2016〕66号印发。该通知分为总体要求、主要行动、保障措施、督导检查，共四部分，详细阐述了未来五年内国家关于残疾预防的工作计划。通知中提出，要优化支持政策，引导社会参与。鼓励老年人、残疾人、高风险职业从业者等群体投保健康保险、长期护理保险、意外伤害保险等人身保险产品，鼓励和引导商业保险公司开展相关业务。

健康中国2030规划纲要（Outline of Healthy China 2030 Program）《健康中国2030规划纲要》于2016年10月25日由中共中央、国务院印发。该纲要是新中国成立以来首次在国家层面提出的健康领域中长期战略规划，对保障人民健康、全面建设小康社会、加快推进社会主义现代化具有重大意义。该纲要共八篇二十九章，从总体战略、普及健康生活、优化健康服务、完善健康保障、建设健康环境、发展健康产业、健全支撑与保障、强化组织实施等方面，全面阐释了健康中国的概念和发展路径。其中，在第四篇完善健康保障中，着重强调了健康保险的重要性，提出要健全以基本医疗保障为主体、其他多种形式补充保险和商业健康保险为补充的多层次医疗保障体系。进一步健全重特大疾病医疗保障机制，加强基本医保、城乡居民大病保险、商业健康保险与医疗救助等的有效衔接。积极发展商业健康保险，落实税收等优惠政策，鼓励企业、个人参加商业健康保险及多种形式的补充保险。丰富健康保险产品，鼓励开发与健康管理服务相关的健康保险产品。促进商业保险公司与医疗、体检、护理等机构合作，发展健康管理组织等新型组织形式。同时，在第三篇优化健康服务中也提到，要实施中医治未病健康工程，将中医药优势与健康管理结合，探索融健康文化、健康管理、健康保险为一体的中医健康保障模式。在第六篇发展健

二、健康保险制度（Health Insurance System）

康产业中还提到，要加大政府购买服务的力度，支持保险业投资、设立医疗机构，推动非公立医疗机构向高水平、规模化方向发展，鼓励发展专业性医院管理集团。

国务院办公厅关于进一步扩大旅游文化体育健康养老教育培训等领域消费的意见（Opinions of the GOSC on Further Expanding Consumption in the Fields of Tourism, Culture, Sports, Health, Pension, Education and Training）《国务院办公厅关于进一步扩大旅游文化体育健康养老教育培训等领域消费的意见》于2016年11月20日由国务院办公厅以国办发〔2016〕85号印发。该意见分为着力推进幸福产业服务消费提质扩容、大力促进传统实物消费扩大升级、持续优化消费市场环境，共三部分三十五条，详细阐述了以改革创新增加消费领域特别是服务消费领域有效供给的意见。意见中明确指出要培育发展健康消费。适时将自2016年1月1日起实施的商业健康保险个人所得税税前扣除政策，由31个试点城市向全国推广。此项工作由财政部、税务总局、保监会按职责分工负责。

国务院关于印发"十三五"深化医药卫生体制改革规划的通知（Circular of the SC on Issuing the plan of Deepening the Reform of the Medical and Health Care System during the "13th Five–Year"）《国务院关于印发"十三五"深化医药卫生体制改革规划的通知》于2016年12月27日由国务院以国发〔2016〕78号印发。该通知分为规划背景、指导思想基本原则和主要目标、重点任务、保障措施，共四部分，详细阐述了"十三五"期间深化医药卫生体制改革的规划。规划中明确指出，要推动商业健康保险发展。积极发挥商业健康保险机构在精算技术、专业服务和风险管理等方面的优势，鼓励和支持其参与医保经办服务，形成多元经办、多方竞争的新格局。丰富健康保险产品，大力发展消费型健康保险，促进发展各类健康保险，强化健康保险的保障属性。鼓励保险公司开发中医药养生保健等各类商业健康保险产品，提供与其相结合的中医药特色健康管理服务。制定和完善财政税收等相关优惠政策，支持商业健康保险加快发展。鼓励企业和居民通过参加商业健康保险，解决基本医保之外的健康需求。

国务院关于印发"十三五"卫生与健康规划的通知（Circular of the SC on Issuing the "13th Five–Year" Hygiene and Health Plan）《国务院关于印发"十三五"卫生与健康规划的通知》于2016年12月27日由国务院以国发〔2016〕77号印发。该通知分为规划背景、指导思想和发展目标、主要任务、保障措施，共四部分，详细阐述了"十三五"期间卫生与健康事业的发展规划。规划中明确指出，要加快发展商业健康保险。鼓励企业和个人通过参加商业保险及多种形式的补充保险解决基本医保之外的需求。鼓励商业保险机构积极开发与健康管理服务相关的健康保险产品，加强健康风险评估和干预。加快发展医疗责任保险、医疗意外保险，探索发展多种形式的医疗执业保险。此项任务由保监会负责。

国务院办公厅关于印发中国防治慢性病中长期规划（2017—2025年）的通知（Circular of the GOSC on Issuing China's Long-term Plan for the Prevention and Treatment of Chronic Diseases 2017–2025）《国务院办公厅关于印发中国防治慢性病中长期规划（2017—2025年）的通知》于2017年1月22日由国务院办公厅以国办发〔2017〕12号印发。该意见分为规划背景、总体要求、策略与措施、保障措施、监督与评估，共五部分，详细安排了有关慢性病的防治工作。在第三部分策略与措施中指出，要完善保障政策，切实减轻群众就医负担。要发展多样化健康保险服务，鼓励有资质的商业保险机构开发与基本医疗保险相衔接的商业健康保险产品，开展各类慢性病相关保险经办服务。同时动员社会力量开展防治服务。鼓励、引导、支持社会力量举办的医疗、体检、养老和养生保健机构以及基金会等公益慈善组织、商业保险机构、行业协会学会、互联网企业等通过竞争择优的方式，参与所在区域医疗服务、健康管理与促进、健康保险以及相关慢性病防治服务，创新服务模式，促进覆盖全生命周期、内涵丰富、结构合理的健康服务业体系发展。

国务院关于印发"十三五"国家老龄事业发展和养老体系建设规划的通知（Circular of the SC on Issuing the Plan of the State's Development of Aging and the Construction of Pension System during the "13th Five-Year"）《国务院关于印发"十三五"国家老龄事业发展和养老体系建设规划的通知》于2017年2月28日由国务院以国发〔2017〕13号印发。该通知分为规划背景、指导思想基本原则和发展目标、健全完善社会保障体系、健全养老服务体系、健全健康支持体系、繁荣老年消费市场、推进老年宜居环境建设、丰富老年人精神文化生活、扩大老年人社会参与、保障老年人合法权益、强化工作基础和规划实施保障，共十一章内容。其中第三章第一节社会保障制度中指出，要健全医疗保险制度，鼓励发展补充医疗保险和商业健康保险、老年人意外伤害保险。探索建立长期护理保险制度。开展长期护理保险试点的地区要统筹施策，做好长期护理保险与重度残疾人护理补贴、经济困难失能老年人护理补贴等福利性护理补贴项目的整合衔接，提高资源配置效率效益。

国务院关于印发中国（湖北）自由贸易试验区总体方案的通知〔Circular of the SC on Issuing the Overall Program for the Pilot Free Trade Zones of China（Hu bei）〕《国务院关于印发中国（湖北）自由贸易试验区总体方案的通知》于2017年3月15日由国务院以国发〔2017〕18号印发。该通知分为总体要求、区位布局、主要任务和措施、保障机制，共四部分，详细阐述了推进中国（湖北）自贸试验区建设的方案。其中第三部分第九条增强金融服务功能指出，支持在自贸试验区内设立健康保险、科技保险和内河航运保险等专业保

二、健康保险制度（Health Insurance System）

险机构，扩大出口信用保险覆盖面。完善保险市场体系，推动保险产品研发中心、再保险中心等功能型平台建设。

国务院关于印发中国（重庆）自由贸易试验区总体方案的通知〔Circular of the SC on Issuing the Overall Program for the Pilot Free Trade Zones of China（Chongqing）〕《国务院关于印发中国（重庆）自由贸易试验区总体方案的通知》于2017年3月15日由国务院以国发〔2017〕19号印发。该通知分为总体要求、区位布局、主要任务和措施、保障机制，共四部分，详细阐述了推进中国（重庆）自贸试验区建设的方案。其中第三部分第十四条增强跨境金融服务功能指出，支持在自贸试验区设立内外资再保险、外资健康保险、国际多式联运物流专业保险等机构。

国务院办公厅关于印发深化医药卫生体制改革2017年重点工作任务的通知（Circular of the GOSC on Issuing the Key Tasks of the Reform of the Medical and Health Care System in 2017）《国务院办公厅关于印发深化医药卫生体制改革2017年重点工作任务的通知》于2017年4月25日由国务院办公厅以国办发〔2017〕37号印发。该通知分为研究制定的文件、推动落实的重点工作，共两部分七十条，详细规定了2017年深化医药卫生体制改革，要重点推进和落实的工作任务。其中第三十八条规定，将商业健康保险个人所得税试点政策推广至全国实施。该项工作由财政部、税务总局、保监会负责。

关于将商业健康保险个人所得税试点政策推广到全国范围实施的通知（Circular on the Implementation of the Pilot Policy on Personal Income Tax for Commercial Health Insurance Throughout the Country）《关于将商业健康保险个人所得税试点政策推广到全国范围实施的通知》于2017年5月3日由财政部、税务总局、保监会以财税〔2017〕39号联合印发。该通知分为关于政策内容、关于适用对象、关于商业健康保险产品的规范和条件、关于税收征管、关于部门协作、关于实施时间六部分内容，详细规定了有关商业健康保险个人所得税试点政策推广的具体事宜。通知规定对个人购买符合规定的商业健康保险产品的支出，允许在当年（月）计算应纳税所得额时予以税前扣除，扣除限额为2400元/年（200元/月）。单位统一为员工购买符合规定的商业健康保险产品的支出，应分别计入员工个人工资薪金，视同个人购买，按上述限额予以扣除。财政、税务、保监部门要做好商业健康保险个人所得税优惠政策宣传解释、优化服务。税务、保监部门应建立信息共享机制，及时共享商业健康保险涉税信息。该通知自2017年7月1日起执行。

国务院办公厅关于支持社会力量提供多层次多样化医疗服务的意见（Opinions of the GOSC on Supporting Social Forces to Provide Multi-tiered and Diverse Medical Services）《国务院办公厅关于支持社会力量提供多层次多样化医疗服务的意见》于2017年5月16日由国务院办公厅以国办发〔2017〕44号印发。该意见分为总体要求、拓展多层次多样化服务、进一步扩大市场开放、强化政策支持、严格行业监管和行业自律、强化组织实施,共六部分二十五条。第一部分第三条目标任务,明确指出到2020年,社会力量办医能力明显增强,医疗技术、服务品质、品牌美誉度显著提高,专业人才、健康保险、医药技术等支撑进一步夯实,行业发展环境全面优化。第四部分第十六条落实完善保险支持政策指出,要丰富健康保险产品,大力发展与基本医疗保险有序衔接的商业健康保险。加强多方位鼓励引导,积极发展消费型健康保险。建立经营商业健康保险的保险公司与社会办医疗机构信息对接机制,方便患者通过参加商业健康保险解决基本医疗保险覆盖范围之外的需求。鼓励商业保险机构和健康管理机构联合开发健康管理保险产品,加强健康风险评估和干预。推动商业保险机构遵循依法、稳健、安全原则,以战略合作、收购、新建医疗机构等方式整合医疗服务产业链,探索健康管理组织等新型健康服务提供形式。落实推广商业健康保险个人所得税税前扣除政策。

中国健康服务产业发展报告(Report on the Development of China's Health Service Industry) 《中国健康服务产业发展报告》是中国首部健康服务产业蓝皮书,由国家发展和改革委员会国际合作中心健康服务产业办公室、世界抗衰老医学会、中国人民大学培训学院—健康管理学院和北京健康教育协会联合编写,从2015年起定期发布年度报告。该书以国务院健康服务产业发展政策为指导,系统总结了国际健康服务产业20年的经验和中国健康服务产业近8年来的发展历程;深入分析了现阶段中国在健康服务产业发展关系上存在的主要矛盾;指出了中国健康服务产业的基本现状和突出问题;抓住了健康服务产业与抗衰老健康医学科学之间存在的普遍和必然联系;阐明了发展中国健康服务产业的紧迫性与重要性;提出了建立并发展中国健康服务产业的现代理念、基本模式和基本道路,并初步提供了一套相对完善、切实可行、标准量化、规范严谨、具有可操作性的运行方案。

社会保障(Social Security) 社会保障是指国家通过立法,积极动员社会各方面资源,通过收入再分配,保证无收入、低收入以及遭受各种意外灾害的公民能够维持生存,保障劳动者在年老、失业、患病、工伤、生育时的基本生活不受影响,同时根据经济和社会发展状况,逐步增进公共福利水平,提高国民生活质量。社会保障包括对人生、老、病、死、残及事业等方面的保障,保障的对象是社会化的风险。

湛江模式(Zhanjiang Model) 湛江模式是指将商业保险引入社会保障体系,通过保险公司提供的大额补充保险,群众在不多出一分钱的情况下,得到了更大的保障,真正做到了政企分离,并在更高层次上实现了政企合作。2009年1月,湛江市新农合与城镇居民医疗保险并轨运行,解决了以往因两种医保制度缴费标准悬殊、统筹层次不同所造成的参保积极性不高、基金调剂能力弱等问题。为了进一步改善"并轨"后医保报

二、健康保险制度（Health Insurance System）

销手续烦琐、医疗资源配置不均、政府管理成本居高不下等状况，湛江市决定引入商业手段，为城乡居民基本医疗保险和补充医疗保险提供一体化管理和服务——通过建立"一体化咨询服务平台"，保险公司向全市居民提供包括基本医疗、补充医疗、健康管理、商业健康保险等政策咨询服务。通过建立"一体化支付结算平台"，实现病人诊疗费用结算信息在保险公司、社保部门和定点医院之间的共享。

平谷模式（Pinggu Model） 平谷模式是指北京市平谷区政府与中国人民健康保险股份有限公司北京分公司签署协议，于2011年1月12日正式启动的"北京市平谷区新型农村合作医疗共保联办项目"。"平谷模式"的路径是以保险合同方式经办平谷区新农合基本医疗保险，政府与公司发挥各自优势，各按50%承担保险责任，共同经办管理服务，以实现"风险共担、利益共享""共保联办"。"平谷模式"为全国首例采用"共保联办"模式的新农合试点，现已被称为北京医改亮点之一，在北京六个远郊区县中推行。

太仓模式（Taicang Model） 太仓模式是指江苏省太仓市当地社会医疗保险部门运作社会医疗保险统筹基金，通过向商业保险机构招标，引入商业保险管理优势，加强医疗管理，对社会医疗保险参保人员在享受基本医疗保险待遇的基础上发生的大额住院自付医疗费用，由商业保险公司进行再次补偿，即太仓市首创的大病再保险模式。太仓市从2011年4月开始实行"大病医保再保险"新政策，当地政府通过引入商业保险运作机制，建立起覆盖全市的大病补充医保制度，太仓居民不用多交一分钱，就能够得到一份额外的商业补充医疗保障。按职工每人每年50元、居民每人每年20元的标准，为全市所有参保人员购买了大病补充医疗保险，委托商业保险公司经办，为个人自付医疗费用超过1万元的参保人员提供上不封顶的累进比例补偿，职工和城乡居民享受同样保障待遇。从1万元起直到50万元以上，共被分为1万—2万元、2万—3万元、3万—4万元等13个费用段，越往后金额跨度越大，补偿比例也从53%递增到82%。太仓市确定，对住院的自付费用超过1万元以上的患者开始启动大病保险根据自付费用数额的不同，再设定相应的报销比例，自付费用越高，报销比例越高，最高可以报销82%，而且在金额上没有封顶线。该模式是江苏省太仓市大病医疗保险制度改革的创新工作经验，为国家医保新政策顶层设计提供了蓝本，2012年8月太仓首创的"太仓模式"大病再保险被引入国家医保新政，引发了国内外知名媒体及广大人民群众的广泛关注。

江阴模式（Jiangyin Model） 江阴模式是江阴市所采用的医保基金交给第三方管理，由商业保险机构参与运作的全市性农村医疗保险制度，建立起完善的新农合、大病救助、商业补充保险"三位一体"的医保服务体系。在该市确立的"行政领导、统一筹集、征管分离、定额补偿、专款专用、收支平衡"的总原则下，商业保险公司采用了定点医院、信息网络、医疗专项三管齐下的综合管理模式，为农民提供医疗保险。这一模式由政府牵头、太平洋保险基金运作、卫生行政部门监督，市政府将农村住院医疗保险办公室收缴上来的医疗保险基金委托太平洋人寿保险江阴市支公司管理，使得医保成为真正意义上的第三方管理。"江阴模式"是商业保险参与医保体系建设的典型代表，充分发挥了商业保险的专业服务作用，为减轻政府社会管理压力、提高医保服务水平、优化资源配置做出了有益探索。

番禺模式（Fanyu Model） 番禺模式是指在2005年，广东省番禺市新农合制度开始采取"政府主导、卫生部门监管、保险公司承办、信息化操作"的运作模式，即以政府购买服务的形式，通过公开招标，委托中国人寿番禺分公司承办补偿等具体医保业务，实现（监）管办（事）分离，它也被称为"托管模式"。

洛阳模式（Luoyang Model） 洛阳模式是指2005年洛阳市启动的新型农村合作医疗试点工作以来，逐渐确立的"政府组织引导、职能部门监督管理、中国人寿承办业务、定点医疗机构提供服务"的运行机制，形成建立的以"政府主导、专业运作、管办分离、合署办公、医院直补"的模式。"洛阳模式"的核心内容主要为：在社会医疗保险领域，政府购买服务，引入商业保险参与经办，建立了以"政府主导、专业运作、管办分离、合署办公、医院直补"的模式；通过资源共享、发挥商业保险专业精算、网络覆盖面大、用人机制灵活的特点，降低政府管理成本，由"养人办事变为办事不养人"；将劳动、民政、卫生管理的社会医疗保险、城乡医疗救助、新农合统一委托同一家商业保险经办核算，搭建了为民服务综合平台；商业保险参与建立多层次医疗保险体系，将社会医疗保险和商业补充医疗保险无缝对接，构建全社会医疗保险网。

医疗保障（Medical Security） 医疗保障是指国民通过免费、适当缴费或全额缴费等方式加入到计划中，当其因为生病、受伤或生育需要治疗时，国家（政府）或市场组织向其提供必需的或事先约定的医疗服务或经济补偿的制度。医疗保障是社会保障制度的一个子系统，是社会保障制度中保障国民医疗服务需求的一系列制度的总称。广义的医疗保障是指整个医药服务提供及其保障系统，即整个医药卫生制度。狭义的医疗保障则专指以筹资为核心的医疗保险和医疗救助体系两类。

医疗救助（Medical Aid） 医疗救助是指国家和社会针对那些因为贫困而没有经济能力进行治病的公民实施专门的帮助和支持。它通常是在政府有关部门的主导下，社会广泛参与，通过医疗机构针对贫困人口的患病者实施的恢复其健康、维持其基本生存能力的救治行为。

医疗服务（Medical Service） 医疗服务是根据财政部、税务局《关于医疗卫生机构有关税收政策的通知》（2000）第42号文件，医疗服务是指医疗服务机构对患者进行检查、诊断、治疗、康复和提供预防保健、接生、计划生育等方面的服务，以及提供与这些服务有关的

二、健康保险制度（Health Insurance System）

药品、医用材料器具、救护车、病房住宿和伙食的业务。医疗服务分为三个层次，即核心医疗服务、形式医疗服务和附加医疗服务。

社会健康保险（Social Health Insurance） 社会健康保险属于社会保险范畴，是指国家通过法律强制手段，筹资保险基金提供基本医疗保障的一种制度。

商业健康保险（Commercial Health Insurance） 商业健康保险是指由商业保险公司提供的，以被保险人的身体为保险标的，保证被保险人在疾病或意外事故所致伤害时的直接费用或间接损失获得补偿的保险。按投保人的数量分类可分为个人健康保险和团体健康保险；按投保时间长短分类可分为短期健康保险和长期健康保险；按保险责任分类可分为疾病保险、医疗保险、失能收入保险和护理保险；按给付方式分类可分为补偿型保险、给付型保险和提供服务产品型。

遗属保险（Survivor Insurance） 遗属保险是指根据有关立法，当依法参加社会保险的劳动者不幸逝世使他们的遗属经济收入受到影响时，向他们提供全部或部分丧葬费用，并按规定在法定时间内补贴其部分经济收入，从而保障其基本生活的社会保险项目。

伤残保险（Invalidity Insurance） 伤残保险是指根据有关立法，当依法参加社会保险的劳动者因伤病致残丧失全部或部分劳动能力致使经济收入受到影响时，向他们提供全部或部分医护康复费用，并补贴其部分经济收入，从而保障其基本生活的社会保险项目。

护理保险（Care Insurance） 护理保险是健康保险的一种，指以因保险合同约定的日常生活能力障碍引发护理需要为给付保险金条件，为被保险人的护理支出提供保障的保险。

基本医疗保险（Basic Medical Insurance） 基本医疗保险是指国家通过立法强制规定，用人单位和社会成员个人共同缴纳医疗保险费，建立医疗保险基金，当社会成员个人因疾病或者意外伤害需要获得必需的医疗服务时，按规定提供医疗服务补偿的一种社会保险。基本医疗保险是社会保险中的一项重要保险制度，是医疗保险体系的核心内容。基本医疗保险制度，具有法定性、强制性、缴费性和福利性，通过建立社会统筹和个人账户筹集保险基金，用以支付医疗费用，降低社会成员的疾病风险。

补充医疗保险（Supplementary Medical Insurance） 补充医疗保险是相对于基本医疗保险而言的，包括企业补充医疗保险、商业医疗保险、社会互助和社区医疗保险等多种形式，是基本医疗保险的有力补充，也是多层次医疗保障体系的重要组成部分。

企业补充医疗保险（Enterprise Supplementary Medical Insurance） 企业补充医疗保险是指企业在参加基本医疗保险的基础上，根据自身的经济承受能力，本着自愿的原则，自出资金，对本企业职工超出基本医疗保险基金支付以外的医疗费用，实行医疗补助的医疗保险。企业补充医疗保险费由企业缴纳，原则上控制在工资总额的4%以内，具体比例可根据当地基本医疗保险缴费和企业上年度支付医疗费情况而定。企业补充医疗保险费，在职职工从福利费中列支，福利费不足列资的部分，经同级财政核准后列入成本；退休人员从劳保费中列资。个人不缴纳企业补充医疗保险费。

商业医疗保险（Commercial Medical Insurance） 商业医疗保险是指商业保险组织根据医疗保险合同约定，以人的身体为保障对象，向投保人收取保险费，建立保险基金，对于合同约定的医疗事故因其发生所造成的医药费损失承担给付保险金责任的一种合同行为。商业医疗保险，是相对于社会保险而言的，是以被保险人身体的健康状况为基本出发点，对被保险人因疾病或意外伤害造成的医疗费用和收入损失进行补偿为目的的一类保险。

城镇职工基本医疗保险（Basic Medical Insurance for Urban Workers） 城镇职工基本医疗保险是我国医疗保险的组成（城镇职工医疗保险、城镇居民医疗保险、新型农村合作医疗）之一，是为补偿劳动者因疾病风险遭受经济损失而建立一项社会保险制度。通过用人单位和个人缴费，建立医疗保险基金，参保人员患病就诊发生医疗费用后，由医疗保险经办机构给予一定的经济补偿，以避免或减轻劳动者因患病、治疗等所承受的经济风险。城镇职工基本医疗保险，不仅是我国建立最早的基本医疗保险，也是我国最为广泛的一种基本医疗保险。城镇所有用人单位，包括企业（国有企业、集体企业、外商投资企业、私营企业等）机关、事业单位、社会团体、民办非企业单位及其职工均是城镇职工基本医疗保的统筹对象。城镇职工基本医疗保险制度包括基本医疗保险、补充医疗保险、公务员医疗补助、重大疾病医疗补助和社会医疗救助，从而形成了以基本医疗保险制度为主体的多层次医疗保障体系。

城镇居民基本医疗保险（Basic Medical Insurance for Urban Residents） 城镇居民基本医疗保险是社会医疗保险的组成部分，采取以政府为主导，以居民个人（家庭）缴费为主，政府适度补助为辅的筹资方式，按照缴费标准和待遇水平相一致的原则，为城镇居民提供医疗需求的医疗保险制度。是以没有参加城镇职工医疗保险的城镇未成年人和没有工作的居民为主要参保对象的医疗保险制度。

城乡居民基本医疗保险（Basic Medical Insurance for Urban and Rural Residents） 城乡居民基本医疗保险是整合城镇居民基本医疗保险和新型农村合作医疗两项制度，建立统一的城乡居民基本医疗保险制度。国务院2016年1月12日发布了《国务院关于整合城乡居民基本医疗保险制度的意见》国发〔2016〕3号，要求明确工作进度和责任分工。各省（区、市）要于2016年6月底前对整合城乡居民医保工作做出规划和部署。

城乡居民大病保险（Urban and Rural Residents Critical Illness Insurance） 大病保险是对城乡居民因患大病发生的高额医疗费用给予报销，目的是解决群众反映强烈的"因病致贫、因病返贫"问题，使绝大部分人不会再因为疾病陷入经济困境。大病保险保障对象为城镇居民医保、新农合的参保人。资金从城镇居民医保基金、新农合基金中划出，不再额外增加群众个人缴费负担。

新型农村合作医疗（New Rural Cooperative Medical Care） 新型农村合作医疗简称"新农合"，是指由政府组织、引导、支持，农民自愿参加，个人、集体和政府多方筹资，以大病统筹为主的农民医疗互助共济制度。采取个人缴费、集体扶持和政府资助的方式筹集资金。

社会保险关系（Social Insurance Relations） 社会保险关系从法律意义上来说，即依据社会保险法律法规的规定，社会保险经办机构与用人单位、劳动者之间在社会保险中的权利和义务关系，它包括养老保险关系、医疗保险关系、失业保险关系，工伤保险关系和生育保险关系。社会保险关系有狭义和广义之分。从狭义上说，社会保险关系是指社会保险当事人之间（政府、企事业单位和劳动者）在社会保险运行过程中发生的经济联系；从广义上讲，社会保险关系除了上述含义之外，还包括社会保险同社会救济与社会福利的关系，同商业性人身保险的关系。

健康保险法律制度（Health Insurance Legal System） 健康保险法律制度是与健康保险同步发展起来并逐步形成和完善的法域。它是指对健康保险予以调整的法律规则，是所有关于健康保险的法律规范的总称。它包括社会保险法和商业健康保险法。其中社会保险法又包括社会医疗保险法律制度、养老保险法律制度、失业保险法律制度、工伤保险法律制度、生育保险法律制度和医疗事故处理法律制度。商业健康保险法又包括商业健康保险法律制度、商业健康保险合同、健康保险机构管理制度、健康保险监管法律制度、健康保险的法律责任和健康保险的纠纷处理。

医疗保险制度（Medical Insurance System） 医疗保险制度是指一个国家或地区按照保险原则为解决居民防病治病问题而筹集、分配和使用医疗保险基金的制度。它是居民医疗保健事业的有效筹资机制，是构成社会保险制度的一种比较进步的制度，也是目前世界上应用相当普遍的一种卫生费用管理模式。我国的医疗保险制度主要分为三种：一是适用于企业职工的劳保医疗制度；二是适用于机关事业单位工作人员的公费医疗制度；三是适用于农村居民的合作医疗制度。

社会医疗保险模式（Social Medical Insurance Model） 社会医疗保险模式是指国家通过立法形式强制实施的一种医疗保险制度。医疗保险金主要由雇主和雇员缴纳，政府酌情补贴，参保者及其家属，因患病、受伤或生育而需要医疗服务时，由社会医疗保险机构提供医疗服务和物质帮助。此模式在管理体制上属于计划与市场相结合的体制。德国、法国和日本都是实行社会医疗保险模式的国家。社会医疗保险模式，政府不参与法定医疗保险的具体操作，可减轻政府负担。社会医疗保险制度统一，运行集中，效率高，管理成本低。但是存在对预防服务重视不够、医疗费用增长过快等问题。

国家医疗保险模式（National Health Insurance Model） 国家医疗保险模式也称为国家卫生服务制度，是指政府以税收或缴税的方式筹集资金，通过国家财政预算拨款和建立专项基金的形式，向医疗机构提供资金，由医疗机构向国民提供免费或低收费的医疗服务。英国和澳大利亚都是实行国家医疗保险模式的国家。国家医疗保险模式属于福利性的医疗保险制度，以政府税收筹资，资金来源稳定，社会共济能力强；医疗保险基本覆盖全民，免费低费服务，公平性高；卫生资源配置、医疗服务价格主要通过政府计划调节，政府对医疗费用的控制能力较强。该模式存在的问题主要有：效率低下，计划难以反映居民需求的变化；医疗服务积极性不高，供需矛盾突出；筹资渠道单一，财政负担重等。

市场型医疗保险模式（Market-Oriented Medical Insurance Model） 市场型医疗保险模式又称商业型医疗保险模式，它把医疗保险当作一种特殊的商品，主要通过市场机制来筹集费用和提供服务。此模式下，医疗保险的资金主要来源于参保者个人及其雇主所缴纳的保费，医疗服务的供给、医疗服务的价格等是通过市场竞争和市场调节来决定的，政府干预较少。美国是实施市场型医疗保险模式的代表。该模式的特点是：管理多部门多层次，国家预算支出保两头（老人和儿童）舍中间，劳动人口的医疗保险由雇主与个人共同承担，体现了效率原则。存在的问题是费用负担过重，欺骗与作弊行为难禁，医疗保险难以保证社会公平。

储蓄型医疗保险模式（Deposit-Type Medical Insurance Model） 储蓄型医疗保险模式是强制储蓄保险的一种模式。它是一种通过立法强制劳方或劳资双方缴费，以雇员的名义建立保险储蓄账户，用于支付个人及家庭成员的医疗费用的医疗保险制度。这一模式以新加坡为代表，属于公积金制度的一部分。储蓄型医疗保险模式具有资金纵向积累的特点，筹资机制呈"T"形结构，个人纵向积累与横向的社会共济统筹相结合，有利于抑制对医疗服务的过度利用和超前消费。但该模式过分强调效率，忽略了公平性，对于收入低或无收入的人群保障不利。

健康照护制度（Health Care System） 健康照护制度以社会化照护服务为主，能够解决长期失能者的生活照料和生活护理问题，减轻失能人员家庭的事务性及经济负担，更好地保障失能人员享受到有质量的服务。作为基本医疗保险制度的补充和延伸，照护保险制度创新了我国的社会保险制度，是独立于现有五项社会保险险种之外的新险种。

健康干预（Health Intervention） 健康干预主要是针对健康人群、亚健康人群、疾病人群的健康危险因素进行全面监测、分析、评估、预测、干预和维护的全过程。实施健康干预是变被动的疾病治疗为主动的健康管理，达到解决医疗费用支出、维护健康和促进健康的目的，通过"采集健康状态信息""健康

二、健康保险制度（Health Insurance System）

状况评估预测""建立电子健康档案""设计健康指导方案""跟踪干预"等五大步骤，对客户的健康进行多层次、全方位的系统管理。采集健康状况信息是将针对客户的个人家族史、遗传史、既往史以及健康信息，制定符合个人情况的个性化体检方案。采集的信息包括客户的体检报告、实验室检查报告以及个人的家族史、健康史、生活方式、膳食结构等相关的健康状况信息。健康状况评估预测是指健康评估与疾病侦测系统根据以上信息，准确有效地评估出客户目前的健康状况及在未来5—10年内相关患慢性病的危险程度、发展趋势及与其相关的危险因素，并确定个人处于"健康""亚健康""高风险"以及"患病"的状态。对于处于"亚健康""高风险"以及"患病"的个人，将分析个人的危险因素，并确定所有相关的危险因素。建立电子健康档案是指建立全面的客户健康电子档案，并终生保存。档案包含客户个人基本资料、个人健康状况、既往病史、家庭遗传史、各项检验检查报告、就医的记录等，客户可随时随地查询并严格保护客户的隐私。设计健康指导方案是根据客户的健康及疾病状况，提供针对性的健康指导建议，并为客户制定个性化健康处方，以邮件或短信的形式定期发送，帮助客户建立合理而健康的生活方式。跟踪与干预服务是对于参与"跟踪与干预服务"的个人，提供健康状况跟踪与干预服务，帮助客户改善其不健康生活方式，推荐最权威的专家就诊，降低危险因素，从而有效地预防疾病并改善自己的健康。

政府购买公共服务（Government Purchases of Public Services） 政府购买公共服务是指政府通过公开招标、定向委托、邀标等形式将由自身承担的公共服务转交给社会组织、企事业单位履行，以提高公共服务供给的质量和财政资金的使用效率，改善社会治理结构，满足公众多元化、个性化需求。政府购买公共服务，是将原来由政府直接提供的、为社会公共服务的事项交给有资质的社会组织或市场机构来完成，并根据社会组织或市场机构提供服务的数量和质量，按照一定的标准进行评估后支付服务费用，即"政府承担、定向委托、合同管理、评估兑现"，是一种新型的政府提供公共服务方式。随着服务型政府的加快建设和公共财政体系的不断健全，政府购买公共服务将成为政府提供公共服务的重要方式。

医疗技术评估（Medical Technology Assessment） 医疗技术评估是指私人和公共保险机构试图通过实施以医疗技术评估为基础的支付范围政策控制新医疗技术的费用风险。医疗技术评估可以追溯到20世纪30年代。医疗技术评估被广泛运用于各个方面，如：评估新医疗技术的安全性和有效性，决定如何分配医学研究资金以及制定购买决策等。

医疗保障三角（Medical Security Triangle） 医疗保障三角是指医疗保障的提供和筹资可以简化成资源的交换或转移，医疗保障提供者将医疗保障资源转移给患者，患者或第三方再将资金转移给提供者。

**医疗保障支付范围决策（Medical

Insurance Payment Scope Decision） 医疗保障支付范围决策是建立在循证医学基础上的，但同时也不可避免地会受政治影响。公共医疗保险支付范围决策机构的职能使得这些机构通常会面临一些限制新医疗技术的压力；这些机构也经常面对来自新医疗技术支持者要求将这些技术纳入支付范围的巨大压力。

医疗保障筹资等式（Medicare Financing Equation） 医疗保障的总收费应与总支出相等，而它们又应与该体系运作产生的收入和利润相平衡。其中总收费等于税收、强制性的社会保险费、自付和使用者付费及自愿性的私人保险费之和；总支出等于所购买的实物、服务的价格和数量之积，提供者的收入等于其投入的价格和数量之积。

中低收入国家医疗筹资（Medical Financing in Low - and Middle - Income Countries） 中低收入国家医疗筹资包括社会医疗保障、社区医疗保险、病人付费、税收筹资以及上述各种方法的不同组合等。中低收入国家医疗筹资争论的一个关键点是他们受较富裕国家政策趋势影响的程度。

贝弗里奇模式（Beveridge Model） 贝弗里奇模式亦称"福利国家型"或"普遍社会保障形式"，根据"普遍性"原则建立，其理论基础是沿于皮古、凯恩斯和贝弗里奇等经济学家的学说，由国家、区域或市级政府拥有并管理大部分卫生保健提供者，通过一般性税收为其筹资。实行福利国家型社会保障必须是在经济发达、整个社会物质生活水平较高的情况下才行，除出英国之外，还有澳大利亚、瑞典和其他北欧国家。贝弗里奇型社会保障模式的目标是实现充分就业和收入均等化。其特点：一是强调对象普遍性的保障项目的全面性；二是在公平与效率的序列选择，以公平为主、效率次之、在二者不能兼顾时即以牺牲效率来维护社会公平；三是社会保障基金的筹措借助于财经政策来调剂，即通过国民收入再分配来组织实施，为了高福利不惜推行高税收政策，致使财政负担过重；四是按需保障的原则，强调公民生活中的一切方面的需要不受时地和其他限制，都应给予救济或补助。实行政府统筹原则，即政府根据社会保障项目的具体需要，通过国家财政预算统一规划和组织，以保证政策的贯彻落实。

长期照护筹资模式（Long-term Care Financing Model） 长期照护筹资模式表现在公共与私人间的平衡以及风险分担的本质和范围，如私人储蓄、私人保险、公共支持的私人保险、基于税收的公共支持、社会保险。

反托拉斯法案（Antitrust Act） "反托拉斯法案"是1890年7月2日由美国联邦国会通过的《保护贸易及商业以免非法限制及垄断法案》，简称《谢尔曼反托拉斯法》。该法主要为禁止限制性贸易做法及垄断贸易的行为，是世界第一部反垄断法。该法案限制保险人的规模过度扩张，理论上保险人单独或者联合起来影响医疗服务的价格、数量和质量，都可以被看作属于违法的垄断行为。

公共限制（Public Restriction） 公共限制是荷兰的健康保险承保要求，旨

二、健康保险制度（Health Insurance System）

在要求通过健康保险的保险人必须接受所有投保人，不允许根据以前的健康状况拒绝接受任何投保人。同时，该制度要求保费与收入相关而与健康状况无关，能够保证高风险人群获得支付得起的健康保险。但是，这些措施给保险人带来了经济风险，不同保险人之间由于覆盖人群的风险状况不同而导致风险分布不均衡。

风险均等化制度（Equal Risk System） 风险均等化制度是荷兰推出的一项均衡医疗服务政策，旨在通过医疗服务资源的均等化促进公平竞争，提高效率和质量。基于参保人的年龄、性别、药品费用和主要诊断组等风险特征因素，保险方可从风险均等化基金得到或需要向其支付不同的风险调整费用。对于高风险的参保人，保险方可以从风险均等化基金得到更多的支付，而对于低风险的参保人，保险方必须支付一定的风险均等化资金。风险均等化基金来自于基于收入征收的保险费用和政府为18岁以下人群缴纳的保费。

三、

健康保险市场（Health Insurance Market）

健康保险市场（Health Insurance Market） 健康保险市场是指为了弥补自身发生疾病或意外时的医疗费用及收入损失的需求，购买或准备购买健康保险产品的消费者群体所产生的各种交换关系。主要包括各类健康保险产品的供求双方，即经营健康保险业务的各类保险机构、消费者，以及相关保险中介组织和健康保险产品。健康保险市场不是一个孤立的市场，它是保险市场的一个组成部分，从属于国家金融市场。健康保险市场的发展水平与一个国家经济发展水平、社会保障制度、国家金融政策、国家金融信用体系等有密切关系。商业健康保险作为一种专业化的风险转移机制和社会互助机制，能应对人口老龄化、提高国民健康素质，在各国医疗保障制度改革和发展中，商业健康保险发挥着越来越重要的作用。

同质健康保险市场（Homogeneous Health Insurance Market） 同质健康保险市场是指消费者对健康保险产品的要求基本相同或极为相似的健康保险市场。从需求角度来看，健康保险产品的市场可以分为同质健康保险市场和异质健康保险市场两类，且同质市场和异质市场在不同的时期、不同的条件下，是可以相互转化的。实际上，对健康保险产品的市场细分就是把一个健康保险异质市场划分为若干个同质子市场的过程。

异质健康保险市场（Heterogeneous Health Insurance Market） 异质市场是指消费者对健康保险产品的要求不尽相同的健康保险市场。从需求角度看健康保险产品的市场可以分为同质与异质健康保险市场两类，两者的关系参见词条"同质健康保险市场"。

女性健康保险市场（Women's Health Insurance Market） 女性健康保险市场是以女性为目标群体、以女性健康保险产品为客体的各种交换关系的集合。女性健康保险市场属于健康保险市场细分中的一种，是健康保险市场向纵深发展的产物。

儿童健康保险市场（Children's Health Insurance Market） 儿童健康保险市场是以儿童为目标群体、以儿童健康保险产品为客体的各种交换关系的

三、健康保险市场（Health Insurance Market）

集合。

老年健康保险市场（Elderly Health Insurance Market） 老年健康保险市场是以老年人为目标群体、以老年健康保险产品为客体的各种交换关系的集合。

高端健康保险市场（High Net Worth Population Health Insurance Market） 高端健康保险市场是以高净值人群为目标群体、以高端健康保险产品为客体的各种交换关系的集合。

学生健康保险市场（Student Health Insurance Market） 学生健康保险市场是以学生为目标群体、以学生健康保险产品为客体的各种交换关系的集合。

军人健康保险市场（Military Health Insurance Market） 军人健康保险市场是以军人为目标群体、以军人健康保险产品为客体的各种交换关系的集合。

国别健康保险市场（National Health Insurance Market） 国别健康保险市场是指经营范围以国家为单位、因国界而封闭的健康保险市场。

政府主导的健康保险市场（Government–led Health Insurance Market） 政府主导的健康保险市场是指一个国家的主流健康保险产品是政府主导的医疗保险计划，且该国家健康保险客体集聚所形成的健康保险市场也为政府所主导。中国的医保制度是其中的典型代表。

市场主导国家的健康保险市场（Marketing–led Health Insurance Market） 市场主导国家的健康保险市场是指一个国家的主流健康保险产品是商业健康保险，且该国家健康保险客体集聚形成的健康保险市场是基于供求关系所致的。美国的商业保险体系是其中的典型代表。

区域健康保险市场（Regional Health Insurance Market） 区域健康保险市场是指经营范围是以区域为单位的健康保险市场，相对于国别健康保险市场，其开放性较强。

"一带一路"健康保险市场（The Belt and Road Health Insurance Market） "一带一路"健康保险市场是指以服务于"一带一路"倡议的相关健康保险产品为客体、以购买或潜在购买"一带一路"相关健康保险产品的消费者为对象的各种交换关系的集合。

东盟健康保险市场（ASEAN Health Insurance Market） 东盟健康保险市场是指服务于东盟自贸区及区域一体化的健康保险市场。

欧盟健康保险市场（EU Health Insurance Market） 欧盟健康保险市场是指目标群体为欧盟各国及该地区跨国别间的健康保险市场。

北约健康保险市场（NATO Health Insurance Market） 北约健康保险市场是指目标群体为北约各国及该地区跨国别间的健康保险市场。

上海合作组织健康保险市场（Shanghai Cooperation Organization Health Insurance Market） 上海合作组织健康保险市场是指目标群体为上海合作组织各国的健康保险市场。

独联体健康保险市场（CIS Health Insurance Market） 独联体健康保险市场是指目标群体为独联体各国及该地区

跨国别间的健康保险市场。

亚太经济合作组织健康保险市场（APEC Health Insurance Market） 亚太经济合作组织健康保险市场是指目标群体为亚洲、太平洋各国及该地区跨国别间的健康保险市场。

境内健康保险市场（China Health Insurance Market） 境内健康保险市场是指市场主体存续于一个国家境内，且经营范围主要集中于国内的，保险产品消费者主要位于国内的，相对于境外的本国境内的健康保险市场。

境外健康保险市场（Overseas Health Insurance Markets） 境外健康保险市场是指相对于一个国家境内健康保险市场的其他国家、地区的健康保险市场。

跨境健康保险市场（Cross-Border Health Insurance Market） 跨境健康保险市场是指由一个国家保险经营主体向另一个国家保险消费者提供健康保险商品或服务的健康保险市场。

城市健康保险市场（Urban Health Insurance Market） 城市健康保险市场是指目标群体为城市户籍人员的健康保险市场，与农村健康保险市场相对应。

农村健康保险市场（Rural Health Insurance Market） 农村健康保险市场是指目标群体为农村户籍人员的健康保险市场，与城市健康保险市场相对应。

流动人口健康保险市场（Floating Population Health Insurance Market） 流动人口健康保险市场是指目标群体为流动人口的健康保险市场，与城市、农村等户籍人员健康保险市场相对应。

个人健康保险市场（Personal Health Insurance Market） 个人健康保险市场是指以个人为最终营销目标的健康保险市场。个人健康保险市场容量比较大，消费者分散，市场需求差异大，影响健康保险消费者的因素比较复杂，但健康保险消费者是购买产品的直接决策人，有利于健康保险公司直接掌握消费者的需求。

团体健康保险市场（Group Health Insurance Market） 团体健康保险市场是以机关、社会团体、企事业单位等独立核算的单位组织为营销对象的健康保险市场。在团体保险中，投保人是"团体组织"，健康保险消费者是团体中的在职人员。团体健康保险市场的消费更多的是体现集体组织的利益和意志，所以市场的需求差异性小，客户比较集中，风险因素统一，但市场容量较个人市场偏小。

传统型健康保险市场（Traditional Health Insurance Market） 传统型健康保险市场是指以传统型健康保险产品为主要客体的健康保险市场。

分红型健康保险市场（Share out Bonus Health Insurance Market） 分红型健康保险市场是指以分红型健康保险产品为主要客体的健康保险市场。

返本型健康保险市场（Payback Health Insurance Market） 返本型健康保险市场是指以返本型健康保险产品为主要客体的健康保险市场。

万能型健康保险市场（Universal Health Insurance Market） 万能型健康保险市场是指以万能型健康保险产品为

三、健康保险市场（Health Insurance Market）

主要客体的健康保险市场。

社保补充型健康保险市场（Social Security Supplementary Health Insurance Market） 社保补充型健康保险市场是指以社保补充型健康保险产品为主要客体的健康保险市场。

大健康市场（Enlarged Health Market） 大健康市场是指追求的不仅是个体身体健康，还包含精神、心理、生理、社会、环境、道德等方面的完全健康，提供全系列健康产品、管理、服务的市场。大健康市场是根据时代发展、社会需求与疾病谱的改变，提出的一种全局的理念，是在对生命全过程全面呵护的理念指导下提出来的。

健康管理市场（Health Management Market） 健康管理市场是指以构成健康管理的三个基本服务模块——健康检测与监测、健康评估与指导、健康干预与维护为主要供给标的的市场。

医疗保险市场（Medical Insurance Market） 医疗保险市场是指医疗保险产品现实和潜在购买者的各种交换关系的集合。社会医疗保险定位于提供基本的医疗保障，消费者对于医疗保险的认知程度较高，医疗保险市场机会大，业务种类多。

护理保险市场（Care Insurance Market） 护理保险市场是健康保险市场的子市场，是以护理保险产品为客体的健康保险市场。

重大疾病保险市场（Serious Illness Insurance Market） 重大疾病保险市场是健康保险市场的子市场，是以重大疾病保险产品为客体的健康保险市场。

慢病保险市场（Slow Disease Insurance Market） 慢病保险市场是健康保险市场的子市场，是以慢病保险产品为客体的健康保险市场。

医疗中介市场（Intermediate Market for Medical） 医疗中介保险市场是健康保险市场的子市场，是各项医疗中介服务为客体的健康保险市场。

运动健康保险市场（Sports Health Insurance Market） 运动健康保险市场是健康保险市场的子市场，是以运动健康保险及服务为客体的健康保险市场。

失能补偿保险市场（Disability Compensate Insurance Market） 失能补偿保险市场是指以失能补偿保险产品为客体的健康保险市场。失能补偿保险市场的保费收入相对稳定，风险较小，但健康保险消费者的认知程度不高、很大一部分消费者认为保险健康消费者就等于医疗保险，因此对失能补偿保险不重视、投保的积极性较低。

短期健康保险市场（Short Term Health Insurance Market） 短期保险市场是指由购买或准备购买一年期以下健康保险产品的消费者群体所构成的健康保险市场。短期健康保险合同具有风险较小，风险统计和控制相对简单，保单条款的设计时效性强的优点，而且由于投保人的保费负担较小，因而容易打开市场，实现规模销售，同时选择面较宽，选择也比较灵活。但由于保单金额小，难以形成长期稳定的保费收入资金，保单到期后的续保也加大了业务量。

长期健康保险市场（Long Term Health Insurance Market） 长期保险市

场是指由购买或准备购买一年期以上的健康保险产品的消费者群体所构成的健康保险市场。其突出优点是保费收入比较稳定，主要缺点是风险控制难度极大，产品种类较少，而且销售相对困难等。

专项健康保险市场（Special Health Insurance Market） 专项健康保险市场是健康保险市场的子市场，是以各类专项健康保险服务为客体的健康保险市场。

心理健康保险市场（Mental Health Insurance Market） 心理健康保险市场是健康保险市场的子市场，是以心理健康保险服务为客体的健康保险市场。

传统型健康保险市场（Traditional Health Insurance Market） 传统型健康保险市场是指以传统型健康保险产品、即仅具有保障功能和储蓄功能的健康保险产品为客体的健康保险市场。

创新型健康保险市场（Innovative Health Insurance Market） 创新型健康保险市场是指以创新型健康保险产品、即带有多元功能的健康保险产品为客体的健康保险市场。

互联网健康保险市场（Internet Health Insurance Market） 互联网健康保险市场是指以互联网为销售渠道的健康保险市场。互联网保健康保险渠道有三个特征和优势。第一，时效性。保险公司可以通过互联网实现全天候随时随地的服务，同时免去了代理人和经纪人等中介环节，缩短了各项业务的时间、提高了效率。第二，经济性。通过互联网销售保单，保险公司开业免去机构网点的运营费用和支付代理人或经纪人的佣金，直接大幅节约了经营成本。第三，交互化。互联网增强了双方的交互式信息交流，客户可以方便快捷地获取具体险种的详细情况，还可以自由选择、对比保险公司产品，全程参与到保单服务中来。

健康保险原保险市场（Original Insurance Health Insurance Market） 健康保险原保险市场是指以健康保险原保险产品为客体的健康保险市场。健康保险按照原保险与再保险的分类可分为健康保险原保险与健康保险再保险。

健康保险再保险市场（Health Insurance Reinsurance Market） 健康保险再保险市场是指以健康保险再保险产品，即分保后形成的健康保险再保险为客体的健康保险市场。

健康保险资金运营市场（Health Insurance Funds Operation Market） 健康保险资金运营市场是指健康保险资金进入资本市场进行投资运行、追求保值增值所形成的市场。

健康保险市场主体（Health Insurance Market Main Body） 健康保险市场主体是指在健康保险市场上从事经济活动，享有权利和承担义务的个人和组织体。健康保险市场的主体包括投保人、保险人和保险中介，三者缺一不可。

健康保险市场经营主体（Health Insurance Market Management Main Body） 健康保险市场经营主体是指在健康保险市场中以营利为目的，从事商品生产经营和服务活动的经济实体。健康保险的保险人和保险中介统称为健康保险市场经营主体、不包括投保人，前两者通过经营活动向投保人提供健康保险

三、健康保险市场（Health Insurance Market）

服务、健康保险中介服务。

健康保险投保人（Health Insurance Policyholders） 健康保险投保人是指在健康保险市场上健康保险产品的购买者或潜在的购买者。他们直接构成健康保险市场需求的主体人群，其规模大小、收入水平、保险意识以及年龄结构、职业结构、文化结构和民族结构等都会直接影响健康保险市场的需求，进而影响整个健康保险市场的发展。

健康保险保险人（Health Insurance Underwriter） 健康保险保险人是指在健康保险市场上提供健康保险产品的保险机构。中国健康保险市场的保险人主要包括各种形式的人寿保险公司、财产保险公司和专业健康保险公司等。

健康保险中介（Health Insurance Intermediary） 健康保险中介是指在健康保险市场中介于保险经营机构之间或保险经营机构与投保人之间，专门从事保险业务咨询与销售、风险管理与安排、价值衡量与评估、损失鉴定与理算等中介服务活动，并从中依法获取佣金或手续费的单位或个人。健康保险市场上的保险中介主要包括健康保险代理人和健康保险经纪人。保险代理人是指根据保险人的委托，在保险人授权范围内代为办理保险业务，并依法向保险人收取代理手续费的单位或个人。经纪人是指代表投保人在保险市场上选择保险人和保险产品并代办手续，提供相关服务的保险中介人。

健康保险市场的第三方管理者（Health Insurance Market Managers of a Third Party） 健康保险市场的第三方管理者源于美国，指以健康管理公司、咨询公司等形式开展业务的独立的第三方保险中介机构，其业务包括提供新契约与保全服务、处理理赔、开发医疗服务网络等。

健康保险市场的交易对象（Health Insurance Market Transaction Object） 健康保险市场的交易对象是保险人为消费者所面临的风险提供的各种保险保障及其他保险服务，即各类保险商品。

健康保险市场客体（Health Insurance Market Object） 健康保险市场的客体就是健康保险产品，是指保险人向被保险人提出的，在发生疾病或意外伤害时向被保险人提供医疗费用和收入损失补偿的承诺。健康保险产品同一切保险商品一样，也是以保险合同的形式存在的。

人身险公司健康保险（Health Insurance of Life Insurance Companies） 人身险公司健康保险指由寿险公司经营的健康保险，世界上经营健康保险的主体多为人寿保险公司。

财产险公司健康保险（Property Company Health Insurance） 财产险公司健康保险是指由财产保险公司经营的健康保险。相比寿险公司的健康险，财险公司只被允许经营短期（一年期）的健康险业务，财险公司的健康医疗险只能设计为消费型而非储蓄型，保障功能更强，保费也更为低廉。

专业健康保险公司（Professional Health Insurance Company） 专业健康保险公司是专营健康保险、提供专业健康保险服务的保险公司。

健康保险监管主体（Health Insurance Regulatory Body） 健康保险监管主体是指由国家政府设立的、专门对健康保险市场的各类经营主体、经营活动进行监督和管理的机构。国家的保险监管制度主要是通过其所设立的保险监管机关行使监管权力、实施保险监管职能来实现的。

保险公司健康保险业务（Insurance Company's Health Insurance Business） 保险公司健康保险业务指各个保险公司健康保险业务的集合以及单个保险公司的健康保险业务。

互联网健康保险公司（Internet Health Insurance Company） 互联网健康保险公司指主要销售互联网健康保险的健康保险公司，其经营活动也主要通过互联网实现。

相互健康保险市场（Mutual Health Insurance Market） 相互健康保险市场指由相互健康保险公司所构成的健康保险市场。近年来，相互健康保险在全球保险市场发展迅速，在美国、德国、英国、法国、澳大利亚等发达国家的健康保险市场中占据着重要地位，发达国家的一些相互制健康保险公司还成功建立了垂直医疗整合模式。相互保险与股份制保险公司共存，并且在不同阶段此消彼长，与股份制保险公司发挥着不同的市场作用。

股份制健康保险公司（Joint-Stock Health Insurance Company） 股份制健康保险公司是指资本由许多人出资购买股票而形成、公司所有权属于认购股票股东的健康保险公司。其主要优点是融资渠道广、效率高、数额大、市场适应能力强等；其主要缺点是公司资本市值变动会影响投保人购买意愿、对道德风险和逆选择的控制能力较弱等。

国有健康保险公司（State Owned Health Insurance Company） 国有健康保险公司是指由国家保险监管机关批准设立、经营保险业务的保险公司。国有健康保险公司是中国保险公司的主要组织形式之一，并在中国保险市场上占有主导地位，是中国保险业的主力军，为中国保险市场重建和发展起到了巨大的领导和推动作用，也是开创中国健康保险市场的先行者。

外资健康保险公司（Foreign Health Insurance Company） 外资健康保险公司是指外国保险公司依照中国《保险法》等行政法规的规定，经中国国家保险监管机关批准，在中国境内设立的从事健康保险经营活动的分公司。

中外合资健康保险公司（Sino-Foreign Joint Venture Health Insurance Company） 中外合资保险公司是指中国合营者与外国合营者依照中华人民共和国法律的规定，在中国境内共同投资、经保险监管部门批准设立并共同经营的保险公司。中外合资保险公司是中国的企业法人，其组织形式为有限责任公司。

互助型保险组织（Mutual Insurance Organization） 互助型保险组织是由保险合作社发展而来的一种企业化的保险市场组织形式，其典型代表是日本的三井生命和美国的美国教师退休基金会（TIAA-CREF）。

个人保险组织（Personal Insurance

三、健康保险市场（Health Insurance Market）

Organizations）个人保险组织是以个人为保险人的组织。严格意义上讲，个人保险组织不是保险公司，而是一个保险市场，它是由各种会员（包括公司会员和个人会员）组成的协会，具体保险业务由协会内承保组合办理。

私营健康保险组织（Private Health Insurance Organization） 私营健康保险组织又称为民营健康保险组织，是指由私人投资的经营健康保险的机构（包括保险公司）所经营的各种保险业务，私营健康保险组织受市场供求和价值规律的全面支配。

非营利性健康保险组织（Nonprofit Health Insurance Organization） 非营利性健康保险组织是不以营利为目的的健康保险组织、包含互助型保险组织。美国的帝国蓝十字健康保险计划和蓝盾计划是其中的典型，蓝十字计划主要承保医院费用，蓝盾计划主要承保医生和其他诊治费用。

民间健康保障社团组织（Civilian Health Protection Community Organization） 民间健康保障社团组织是具有保险合作社性质的非营利性的慈善性社团组织。如美国的东北卫生服务处。该处1971年成立，主要为居住在华盛顿市的华人服务。

行业（团体）自保组织 [Industry (Group) Holding Group] 行业（团体）自保组织是近年来出现的一种新型健康保险组织形式，主要是指一些行业或团体不再为其成员向保险公司投保健康保险，而是自己建立健康保险计划，通过在团体内筹集健康保险资金来支付所有成员的健康保险赔款。

健康保险个人代理人（Health Insurance Individual Agents） 健康保险个人代理人即健康保险的业务员或展业人员，是健康保险产品销售的主要渠道。代理人渠道的特点是机动灵活、反馈及时，适于销售比较复杂的健康保险产品。

健康保险兼业代理人（Health Concurrent-Business Insurance Agents） 健康保险兼业代理人是指受健康保险人委托，在办理自身业务的同时由专人为保险人代办保险业务的单位或个人。

健康保险专业代理人（Health Insurance Professional Agents） 健康保险专业代理人是指专门从事健康保险产品代理业务的保险代理公司。其主要优点是：可以利用代理人的一切现有资源，大大降低销售成本；代理人员素质较高，交易成功机会较大；代理人是独立法人，可以避免很多法律风险等。缺点是代理人多为区域性经营，市场覆盖面较窄，而且代理成本较高会直接导致产品价格提高，降低产品在市场上的竞争力。目前在中国，专业代理在团体健康保险市场上比较多见。

健康保险经纪人（Health Insurance Broker） 健康保险经纪人是指代表投保人在健康保险市场上选择保险人和保险产品并代办手续，提供相关服务的保险中介人。其优点是：丰富的经验和高水平的专业知识可以确保投保人的保险利益，同时为保险人节省大量中间销售费用等。

健康保险公估人（Health Insurance Assessor） 健康保险公估人是指依照法

律规定设立，受保险公司、投保人或被保险人委托就健康保险赔付进行鉴定以及赔款的理算，并向委托人收取酬金的公司。其地位超然，不代表任何一方的利益，使保险赔付趋于公平、合理，有利于调停保险当事人之间关于保险理赔方面的矛盾。

健康保险理赔代理人（Health Insurance Settlement of Claims Agent） 健康保险理赔代理人是指代替保险公司从事赔款处理的工作人员。理赔代理人的权力由保险人予以规定，代理人的行为就是所代理的保险人的行为。在规定的权限内，如有违反保险人的指定事项而导致损失时，理赔代理人须负赔偿责任。理赔代理人的佣金按其代理工作业务量由保险人付给。理赔代理人的条件是应具有一定的专业技术水平、熟悉被保险人的情况、距离损失地点较近，从而能够迅速调查了解损失情况。

健康保险索赔经纪人（Health Insurance Demand Compensation Agent） 健康保险索赔经纪人是指专门负责代表被保险人向健康保险保险人提出索赔的健康保险中介。

健康保险营销员（Health Insurance Marketing Staff） 健康保险营销员是指取得中国保险监督管理委员会为保险公司销售健康保险产品及提供相关服务，并收取手续费或佣金的个人。

健康保险独立代理人（Independent Health Insurance Agent） 健康保险独立代理人是指同时独立的为多家保险公司代理健康保险业务的代理人。

健康保险原保险经纪人（Health Insurance Original Insurance Brokers） 健康保险原保险经纪人是指代理健康保险原保险业务的经纪人，是投保人与保险人的经纪人。

健康保险再保险经纪人（Health Insurance Reinsurance Broker） 健康保险再保险经纪人指代理健康保险再保险业务的经纪人，是保险人与再保险人的经纪人。

健康保险检验人（Health Insurance Surveyor） 健康保险检验人是指为被保险人提供健康检验的第三方检验人。

健康保险的种类（Types of Health Insurance） 健康保险的种类是指根据健康保险性质或特点而分成的门类，健康保险的种类包括基本医疗保险、商业医疗保险、护理保险、重疾保险、慢病保险、运动健康保险、失能补偿保险等。

健康保险再保险（Health Insurance Reinsurance） 健康保险再保险是指针对健康保险开展的再保险业务。再保险是指保险人将其承担的保险业务，部分转移给其他保险人的经营行为。

健康保险咨询（Health Insurance Consulting） 健康保险咨询是客户健康保险服务活动的一种，健康保险服务的性质和范围通过与客户协商确定，客户请教方或咨询方提出问题或疑难，健康保险咨询服务主体答疑方或服务人给出建议或解决方案，双方通过协议对彼此的责任和义务进行约定。

健康保险采购（Purchase Health Insurance） 健康保险采购是指个人或单位在一定的条件下从健康保险供应市场获取健康保险产品或服务作为自己的资

三、健康保险市场（Health Insurance Market）

源，以满足自身需要的一项活动。

健康保险代交保费（Health Insurance Surrender Premium） 健康保险代交保费是保险经纪人经纪服务内容之一，由经纪人代替投保人向保险人交付保费，或代替保险人向投保人收缴保费的服务。

健康保险索赔协助（Associate of Health Insurance Claims） 健康保险索赔协助是保险经纪人经纪服务内容之一，在健康保险事项发生时，由经纪人协助投保人向保险人索赔的服务。

健康保险经纪人续保（Health Insurance Broker Renewal） 健康保险经纪人续保是保险经纪人经纪服务内容之一，在健康保险存续期届满时，由经纪人协助投保人向保险人进行续保的服务。

健康保险经纪人询价（Health Insurance Broker Inquiry） 健康保险经纪人询价是保险经纪人经纪服务内容之一，由经纪人代表投保人向多个保险人或单一保险人多个健康保险产品进行询价对比的服务。

健康保险市场供给（Health Insurance Market Supply） 健康保险市场供给是指经营健康保险的保险机构在一定时期内愿意并且能够以一定的价格向市场提供的各类保险产品的数量。健康保险市场的供给必须满足两个条件：一是保险机构的供给愿望；二是保险机构的供给能力。二者缺一不可。

健康保险市场需求（Health Insurance Market Demand） 健康保险市场的需求是指在一定时期内购买者愿意并且有能力购买的健康保险产品的数量。健康保险市场的需求受两个条件的决定：一是购买者的购买意愿；二是购买者的实际购买能力。二者缺一不可。

健康保险市场供求特征（Characteristics of Health Insurance Market Supply and Demand） 健康保险市场供求特征是指健康保险市场供给与需求两方面所存在的特色之处。目前在中国，健康保险市场供给方面的特征包括产品结构日趋合理、市场供给进一步增加、外资对国内健康保险市场的控制能力增强等；需求方面的特征包括：国内社会医疗保障制度对健康保险市场需求的影响巨大、国内医疗服务市场对健康保险市场需求的影响突出、中国经济发展的区域化特点对中国国内健康保险市场需求的影响明显等。

健康保险的购买力（Purchasing Power of the Health Insurance） 健康保险的购买力指保险消费者购买健康保险产品的能力。购买力为经济学术语，顾名思义是取得收入之后购买货品和服务的能力，它反映该时期全社会市场容量的大小。

健康险投保欲望（Buyers' Willingness to Buy Health Insurance） 健康险投保欲望是主观概念，指保险消费者对健康险的购买意愿、认可度、风险偏好、主观接受程度等。

保险机构的供给愿望（Insurance Institutions Supply of Desire） 保险机构的供给愿望是主观概念，指保险机构对健康险的提供意愿、销售积极性等。

保险机构的供给能力（Insurance Institutions Supply Capacity） 保险机构的供给能力是客观概念，指保险机构对健康险的客观供给能力，影响因素包含偿付能力、流动性等。

健康保险购买者的实际购买能力（Actual Purchasing Power of Health Insurance the Buyer） 健康保险购买者的实际购买能力是客观概念，指保险消费者对健康险的实际购买能力，影响因素包含保险消费者收入、支出、资产、负债等。

健康保险市场的供给主体（Health Insurance Market Supply Subject） 健康保险市场的供给主体指市场当中提供健康保险产品的机构。中国目前提供健康保险产品的主要是各大寿险公司和部分经营财产险的保险公司，而且健康保险只是作为各个保险公司的附属业务存在，并且主要依附于寿险业务。从业务量上看，健康险的附属地位非常明显。从全球市场来看，商业健康保险经营的专业化程度较高，保险公司与医疗机构形成了风险共担、利益共享的合作机制。中国商业健康保险市场的供给主体的经营专业化程度和与医疗机构的合作水平还很低。

健康保险市场的构成要素（Health Insurance Market Constituent Elements） 健康保险市场的构成要素是指组成健康保险市场的各方面因素，健康保险市场由市场主体和市场客体构成。健康保险市场的主体包括投保人、保险人和保险中介。健康保险市场的客体就是健康保险产品。

健康保险市场的组织形式（Health Insurance Market Organization Form） 健康保险市场的组织形式是指健康保险市场中各经营主体生产的组织性质与状态。健康保险市场的组织形式受到一个国家经济发展水平、商品经济发达程度、社会医疗保障水平、国民收入水平和文化水平等很多因素的影响。目前国际上健康保险市场的组织形式主要有：相互健康保险公司、股份制保险公司、互助型保险组织、个人保险组织、私营健康保险组织、民间健康保障社团组织、行业（团体）自保组织等。

健康保险市场需求主体（Health Insurance Market Demand Main Body） 健康保险市场需求主体主要指健康保险的消费者，包括个人及团体的健康保险消费者等健康保险的需求方。

健康保险市场专业化（Health Insurance Market Specialization） 健康保险市场专业化即健康保险市场向精细化发展，包括组织形式的专业化（健康保险公司）、产品的专业化（专项健康保险产品）、保险中介的专业化（专业健康保险代理人、经纪人）、第三方的专业化（专业医疗评估、体检机构）等。

健康保险市场风险（Health Insurance Market Risk） 健康保险市场风险是指健康保险市场经营行为中可能带来损失的各种不确定性。健康保险市场风险主要包括四类：第一，承保风险。由于保险公司的粗放性经营而带来的风险。在健康保险中，对被保险人缺乏必要的调查、了解，简化必要的手续，致使被保险人状况失真，一旦与保险人签订保险合同，就易形成风险。第二，管理风险。由于保险公司管理不善，内控机制不严密，或缺乏必要的制约监督机制，

三、健康保险市场（Health Insurance Market）

而导致的风险。如在理赔过程中，没有严格执行理赔管理规定、履行有关手续，或由于审查把关不严，而盲目暗付、随意赔付，导致保险赔付率过大，造成保险公司资产流失，甚至入不敷出，加大了保险公司的经营成本和经营风险。第三，投资风险。健康保险资金投资运营所面临的流动性、稳定性风险。第四，道德风险。由于受利益的驱动，人们的主观心理行为、道德观念发生扭曲，而形成道德风险。反映在保险公司方面，近几年不断发生的骗保骗赔案件，自己编造保险事故案件，投保后有意疏于防范酿成的各类事故等屡见不鲜，保险代理过程中的恶意代理、恶意串通，内部员工的违法违纪、内外勾结等。

多层次健康保险市场体系（Multi-Level Health Insurance Market System） 多层次健康保险市场体系是指构成健康保险市场的体系是由多个层面来构成的。在中国，与养老保险体系的"基本养老保险、企业年金、个人商业养老保险"三支柱类似，医疗保障体系也由"公共医疗保险、社会医疗救助、商业健康保险"三支柱组成，也有观点认为医保三支柱是"基本医疗保险、企业补充医疗保险、个人商业健康保险"，所以在中国多层次健康保险市场体系即指基本医疗保险、补充医疗保险与个人商业健康保险。

健康保险市场地区差异（Regional Difference of Health Insurance Market） 健康保险市场地区差异指由于各地区经济发展水平存在的差异，如人均GDP、人均财政收入、人均拥有财富水平等的差距而导致的各地区健康保险市场需求所存在的差别。通常经济越发达的地区，居民收入水平越高，健康保险意识越强，健康保险需求越旺盛。相反，经济越落后的地区，居民收入水平越低，健康保险意识越薄弱，健康保险需求越低。

健康保险市场国别差异（National Differences of Health Insurance Market） 健康保险市场国别差异指健康保险市场在各国间的差别。如德国采取的是社会医疗保险体制、英国采取的是全民保健体制、美国推行的是以市场为主导的医疗保险体制等。

健康保险市场在医疗保障体系中的地位（Status of Health Insurance Market in Medical Insurance System） 健康保险市场在医疗保障体系中的地位指一个国家或地区的商业健康保险在其全国或地区医疗费用统筹制度体系中，所能发挥的作用。在不同的医疗保障体制中，商业健康保险的发展路径是不同的，一般分为首要型（Primary PHI）、并立型（Duplicate PHI）、费用补充型（Complementary PHI）和项目增补型（Supplementary PHI）四种类型。首要型是将商业健康保险作为获得医疗保障的基本途径，商业健康保险成为其医疗保障的主渠道，乃至唯一的渠道，如美国和德国；并立型是指商业健康保险在公共医疗保障范围内提供内容相重叠、但保障水平更高的医疗保险，如英国；费用补充型其商业健康保险对公共医疗保障项目中需要个人自付或共付的部分提供补充保障，如法国；项目增补型其商业健康保险为社会医疗保险等的例外项目或者不予保障的项目提供全部或部分补偿,如加拿大。

健康保险市场多元化(Health Insurance Market Diversification) 健康保险市场多元化是指在基于健康管理的市场定位及整体市场发展空间在未来将重点放在健康而非疾病方面,会从单一的疾病干预到整体的健康维护,将狭义的健康管理扩展到广义的健康管理范畴,如饮食、健身、养老房产、养生旅游、医疗等,因此保险公司实现广义健康管理的路径会采取以贸易为纽带拓展健康管理产业空间、设立健康管理体验店引导客户消费广义健康管理服务、确立权威的标准等。多元化是一种特性不同的对象组合,即非相关、跨行业、多品类的业务组合。通过多元化盈利模式,专业健康保险公司将成为健康风险的管理服务提供商。在社会保险业务领域,成为社会保险业务服务标准的制定者。在商业保险业务领域,成为健康风险的管理服务提供商。在投资领域,要同健康管理围绕解决健康风险进行,充分发挥两者相互之间的协同作用。

商业健康保险市场格局(Commercial Health Insurance Market Structure) 商业健康保险市场格局是指在健康保险市场上各种经营主体在交换活动中所处的地位和相互关系。中国政府正在加快推进市场化改革和政府职能转变,进一步发挥市场在资源配置中的基础性作用,商业保险机构参与社会保险体系建设将呈现出进一步加深、加快的趋势。中国政府希望健康保险能在服务民生健康保障方面发挥更大的作用。一方面,丰富商业健康保险产品、鼓励发展与基本医疗保险相衔接的商业健康保险,推进商业保险公司承办城乡居民大病保险,扩大人群覆盖面。积极开发长期护理商业险以及与健康管理、养老等服务相关的商业健康保险产品。另一方面,发展多样化健康保险服务,建立商业保险公司与医疗、体检、护理等机构合作的机制,加强对医疗行为的监督和对医疗费用的控制,促进医疗服务行为规范化,为参保人提供健康风险评估、健康风险干预等服务,并且在此基础上探索健康管理组织等新型组织形式。商业健康保险在构建全民健康保障体系中将促成人寿保险、财产保险和健康保险三足鼎立的保险业格局的早日形成。

健康保险市场保险深度(The Depth of Health Insurance Market) 健康保险市场保险深度是指某地健康保险保费收入占该地国内生产总值(GDP)之比,即健康保险保费收入除以国内生产总值的百分比。该指标反映了某国家或地区健康保险业在整个国民经济中的地位,比例越高说明该国家或地区健康保险业在国民经济中的重要程度越大。特别说明的是,一些健康保险较为发达的大国其健康险保险深度可能不如一些小国高,有可能是因为小的国家经济形式较为单一、行业门类不如大国齐全,因此健康险所占比重较大国更高。总体而言,保险深度取决于一个国家经济总体发展水平和保险业的发展程度。

健康保险市场保险密度(The Density of Health Insurance Market) 健康保险市场保险密度指按当地人口计算的

三、健康保险市场（Health Insurance Market）

人均健康保险保费额。保险密度反映了该地国民参加保险的程度、国民经济和保险业的发展水平。

健康保险市场人均产能（Per Capita Capacity of Health Insurance Market） 健康保险市场人均产能是指在一定时期内保险公司营销员销售健康保险保单能力的人均产出值。这个指标是从同业横向的角度，衡量保险公司营销员销售能力和销售队伍素质的重要参考指标。如果与同业公司相比，这个指标高，说明保险公司的销售队伍素质高，在市场中业务拓展能力强；如果与同业公司相比，这个指标低，说明公司在销售队伍建设、技能培训、主打产品等方面出了问题，亟须加以纠正和改善。

健康保险市场销售效率（Sales Efficiency of Health Insurance Market） 健康保险市场销售效率一般是指保险公司综合后援部门对销售条线的支持能力，主要包括产品开发能力、市场企划能力、信息系统支持能力、服务支持能力。

健康保险市场的市场发育（Market Growth of Health Insurance Market） 健康保险市场的市场发育指在商品经济不断发展和逐步完善的基础上，通过市场内在机能的变化而使健康保险市场从低级阶段向高级阶段、从不发达状态向发达状态的发展过程。市场是消费者、消费需求、消费理念和消费行为的集合。消费者的数量和结构直接决定保险市场的规模和潜在容量，消费者越多，市场规模越大。目前在中国，人口老龄化进程加快，国民健康意识和健康需求不断提升，对健康保险市场的拓展比较有利。消费者购买力是另一个重要影响因素，由消费者的收入水平决定。消费者购买力越强，市场发育程度越好。

健康保险市场竞争（Health Insurance Market Competition） 健康保险市场竞争是指健康保险市场中各健康保险经营主体从自身利益出发，为取得更多的利润、较好的产销条件、更多的市场资源、增强自己的经济实力，排斥同类经济行为主体的相同行为的表现而进行的优胜劣汰过程，进而实现生产要素的优化配置。市场竞争是市场经济的基本特征，市场竞争的激烈程度主要表现在保险公司数量、规模和市场占有率上。市场越接近饱和状态，竞争越激烈，对销售能力的考验也就越大。保险公司要想在激烈的市场竞争中获得成功，只有在充分了解竞争对手的数量、规模、产品、竞争策略及特色优势的基础上，向消费者提供更具差异化的保险保障和健康服务，才能比竞争对手更有效地满足消费者的需求，取得竞争优势。

健康保险市场的长尾理论（Long Tail theory of Health Insurance Market） 健康保险市场的长尾理论是网络时代兴起的一种新理论，传统的商业领域认为商业模式存在"二八定律"，即80%的公司利润来自20%的重要客户或者产品，其余20%的利润则来自80%的普通客户或者产品，但是互联网的出现改写了这一商业"铁律"。2004年《连线》杂志主编克里斯·安德森针联网中非主流产品热销的现象提出了著名的"长尾理论"。这一理论认为，由于互联网技术的进步，商品的销售渠道可以实现品种足够大、成本足够低，从而使以往的非主流、需求量小的商品也能顺利实现销售，而且其销售规模能够和主流的、需求量大的商品相媲美。移动互联网时代保险消费者的特征与以往发生了很大改变，比如一些个性化、碎片化和多元化的新型健康保险需求将不断涌现，健康保险市场上存在众多"长尾"，网络保险公司需要信息过滤和信息甄别，把客户的潜在需求引向现实需求。

健康保险市场的个性化（Individuation of Health Insurance Market） 健康保险市场的个性化指消费者需要保险公司提供针对性强的健康保险产品和服务、其需求呈现出的多元化和个性化。在当今互联网时代，正建立以客户个性化需求为核心的销售模式，高附加值的个性化是健康保险目前最新的产业生态，今后健康保险费率个别化也必将是行业常态。

健康保险的网络市场（Network Market of Health Insurance Market） 健康保险的网络市场是指以互联网为媒介的健康保险供求关系体系。网络保险依靠互联网、大数据和云技术等信息手段，改变传统的产品定价、风险管理和销售模式，创造一个不同于传统业态的全新模式，但其核心仍然是通过为客户提供优质产品和服务来赢得市场。网上保险产品既要从技术上适合网上销售，又要从市场上满足客户的多样化、个性化需求。新技术为保险公司实现个性化定制保单和承保提供了条件。网络保险公司也可以将保险产品按照保障范围拆散成一个个零件，由网上客户自行选择和设计，保险公司可将众多"零件"组成客户所需要的"整机"。这种多元化、个性化的组合险种有望成为深受人们欢迎的保险产品。

健康保险市场发展机遇（Health Insurance Market Development Opportunities） 健康保险市场发展机遇指健康保险市场发展过程中的有利因素和机会。中国的商业健康保险市场发展机遇主要有：第一，人口结构变动带来的商业机遇。包括老龄化速度快、老年人口规模庞大、老年人口高龄化趋势日趋明显、肥胖比重的上升导致老年人口中失能比重出现上升趋势、人口抚养负担进一步加重、老年人群教育程度的增高致使对长期护理服务质量有更高的要求；第二，疾病谱发生深刻变化。包括慢性病发病率显著增高、慢性病治疗费用支出巨大；第三，公共护理功能缺失带来的商业机遇。包括更高护理功能缺失、公共护理保险制度设计责任缺失；第四，政策机遇。尤其体现在首个健康服务业指导性文件《关于促进健康服务业发展的若干意见》中，其界定了中国的健康保险服务业市场，商业保险机制作用的受重视程度也逐步提高。

健康服务业市场（Health Services Market） 健康服务业市场指由健康服务业所构成的各种供求关系总和。中国首个健康服务业指导性文件《关于促进健康服务业发展的若干意见》，提出了健康服务业涵盖医疗卫生服务、健康管理与促进、健康保险、支撑性产业四大体系，外延包括支持健康保险服务的产品研发。可见中国医药卫生体制改革不断

三、健康保险市场（Health Insurance Market）

深入，政府主导与发挥市场机制作用相结合的原则进一步强化，商业保险机制作用的受重视程度逐步提高。国家支持健康保险发展的政策体系越来越完善、政策措施越来越具体。

健康产业链市场的一体化（Market Integration of Health Industry Chain） 健康产业链市场的一体化指健康产业链是打破某个市场的界限，建立统一的经济空间，以实现资源在整个市场范围内的最优配置的情况。主要包括保险—医药一体化、保险—健康管理一体化、保险—护理一体化、保险—养老一体化。健康市场产业链是一种环形产业链，构成健康产业链的三类企业—医疗机构、健康保险机构和健康管理机构都可能成为健康产业链市场的主导者，也都有可能基于自身的经济动机实施产业链纵向整合战略，因此健康产业链市场未来将是一种"环形产业关联结构"的、特殊的一体化经营模式。

商业健康保险市场监管（Health Insurance Market Regulation） 商业健康保险市场监管是指政府或保险监管部门通过行政手段和市场手段对商业健康保险市场的运行进行监督和管理。从世界商业健康保险市场的监管来看，行政手段无疑是规范商业健康保险市场十分有效和重要的方式。关于商业健康保险市场监管的类型，在保险方、被保险方和医疗服务提供方之间，政府是他们的管理和协调者。由于政治、经济、文化、体制等多种因素的影响，政府对健康保险的管理不尽相同，大致可分为三种：第一，计划监管型。采用此种监管的国家通过承担健康保险责任来进行管理，英国是采用此监管方式的代表。这种监管方式虽然能够保证居民在健康保险的普及和医疗服务利用上的公平，但是往往会出现管理僵化，保险各方主动性、积极性不高，医疗服务质量低下和保险费用不断上涨等问题。第二，市场监管型。采用此种监管的国家只做宏观规划，对健康保险具体管理很少，让市场机制对健康保险市场进行自动调节，美国是采用此监管方式的代表。这种监管方式能够保证效率和医疗服务的质量，以及保险各方的积极性和主动性，但是容易出现卫生服务利用的不公平和医疗费用难以控制等问题。第三，中间型。针对这两种方式的缺陷，现在一些国家逐步向中间型的健康保险模式靠拢，即实行市场和计划结合的管理模式。在这种模式下，政府一方面要在市场外进行宏观调控，同时又要用计划手段进行适当的控制，是目前比较理想的一种监管方式。

商业健康保险销售监管（Health Insurance Sales Supervision） 商业健康保险销售监管指健康保险市场主体在销售健康保险产品时所受到的法律、法规约束。在产品销售管理方面，保险公司销售健康保险产品时，应向投保人如实说明保险条款的内容。保险公司在与投保人签订健康保险合同前，应向投保人明确说明投保条件、保险责任、责任免除，不得夸大保险保障范围，不得隐瞒责任免除，不得误导健康保险投保人和被保险人。投保人就产品条款中的保险、医疗和疾病等专业术语提出询问时，保险公司应当用清晰易懂的语言进行解释并如实告知。保险公司销售费用补偿型医疗保险时，应向投保人明确询问被保险人已有的社会医疗保险和其他费用补偿型医疗保险的情况，并在投保单上载明保险公司承担的责任范围和收取的保费，由投保人在投保单上签字确认。保费应根据责任范围遵循公平原则合理厘定。保险公司不得诱导被保险人重复购买保障功能相同或类似的费用补偿型医疗保险产品。保险公司销售费用补偿型医疗保险产品时，应书面告知投保人保险合同生效条件、理赔程序、理赔票据要求以及保险公司承担的责任范围，并由投保人签字确认。保险公司理赔时，应严格按照保险合同的约定履行理赔责任。保险公司销售规定有约束被保险人医疗行为的健康保险产品时，应在投保单上明确提示投保人。保险公司销售保证续保健康保险产品时，应在投保单上明确提示保证续保的有效时间以及保险公司是否可以调整保险费率。保险公司销售续保费率可调的保证续保健康保险产品等费率可调的长期健康保险产品时，应在投保单上明确提示费率可调的有关情况。保险公司调整费率时，应提前30天向投保人寄送通知书，同时向中国保监会报告，报告应由精算责任人签字确认。保险公司以附加形式险形式销售无保证续保责任的健康保险产品时，附加健康保险的保险期限不得小于主险保险期限。保险公司销售费用补偿型个人医疗保险产品后，应在合同犹豫期内对投保人进行回访，确认投保人了解产品保险责任、责任免除以及有关医疗要求；保险公司在回访时如果发现投保人被误导，应当做好解释工作，并明确告知投保人有无条件解除保险合同的权利。

健康保险营销（Health Insurance Marketing） 健康保险营销是运用市场营销学的基本原理，以健康保险这一特殊商品为客体，以保险消费者对于健康保险这一特殊商品的需求为导向，以满足消费者转嫁健康风险的需求为中心，运用各种营销手段，将健康保险商品转移给消费者，实现保险公司的利润目标与长期经营目标的一系列活动。健康保险营销涉及关于健康保险这一特殊产品的构思、开发、设计、定价、销售、客户服务等多项业务内容和保险公司的经营管理过程。

健康保险市场营销理念（Health Insurance Marketing Concept） 健康保险市场营销理念是指健康保险市场营销的经营管理指导思想。中国在过去不同的市场形势下、不同的经济发展阶段下，健康保险市场营销也经历了不同的市场营销理念，按照时间顺序，依次是：第一，生产理念。该理念认为，消费者可以接受任何买得到和买得起的险种，保险公司的任务就供应更多的健康保险险种。这是当一个国家或地区保险市场主体单一，险种的供应不能充分满足消费者需要时，即市场处于"卖方市场"下的观念。这个理念的核心在于：只要有健康险险种、就肯定有人保。第二，产品理念。产品理念认为，保险公司的任务就是开发设计一些高质量有特色的健康保险险种，只要保险产品好，客户会主动上门投保的，正所谓"酒香不怕巷子深""只要险种好，不怕没人保"。产

三、健康保险市场（Health Insurance Market）

品观念在保险市场竞争不太激烈的形势下，有一定道理。该理念的核心在于：推出的产品要好才行。第三，推销理念。推销理念认识到健康保险产品也是一种"非渴求性商品"，即消费者一般不会想到要去购买，保险公司必须不断的大力刺激消费者才可能发生投保。这种理念的核心在于：再好的健康险险种，也要适当地去营销。第四，市场营销理念。市场营销观念是以消费者的需要和欲望为导向，以整体营销为手段，以赢取消费者的满意实现公司的长远利益。制造能够销售出去的东西，而不是推销能够制造的东西。这种观念不再是"以产定销"，所以市场不是处于整个营销的终点，而是起点，哪里有需求，哪里就有市场。市场营销的观念不仅仅局限在满足已有的需求上，是要通过一定的营销手段，将消费者的需求从潜在的状态中刺激出来，要引导需求、刺激需求和创造需求。这种理念的核心是：营销是起点，能够销售出去的东西才值得制造出来。不仅要满足需求，还要引导、刺激和创造需求。第五，社会营销理念。社会营销理念的基本要求是，保险公司在提供保险产品和保险服务时不但要满足消费者的需要和欲望，符合本公司的利益，还要符合消费者和社会发展的长远利益。该理念的核心是：生产是为了社会责任，并不完全处于经济利益的目的。

健康保险营销途径（Health Insurance Marketing Approach） 健康保险营销途径是指健康保险产品从生产者转移到消费者的方式。健康保险产品一般都由寿险公司提供，所以销售途径与寿险产品采用同样的方式。从微观角度分类，主要有代理人的销售途径、非代理制销售途径、直接销售途径。其中，保险代理人可以分为个人代理人、兼业代理人和专业代理人三种；非代理制销售途径的两种主要形式是个人业务总代理销售和经纪人销售；直接销售也称为直销，是指依靠保险公司的自销代表推销产品，提供服务，主要包括了电话营销、互联网营销、邮件营销、影视媒体营销等。但健康保险产品一般不采用直接销售途径，这是因为健康保险有严格的核保要求。

健康保险营销策略（Health Insurance Marketing Strategies） 健康保险营销策略是指健康保险企业基于顾客需要，为满足自身营销目标、去制定的一系列有利于营销的操作手段。健康保险的营销策略包括产品策略、价格策略（费率策略）、渠道策略、促销策略等。

健康保险市场营销的主体（Main Body of Health Insurance Marketing） 健康保险市场营销的主体是指健康保险产品的提供者和推销者，包括健康险公司和健康保险产品营销活动的中介机构。其中总结机构主要是指保险代理人与保险经纪人。

健康保险市场营销的客体（Object of Health Insurance Marketing） 健康保险市场营销的客体是指保险公司为健康保险消费者设计的各种类型的健康保险产品。中国将健康保险分为疾病保险、医疗保险、失能收入损失保险和护理保险四类。疾病保险是指以保险合同所约定疾病的发生为给付保险金条件的保险；

医疗保险又称医疗费用保险，是指以保险合同约定的医疗行为的发生为给付保险金条件，为被保险人接受治疗期间支出的医疗费用提供保障的保险；失能收入损失保险是指在保险期间内，被保险人因意外伤害、疾病导致工作能力暂时丧失，使其收入中断或减少，由保险公司按照约定的标准补偿其收入损失，以保障其基本生活需要的一种保险；护理保险是指以被保险人无法安全从事日常的基本活动而需要他人护理为保险金给付条件的保险。

健康保险市场营销的对象（Target of Health Insurance Marketing） 健康保险市场营销的对象是指健康保险营销的具体指向，是健康保险产品的需求方，这种需求包括现实需求和潜在需求。健康保险市场营销的对象可以分为个体健康保险消费者和团体健康保险消费者。

健康保险市场营销环境（Health Insurance Market Marketing Environment） 健康保险市场营销环境是指影响保险企业的健康保险营销活动的各种直接或间接因素的内部因素与外部条件的总和。健康保险市场营销的环境即包括外部环境又包括内部环境，外部环境是宏观层面的，主要有人口环境、经济环境、自然环境、技术环境、竞争环境、社会文化环境、政治法律环境等；内部环境是微观层面的，主要有企业自身的产品、发展目标、资源、企业文化、组织形式、分销体系等。

健康保险营销环境机会（Health Insurance Marketing Environment opportunity） 健康保险营销环境机会是指对健康保险公司的发展和营销活动是有促进作用的各种契机。按照这些环境机会能给企业带来利益的大小程度不同，可以分为非常有利的机会、比较有利的机会和程度较小的机会。

健康保险营销环境威胁（Health Insurance Marketing Environment Threat） 健康保险营销环境威胁是指对健康保险公司组织开展营销活动不利或限制其进一步发展的宏观环境或微观因素。将其分为可以对抗的不利环境要素、对抗难度较大的不利环境要素和无法对抗的环境要素。

健康保险营销调研（Health Insurance Marketing Research） 健康保险营销调研是指保险公司系统地、客观地收集、整理和分析市场营销活动的各种资料或数据，用以帮助营销管理人员制定有效的市场营销决策的行为。营销调研主要采取的方法包括普查法、典型调研法、抽样调查法、间接调查法等。

健康保险营销预测（Health Insurance Marketing Forecast） 健康保险营销预测是指运用科学的方法和手段，根据调查提供的数据和资料，对影响健康保险市场供求变化的各种因素经常测算，寻找市场营销的变化规律，并以此规律对健康保险市场未来即变化趋势做出判断的过程。营销预测是调查分析市场的延伸，是保险公司搞好经营管理的重要手段，是制定生产和推销计划的重要依据。

健康保险营销决策（Health Insurance Marketing Decision） 健康保险营销决策是指健康保险公司决定其营销活

三、健康保险市场（Health Insurance Market）

动所要采取的战略和策略，通常是从两个以上的可执行性方案中，经过科学比较分析，选择最佳方案，确定未来的经营过程。营销决策是保险公司决定其营销活动所采取的战略和策略，是保险公司科学管理工作的必要前提。

健康保险市场细分（Health Insurance Market Segmentation） 健康保险市场细分是指保险企业根据健康保险消费者的需求特点、投保行为的差异性，把保险总体市场划分为若干个子市场，每一细分市场都由具有同类需求倾向的保险消费者构成。每一个消费者群体分成一个细分市场，也称为"子市场"或"亚市场"。保险市场细分实际上是分析具有不同保险心理和动机的消费者群，并加以归类的过程。健康保险市场细分的基础是健康保险产品消费者对健康保险需求的多样性或差异性。

健康保险目标市场选择（Health Insurance Target Market Selection） 健康保险目标市场选择是指健康保险企业确定本公司目标市场的行为。保险企业在划分好细分市场之后，保险企业面临着许多不同细分市场机会，因此保险企业会估计每个细分市场的吸引力程度，选择进入一个或多个细分市场。选择目标市场的首要步骤是评估各个细分市场，即对各细分市场在市场规模增长率、市场结构吸引力和公司目标与资源等方面的情况进行详细评估，在对这些指标综合比较、分析的基础上，才能选择最优化的目标市场。保险公司在选择目标市场时，必须考虑细分市场的规模与增长潜力、细分市场的吸引力、企业本身的目标和资源这三个要素。

健康保险市场定位（Health Insurance Market Positioning） 健康保险市场定位是指保险公司根据竞争者现有产品在市场上所处的地位，针对消费者对该健康产品某种特征或属性的重视程度，强有力地塑造出本公司产品与众不同的、给人印象鲜明的个性或形象，并把这种形象生动地传递给消费者，从而使该产品在市场上确定适当位置的过程。

健康保险无差异营销（Health Insurance no Difference Marketing） 健康保险无差异营销是目标市场策略的一种，健康保险无差异营销就是指把健康保险整体市场作为保险公司的目标市场，即着眼点是消费者的共同需要，不考虑需要的差异，用一种产品、统一的市场营销组合对待整体市场。这种策略的优点是成本低，减少了保险险种设计与宣传广告等费用，能形成规模经营，使风险损失率更接近平均的损失率。这种策略的缺点是大多数健康保险产品不适用，保险企业一般不宜长期采用，且消费者的不同需求不能得到满足，无法与采用差异性营销的其他同类企业相竞争。此策略适用于同质市场的产品，以及有广泛需求、能够大量供给与销售的产品。总的来说这种营销策略的特点就是"一损俱损、一荣俱荣"。

健康保险差异性营销（Health Insurance Differential Marketing） 健康保险差异性营销是目标市场策略的一种，是指保险公司把健康保险产品的整体市场划分为若干细分市场，选择两个以上乃至全部细分市场作为目标市场，按照不同子市场的不同需求，分别制定不同市场营销组合，分别开展不同的市场营销活动。这种策略的优点首先，能够分别满足不同消费者群的需求、针对性更强；其次，有利于保险公司扩大销售，能树立良好的市场形象，提高消费者对公司产品的信赖程度和购买频率；最后，能降低保险企业在市场上的失败风险，因为营销市场的多方面避免了在一个细分市场的"押宝"。其缺点是生产费用、管理费用、销售费用会大幅度增加。该策略适用于经营差异性较大、市场变化较快的健康保险产品的保险企业，以及那些本身有一定的资源能力应付市场变化所带来的产品更新和服务更新、具有比较雄厚的财力、较强的产品开发能力和素质较高的营销人员的保险企业。

健康保险集中性营销（Health Insurance Centralized Marketing） 健康保险集中性营销是目标市场策略的一种，是指保险企业集中所有力量，进入一个细分市场，或是对该市场进一步细分后的几个更小的市场部分，力图在这些子市场中占有较大的市场份额。该营销策略只制定一套营销方案，集中力量争取在自己所选取的这些细分市场上占有大量的份额，而不是在整个大市场上占有小量份额。其优点是易于取得在经营上的成功，因为易于满足特殊需求而有助于提高保险企业与产品在市场上的知名度。缺点是潜伏着较大的风险，如遇不成功可能对保险企业产品产生致命的影响。该策略适用于资源力量有限的中小保险公司，以及走专业化经营道路的公司。

健康保险市场领导者（Health Insurance Market Leaders） 健康保险市场领导者是指在健康保险市场上占有最高市场份额的保险公司。其通常在健康保险产品开发、保险费率变动、保险促销强度等方面领先于其他保险公司。无论领导者是否受到赞赏或尊敬，其他保险公司都不得不承认它的领先地位。但是领导者也必须随时注意其他保险公司的动向，不使自己轻易丧失良机、失去领先地位。市场领导者的竞争策略主要是要保持自己的市场占有率、巩固自己的市场地位，并进一步扩大市场占有率、把其他竞争者吞并、不再给其他竞争者机会。

健康保险市场挑战者（Health Insurance Market Challenger） 健康保险市场挑战者是指位于行业中第二或第三的保险公司，它们以市场领先者以及经营不善的者或小型经营者为攻击对象，以扩大市场占有率为目标，选择进攻策略。市场挑战者最常用的策略是：第一，正面攻击。领先者在哪个细分市场占有率最高，就进入这个市场，往往遭到反击也最大的。第二，侧翼攻击。进入领先者竞争力或服务较差的那个细分市场。第三，迂回攻击。避开领先者的正面，开发新的目标市场。第四，游击战。在某个细分市场上发动小规模、断断续续的攻击，如降价、猛烈的促销等。

健康保险市场追随者（Health Insurance Market Follower） 健康保险市场追随者是指那些不想扰乱市场现状而想保持原有市场占有率的保险公司。市场追随者并非不需要策略，而是谋求用其特殊能力参与市场的发展，有些市追随者甚至会比本行业的领先者获得更高的投资回报率。因此市场追随者必须懂得如何保持现有的客户、如何争取一定数量的新客户，因为每个追随者都力图给目标市场带来某些独特的利益，如地点、服务和融资力方面的优惠或方便。其市场竞争策略有三种：第一，紧随其后策略，即及新市场开放时赶紧也打进去。第二，有距离跟随策略，即不要和主导者"靠得太近"，以带有一定差异的产品去参与竞争。第三，有选择的跟随策略，即只挑选主导者成功的领域跟随，避免失败。

健康保险市场补缺者（Health Insurance Market Stopgaper） 健康保险市场补缺者是指那些通过专业化经营来获取最大限度的利益，并试图在大企业的夹缝中求得生存与发展的中小保险公司。这些保险公司往往盯住大保险公司所忽略的市场空缺，通过游击战术，专业化经营，集中自己的资源优势来满足这部分市场的特殊需求。他们力图用自己的"一技之长"，寻找市场中的空缺，自己能倚之生存，而市场大型企业不屑一顾的领域，并迅速地填充它们，走上对该领域的专业经营道路。

健康保险营业推广（Health Insurance Business Promotion） 健康保险营业推广又称健康保险销售促进，是指保险公司在特定目标市场上，利用各种短期性的激励或刺激措施，鼓励健康保险消费者更迅速、更多地购买特定健康保险产品或服务，以增加其销售量。

健康保险营销管理（Health Insurance Marketing Management） 健康保险营销管理是一个满足消费者保险需求的管理过程，是识别、分析、选择和发掘保险营销机会，实现保险公司的任务和利润目标的管理过程，也是保险公司与其最佳的市场机会相适应的过程。主要包括分析保险营销机会、保险市场细分与目标市场的选择、制定保险营销策略、组织执行和控制保险营销活动四个步骤。

健康保险营销风险（Health Insurance Marketing Risk） 健康保险营销风险是指在保险公司营销过程中，由于各种事先无法预料的不确定因素带来的影响，使保险公司营销的实际收益与预期收益发生一定的偏差，从而有蒙受损失的可能性。

健康保险产品开发策略（Health Insurance Product Development Strategies） 健康保险产品开发策略指健康保险产品开发的具体方法和途径，是保险公司企业经营策略的重要组成部分。健康保险产品的开发不仅要着眼于健康保险的市场现状、险种结构、市场份额，同时还必须结合保险公司的企业现状、经营能力、开发能力、选准公司的业务经营方向和战略，争取有利的竞争地位和较大的市场份额。保险公司在产品开发时一般采取创新策略、改进策略、引进策略三个方面。

健康保险产品组合策略（Health Insurance Production Combination Strategies） 健康保险产品组合策略是指通过改变健康保险产品线、产品项目等方法，以利于保险产品的促销，提高保险公司效益。产品组合策略主要包括扩大保险产品的组合策略、缩减保险产品的组合策略、将关联性小的保险产品进行组合的组合策略。

健康保险产品品牌策略（Health Insurance Production Brand Strategies） 健康保险产品品牌策略指对于健康保险的一系列能够产生品牌积累的企业管理与市场营销方法。品牌（Brand）是利用名称、数字、术语、标志、符合或其组合来标识一家公司的一种或多种产品，以区别于其他竞争产品。保险公司的品牌策略主要包括两种：第一，系列品牌（Family Branding）是指保险公司所有产品都使用唯一的品牌。系列品牌能够使市场营销者充分利用品牌的声誉以及与名称相连的标识，公司为系列品牌中的一种产品设计的广告也有益于在系列品牌下促销其他产品。第二，个别品牌（Individual Branding）是指为每一个产品品种用不同的品牌。个别品牌对某些产品而言会非常有效，但由于个别品牌需要逐个展开促销活动，所以会比推广系列品牌昂贵得多。公司采用个别品牌策略是为了吸引特殊的细分市场。

健康保险产品生命周期策略（Health Insurance Production Life Cycle Strategies） 健康保险产品生命周期策略是指随着健康保险产品从投入市场到退出的不同阶段、而采取有针对性的不同应对措施的市场营销策略。健康保险产品的生命周期是指健康保险的某一险种产品，自获得批准后的市场投入期（导入期），到被健康保险市场消费者逐渐认识阶段的缓慢成长期，到被一定数量的消费者认识、接受后拥有一定数量稳定消费者的成熟期，到最终消费者因被其他更实用、更实惠的健康保险险种替代后逐渐减少的衰退期的整个市场过程。市场营销者通常将产品生命周期描述为四个阶段：引入期、成长期、成熟期、衰退期。由于产品生命周期的每一阶段表现出不同的市场状况，所以不同阶段需要不同的关于价格、分销、促销的营销策略。

健康保险产品定价策略（Health Insurance Production Pricing Strategies） 健康保险产品定价策略也称保费策略，是保险公司为了实现定价目标所遵循的总体方针，这些策略帮助公司确定将价格作为营销组合的一个变量的运用方式。影响定价策略的主要因素包括定价目标、成本、需求、购买者影响、竞争、监管要求。定价策略通常分为三类：成本驱动定价策略、竞争对手驱动策略和客户驱动策略。

健康保险产品促销策略（Health Insurance Production Promotion Strategies） 健康保险产品促销策略指把健康保险企业产品或服务的信息向消费者进行宣传和说明，从而让消费者认识、了解、认可并产生购买产品的行动。主要有四种途径，即人员推销、广告、促销和宣传。

健康保险产品渠道策略（Health Insurance Production channel Strategies） 健康保险产品渠道策略指依据健康保险产品从保险公司向准保护转移过程中所经过的不同途径所采取的有针对性的营销策略。渠道中的每个点都是由拥有产品的机构或个人组成的，通过他们使每

三、健康保险市场（Health Insurance Market）

一个健康保险险种最终进入保险产品需求者手中。主要渠道有：社会保险业务渠道、团体保险渠道、个人保险渠道、银行保险渠道、网络销售渠道。渠道策略即指保险公司如何在各渠道之间进行选择，以实现更优质营销结果的策略。

商业健康保险市场风险（Health Insurance Market Risk） 商业健康保险市场风险指商业健康保险市场中会潜在发生的损失。从大范围来说，主要来自三个层面：第一，战略决策风险。高级管理人员确认、评价、管理以及监控公司在追求其目标的过程中所面临的风险；第二，财务风险。主要是来自开发和评估内部风险管理，涉及的问题包括财务风险识别、财务管理决策、控制措施和组织政策过程中的风险等；第三，经营风险。是指商业健康保险在经营过程中所面临的外部环境和内部风险的管理和控制。

商业健康保险市场经营（Health Insurance Market Management） 商业健康保险市场经营是指保险公司的经济活动和经营决策的施行过程。健康保险的经营对象是伤病发生的风险，与寿险、意外险等与其他人身保险业务相比，健康保险具有出险频率高、理赔次数多、市场需求大等特点。

商业健康保险市场经营风险（Health Insurance Market Management Risk） 商业健康保险市场经营风险指健康保险经营的一系列环节和活动相互联系、相互制约，在经营过程中客观存在着与不确定风险相关联的损失的可能性。保险公司的业务既有来源于所承保的业务风险，即所谓健康与医学相关的风险。同时和其他保险业务一样，也面临着保险市场、资本市场及社会环境变化的风险。健康保险经营过程中内外环境带来的风险分类，分为内部和外部两方面的风险。其中内部风险主要表现在组织的风险、产品的风险、风险管理技术风险、服务的风险、管理决策的风险等方面。外部风险主要体现在社会经济环境、医疗卫生体制与服务体系的完善、社会文化与道德建设、社会医疗保障制度改革等方面。

健康保险市场风险管理（Health Insurance Market Risk Management） 健康保险市场风险管理是经济单位对健康保险市场的风险进行识别、衡量和分析，选择最佳风险管理技术，采取各种措施和方法以消灭或减少市场中风险事件发生的可能性，或者减少市场风险事件发生时造成的损失，以最小的成本获得最大的安全保障的决策过程。健康保险经营业务的风险管理是专业化的风险管理，需要专业的健康保险风险管理控制技术来寻找并确认存在的各种风险，对风险的强度和频度进行排段，制定并执行各种行动方案来控制风险的发生，减少、消除、转移或避开这些风险。商业健康保险市场经营风险的防范措施主要包括：第一，外部风险控制的一般措施。具体有改善外部环境，加强机构建设，为专业化经营铺平道路。加强基础建设，巩固和完善业务经营管理体系。第二，内部风险的控制措施。具体有建立专业商业健康保险组织产品开发的风险管控。第三，核保、理赔风险管理与控制。具体有建立核保、核赔专用手册。积极采用核保、核赔新技术,掌握理赔风险管控关键。第四,加强对医院的管理和对医疗过程的监控。管理措施主要有事后评估法和事前介入法两种。

商业健康保险市场行为规范（Health Insurance Market Operative Norm） 商业健康保险市场行为规范是指商业健康保险相关主体,即商业保险公司、商业健康保险投保人和被保险人,以及保险行政监管部门从事相关活动的行为准则,它是商业健康保险正常运行和不断发展的重要保证。根据其社会功能定位,这种行为规范应具有四个方面的规定性：第一,必须符合一般商业主体的市场化运作行为规范要求；第二,必须符合金融保险行业、行业监管机构和行业自律组织的一般行为规范要求；第三,必须符合政府对商业健康保险在社会保障体系中辅助管理职能定位的相关规范的要求；第四,必须满足人身健康医疗保险特有的规范要求。商业健康保险行为规范的内容主要包括以下几个层次的内容：一是社会健康保险制度。二是健康保险体系及其政策。三是医药和医疗服务提供者的管理,特别在商业健康保险中,医药和医疗服务提供者之间的关系界定。四是与健康保险相关的法律制度。

商业健康保险分销渠道（Commercial Health Insurance Distribution Channels） 商业健康保险分销渠道是指保险产品从保险公司向保险消费者转移时所经过的路线和环节。在现代经济社会中,绝大多数的生产企业不是将其产品直接销售给用户或消费者,而是通过一系列的中间商,实现产品在生产者和消费者之间的转移,产品转移所经过的路线构成分销渠道。目前,保险公司采用的分销体系有两类：个人销售分销体系（Personal Selling Distribution）和直接分销体系（Direct Response Distribution）。个人分销体系是由保险公司支付佣金或薪水的推销人员通过口头或书面方式向准保护推销健康保险产品。直接分销体系是代理人或其他销售人员并不采取拜访客户劝其购买的方式,顾客无须与卖方当面签署合同,消费者直接通过广告和电话宣传购买产品。

健康保险市场增长率（Health Insurance Market Growth Rate） 健康保险市场增长率是指健康保险产品的保费收入在比较期内的增长比率。计算公式为：市场增长率＝［比较期保费收入－前期保费收入］÷前期保费收入×100％,如果在消除通货膨胀的影响后再计算,结果更为科学与准确。健康保险市场增长率这一指标,主要是从纵向的角度来评价保险公司业务成长状况和发展能力。该指标若大于0,表示保险公司当年保费收入有所增长,指标值越高,表明增长速度越快,销售能力越强,发展前景越好；该指标若小于0,则说明存在产品或服务不适销对路、销售技能不能适应市场竞争要求等方面的问题,发展前景堪忧。

健康保险市场集中度（Health Insurance Market Concentration） 健康保险市场集中度是对整个健康保险行业的市场结构集中程度的测量指标,用来衡

三、健康保险市场（Health Insurance Market）

量企业的数目和相对规模的差异，是体现市场的竞争和垄断程度、反映市场势力的重要量化指标。健康保险市场最常用的集中度计量指标如赫芬达尔指数（Herfindahl – HirschmanIndex，HHI）衡量市场结构，其是测度市场集中度的综合性指标。$HHI = \sum_j (X_j / X)^2$，其中，X_j 表示第 J 家保险公司的保费收入；X 代表人身险保费总收入；J 表示各家保险公司。当完全竞争市场时，市场集中度最低，此时 $HHI = 0$；当市场上只有一家公司为垄断型时，市场集中度最高，此时 $HHI = 1$。

健康险赔付密度（Health Insurance Payment Density） 健康险赔付密度用以从经济补偿的视角衡量健康险的发展程度，它等于一个国家各地区各年的健康险赔付支出除以常住人口数，此做法的意义在于衡量保险的经济补偿作用。

商业健康保险市场产业链（Commercial Health Insurance Industry Chain） 健康保险产业链是用于描述一个具有某种内在联系的企业群结构，是健康保险各个产业部门之间基于一定的技术经济关联，并依据特定的逻辑关系和时空布局关系客观形成的链条式关联关系形态。当今商业健康保险正介入健康产业领域，延伸了商业健康保险市场的产业链。如开展股权投资，实质性地介入体检、医疗、护理、养老等生产性和服务性健康产业领域，逐步打造覆盖全生命周期的健康产业链。除了在健康保险产品中加入健康管理服务项目，或者开发单独的健康管理服务产品，形成差异化的专业特色外，还在努力实现健康管理与健康保险的相互衔接、互为客户、提供医疗、体检、养老、护理等全方位的健康管理增值服务。构成健康保险市场产业链共有三个部门：健康保险机构、医疗服务机构、健康管理机构。健康保险机构向消费者提供保险服务，医疗机构向消费者提供诊疗服务，健康管理机构向消费者提供健康体检、健康评估、健康促进等健康管理服务。

商业健康保险市场发展空间（Commercial Health Insurance Market Development Space） 商业健康保险市场发展空间又称市场规模、市场容量，是指一定时期和特定区域内，健康保险市场中全体买方以及潜在的买方，对某项健康保险产品的最大可能购买量，即健康保险市场总量的上限。一方面，商业健康保险，特别是商业健康保险公司经营的社会保险类业务对国家医疗保险体系的依存度是非常高的，商业健康保险只是扮演了公共医疗保障体系的补充角色，商业健康保险发展空间是依赖于社会保险的。另一方面，医疗服务是一个庞大且快速增长的行业，全球每年医疗费用估计在 5 万亿美元以上，其中大约有 1 万亿美元通过商业保险筹资支付。从未来发展趋势看，科技进步、财富增长、人口老龄化等因素都将成为支撑医疗服务需求增长的长期驱动因素。因此，商业健康保险的发展空间是很大的。

商业健康保险市场盈利空间（Commercial Health Insurance Market Profitability） 商业健康保险市场盈利空间是指商业健康保险市场中能为经营主体创造利润的领域。传统模式下，健康保的盈利和一般人寿保险公司是一致的，其盈利主要来自"死差""费差"和"利差"，因此传统商业健康保险市场盈利空间主要是通过承保、经营管理及投资盈利。但当今专业健康保险公司正在加快建立以承保利润、投资收益和健康管理服务收益为核心的多元化盈利模式，拓宽利润来源、提高盈利能力、转型创新。扩展市场盈利空间的办法包括：第一，提高短期险业务的承保利润。一方面向规模要效益，提高优质业务占比，追求高效率的发展速度。另一方面向管理要效益，把好承保、理赔关，加强客户医疗行为的全流程、专业化管控，降低赔付风险。第二，在加快发展长期险业务的同时，优化业务期限结构，快速扩大资产规模，实现规模经营，通过资金运用提高投资收益，获取利润。第三，投资健康产业，实质性地介入体检、医疗、护理、养老等生产性和服务性健康产业领域，逐步打造覆盖全生命周期的健康产业链，获取超额投资回报。第四，将健康管理服务产品化，逐步将其培育成新的盈利来源。

商业健康保险的市场角色（The Role of Commercial Health Insurance Market） 商业健康保险的市场角色指商业健康保险在一个国家医疗保障体系中的地位和作用。一般来说，公共医疗保障体系是决定商业健康保险角色和规模的首要因素。公共（法定）医疗保险制度的相关规定限制了商业健康保险市场的范围，并在很大程度上决定了商业健康保险的市场地位。以经合组织（OECD）国家为例，目前OECD成员国商业健康保险的发展主要有三种类型：一是在澳大利亚、爱尔兰和英国等国家，政府的首要目标是将公共医疗保障的需求和成本压力转移到私人部门，因此允许商业健康保险提供同公共医疗保障内容完全相同的医疗保障产品，实际上商业健康保险扮演了公共医疗保障计划的复制角色；二是在德国、荷兰和美国，政府为公共医疗保障体系设定了收入门槛、参保人资格门槛，或允许特定人群脱离公共保障体系，商业健康保险可以为公共医疗保障体系外的人群提供医疗保障；三是在其他国家，政府将一些特定医疗服务从公共医疗保障范围中剔除，如荷兰、澳大利亚，牙科诊治不在公共医疗保障范围内，允许商业健康保险提供公共医疗保障范围外的保障。

商业健康保险市场的挤出效应（Crowding out Effect of Commercial Health Insurance Market） 商业健康保险市场的挤出效应指公共医疗保障体系增加所引起的商业健康保险发展效果的降低。社会和公共保障制度的建立和扩展往往对商业健康保险发展产生极大的"挤出效应"。例如，北欧国家拥有总综合的公共保障计划，政策制定者往往对商业健康保险不甚关注，商业健康保险市场不会有较大发展，甚至会出现萎缩。例如，瑞士于1996年建立了基本的法定医疗保险制度，为公民提供综合性的保障，随即商业健康保险市场出现了较大幅度的萎缩。再如，在澳大利亚，1984年国家医疗保健系统Medicare建立后，购买商业健康保险的公民人数也出现了较大幅度的减少。

三、健康保险市场（Health Insurance Market）

基本医疗保险经办市场（Market for Commercial Health Insurance Handle Basic Medical Insurance） 基本医疗保险经办市场指商业健康保险公司受政府委托，经办和参与管理社会保险业务，如新农合、城镇职工医疗保险和城镇居民医疗保险等，所形成的市场。商业健康保险经办服务在医疗保险医、患、保三方关系中发挥着关键的协调作用，其管理能力与服务水平的高低在很大程度上直接决定了医疗保险制度的实施和发展水平。目前，在不同保障制度下，由政府负责规划、筹资，向商业保险公司购买医疗保险经办管理服务，缓解社会医疗保险制度运行普遍面临的费用激增、管理效率低下等困境，已经成为一种国际趋势。随着参与的深入，这种趋势越来越明显地体现出商业保险在运作机制、专业技术、综合服务和成本效率方面。在中国，为了缓解经办服务的供需矛盾，各地政府对经办服务的生产、供给方式进行了积极探索，一些地区初步建立了"征、管、监"相分离的运行机制，采取政府购买的方式将城镇职工基本医疗保险、新型农村合作医疗保险、医疗救助保险、城镇居民大病保险等医疗保险的经办服务工作委托给商业保险公司。新医改方案规定："在确保基金安全和有效监督的前提下，积极提倡以政府购买医疗保障服务的方式，探索委托具有资质的商业保险机构经办各类医疗保障管理服务。"专业健康保险公司参与基本医疗管理已经逐步成为趋势。

泰康人寿全球医疗直通车服务（Taikang Life Global Medical Train Service） 泰康人寿全球医疗直通车服务是泰康人寿保险公司于2014年启动的服务项目，力求给患者提供全面、高效、优质、高性价比的一站式全球医疗服务。该服务与国际顶级医院约翰霍普金斯医疗系统建立国际转诊绿色通道，服务内容包括海外就医资源甄选、就诊建议、病历及健康资料的专业医学翻译等以及出行前的健康筛选等每一项相关细节。参保人回国后，该公司旗下的高品质康复医院继续进行术后跟踪、后续治疗及康复治疗服务，确保赴国外治疗效果最佳，保持与国外医生的联络、专家远程会诊跟踪观察诊疗效果。该活动对中国医疗体制改革具有一定的参考价值，是为解决中国医改中面临的诸多问题所进行有益的模式探索和实践尝试。

商业护理保险市场（the Commercial Care Insurance Market） 商业护理保险市场是护理保险市场的子市场，是以商业护理保险服务为主要供给标的的保险客体与购买或有潜在购买商业护理保险需求的消费者所形成的集合。

公共护理保险市场（Public Care Insurance Market） 公共护理保险市场是护理保险市场的子市场，公共护理保险主体、客体集聚形成的集合即为公共护理保险市场。

护理保险市场挤出效应（Care Insurance Market Crowding Effect） 护理保险市场挤出效应指公共护理保险市场与商业护理保险市场之间存在的替代效应，但其中一方具有显著优势时，将对另一方形成替代与挤出效应。

**护理保险市场信息不对称（Care

Insurance Market Information Asymmetry）护理保险市场信息不对称是指护理保险交易双方所掌握的信息在数量和质量上存在差异，即一方掌握的信息数量较多、质量较高，而另一方则恰好相反。而护理保险市场的信息不对称突出表现于护理保险的供应方较护理保险的需求方具有信息优势。

细分护理保险市场（Care Insurance Market Segment）细分护理保险市场是指依据护理保险的时间、类别对护理保险进行细分，并各自集聚形成的市场。在中国，老年人护理服务主要有居家护理、机构护理和社区护理三种模式。第一，居家护理。这是长期护理模式中的主体，居家护理中承担长期护理服务的主要是家庭成员如配偶、子女、亲属等，此外还包括一些外来服务人员如保姆、护工等。第二，机构护理。指让那些在自己家里难以生活的人入住护理机构，并由其承担护理费用的服务，中国的机构护理服务主要停留在基本生活的照料上，服务水平也不高，造成部分机构床位使用率不高。第三，社区护理。社区护理模式是介于家庭护理和机构护理之间一种新兴模式，主要是建在社区的小型服务机构提供的护理服务。

护理保险市场体系（Care Insurance Market System）护理保险市场体系是指在护理保险市场中由各类市场因素组成的有机联系的整体。在中国，依据经营主体的分类，构成了由公共护理保险、商业护理保险相互补充、相互替代构成的多层次护理保险市场体系。

养老护理地产市场（Old-age Care Real Estate Market）养老护理地产市场是指由养老护理地产产品集聚形成的保险市场。养老护理地产市场主要的产品形态包括：保险资金推出的升级版的养老机构，如养老院，把养老地产视作商业地产项目长期经营；开发商推出的养老地产项目等，与护理保险关系密切。

商业重疾保险市场（Commercial Heavy Disease Insurance Market）商业重疾保险市场是指由以重大疾病险为标的集聚形成的保险市场。重大疾病险，是指由保险公司经办的以特定重大疾病，如恶性肿瘤、心肌梗死、脑溢血等为保险对象，当被保人患有上述疾病时，由保险公司对所花医疗费用给予适当补偿的商业保险行为。根据保费是否返还来划分，可分为消费型重大疾病保险和返还型重大疾病保险。

重疾保险市场的双重性（The Dualism of the Serious Illness Insurance Market）重疾保险市场的双重性主要是指当前中国的重疾保险所具有商业保险和社会保障的双重属性，因此重疾保险市场也具有商业保险市场与公共服务市场的双重性。

大病保险市场（Serious Illness Insurance Market）大病保险市场是指由大病保险集聚形成的保险市场。大病保险是对城乡居民因患大病发生的高额医疗费用给予报销，目的是解决群众反映强烈的"因病致贫、因病返贫"问题，使绝大部分人不会再因为疾病陷入经济困境。

大病保险基金（Serious Illness Insurance Fund）大病保险基金是指从城

三、健康保险市场（Health Insurance Market）

镇居民医保基金、新农合基金中划出一定比例或额度作为大病保险资金，由这一部分集聚、运营的资金即为大病保险基金。

重疾保险市场与政府的关系（The Relations Between Serious Illness Insurance Market and Government）重疾保险市场与政府的关系指重疾保险市场和政府之间是存在着的交互联系作用。商业重疾需要政府予以政策扶持、财政补贴，大病保险更是对于基本医保的延伸，因此重疾保险市场与政府关系密切。

慢病保险市场的长期性（The Long-term of Slow Disease Insurance Market）慢病保险市场的长期性是指因慢病存在长期性，慢病保险便也具有长期性，而由慢病保险集聚形成的慢病保险市场便具有的长期性。

互联网慢病管理市场（Internet Slow Disease Management Market）互联网慢病管理市场指运用大数据、医疗信息平台等互联网技术进行日常管理、监测、就诊的互联网慢病管理服务所集聚形成的市场。

养老产业与慢病产业的交叉协同（Coordination With Slow Disease Industry Cross Pension Industry）养老产业与慢病产业的交叉协同指养老产业和慢病产业之间所存在着的交互与共同促进作用。养老产业与慢病产业同属于院后医疗市场，老年人身患慢病状况十分常见，两者交叉协同，既能为保险消费者更好提供服务，也便于保险公司与医疗机构统一提供服务、进行管理。

健康体检市场（Physical Examination Market）健康体检市场是指基于健康体检服务所集聚形成的市场。健康体检本来只是医院医疗过程的一个环节，但随着人们健康意识的提高以及医疗费用的不断上涨，健康体检市场需求逐渐扩大，人们对健康体检产品的差异化要求也越来越高，而健康体检的一些衍生产品如健康体检报告的商业价值也受到重视，这些都促使本身单纯医疗项目的健康体检逐渐产业化，形成健康体检市场。中国的健康体检行业起步较晚。2000年以前，在中国国内的健康体检局限于强制性专项体检和保健体检，体检机构主要为政府指定的非营利性医疗机构。2000年以后，医疗服务作为一种刚性需求，在经济波动的情况下，居民对医疗服务的需求与投入仍会呈现稳定在家的趋势。

体检服务市场总量（Physical Examination Service Market's Total）体检服务市场总量是人次的概念，即享受体检服务的人次数，可细分为医院、卫生院及健康检查人数。

体检服务市场总量占比（Total Amount of Medical Service Market）体检服务市场总量占比即体检服务市场总量占（全国、当地）总人口的比例，是衡量某地区体检服务发展深度、广度的重要指标。

各体检医疗机构市场份额（The Medical Market Share of Medical Institutions）各体检医疗机构市场份额指各医疗机构提供的体检服务人次数或体检服务费用总额。体检医疗机构包括医院、卫生院、专业体检机构等。

体检服务市场的周期性（Medical Service Market's Cyclical Nature）体检服务市场的周期性是指体检服务市场存在着地随着时间表现出来的规律性。体检服务市场受人口年龄结构、性别结构影响，体现出周期性，如当某地区人口步入老龄化，则体检服务市场迎来成长周期。

体检服务市场的社会责任属性（The Medical Service Market's Social Responsibility Attribute）体检服务市场的社会责任属性指为劳动者提供体检保障所体现出的用人单位社会责任，因此体检服务市场带有直接的社会责任属性。同时、体检服务属于医疗的前导概念，属于健康管理范畴，带有天生的社会责任属性。

体检服务市场的专业性（The Medical Service Market's Professionalism）体检服务市场的专业性指体检服务市场属于专业的医疗与健康管理范畴，所带有的专业性。

体检服务市场的跨界性（The Medical Service Market's Transboundary Nature）体检服务市场的跨界性指体检服务市场跨越行业的多型性。体检服务市场是联通健康管理、保险、医疗等多维度的媒介，能够成为保险公司为保险消费者提供"生老病死"健康管理的重要手段，因此具有跨界性。

专业健康体检市场认可度（Professional Health Examination Market Acceptance）专业健康体检市场认可度是指消费者对专业健康体检服务的认同程度。从专业微观角度：体检服务具有专业性，专业医疗水平的高度决定市场对于健康体检的认可度；从社会宏观认可角度，体检服务与群众的健康管理意识直接相关，当社会大众健康管理意识升高，则对于体检市场的认可度同样升高。

健康体检的季节性（Healthy Physical Examination's Seasonal）健康体检的季节性是指体检服务市场周期性的细化，因疾病、个人身体状况、用人单位组织体检的周期性，使得健康体检体现出季节性。

跨境医疗中介市场（Cross–Border Medical Intermediary Market）跨境医疗中介市场是指联系消费者与境外医疗机构的中介所提供的以疾病治疗、医疗护理、康复与疗养为主题的出境服务，所集聚形成的市场。

健康保险市场中的医疗中介（The Medical Agents in Health Insurance Market）健康保险市场中的医疗中介是指在健康保险市场中，以各项医疗中介服务为主要供给标的的局部市场。

互联网医疗中介市场（Internet Medical Intermediary Market）互联网医疗中介市场是指运用大数据等互联网手段，提供互联网医疗中介服务的产品集聚形成的市场集。

医疗中介市场跨界（Medical Intermediary Market Across Border）医疗中介市场跨界是指医疗中介同样属于健康管理范畴，能够联通消费者与专业医疗机构，所具有的跨界属性。

健康保险业务（Health Insurance Business）

健康（Health） 健康是指被保险人身体与精神上的完满状态，以及良好的社会适应力，而不只是没有疾病或虚弱的状态。

健康保险（Health Insurance） 健康保险是以被保险人的身体为保险标的，使被保险人在疾病或意外事故所致伤害时发生的费用或损失获得补偿的一种保险。

短期健康保险（Short-term Health Insurance） 短期健康保险是指保险期间在一年及一年以下且不含有保证续保条款的保险业务。

长期健康保险（Long-term Health Insurance） 长期健康保险是指保险期间超过一年或者保险期间虽不超过一年但含有保证续保条款的保险业务。

个人健康保险（Personal Health Insurance） 个人健康保险是以单个自然人为投保人的健康保险业务，承保时要求每一个被保险人都必须通过核保，同时在销售时需要借助大量的个人业务代理人。

团体健康保险（Group Health Insurance） 团体健康保险是以团体法人为投保人、以团体成员作为被保险人的健康保险业务。对于较大的团体，在核保时并不要求其所有的被保险人都符合可保标准。

个人税收优惠健康保险（Personal Tax Benefit Health Insurance） 个人税收优惠健康保险是指对个人购买符合规定的健康保险产品的支出，按照一定标准在个人所得税前予以扣除的保险业务。这类产品一般有可带病投保、无等待期、保证续保等规定。

动物健康保险（Animal Health Insurance） 动物健康保险是指承保保单持有人在家畜因保险事故所致死亡或伤害时，可获得保险金给付的一种保险。

企业健康保险（Business Health Insurance） 企业健康保险是指补偿企业重要员工、合伙人或重要股东因身体健康因素无法执行职务而造成损失的一种保险，或是合伙事业、家族公司中，其股东或合伙人残废时，就可利用企业健康保险支付的保险金买下合伙人或股东所拥有企业的权益。

商业健康保险（Commercial Health Insurance） 商业健康保险是以被保险人的身体为保险标的，保证被保险人在疾病或意外事故所致伤害时的直接费用或间接损失获得补偿的保险，包括疾病保险、医疗保险、收入保障保险和长期看护保险。

综合健康保险（Comprehensive Health Insurance） 综合健康保险是指将基本医疗费用与高额医疗费用合并为一张保险单的健康保险，通常在保险单中列入自负额与共保条款的规定。

强制健康保险（Compulsory Health Insurance） 强制健康保险是指由特定国家或地区经营管理的健康保险计划，凡符合资格者均应加入此计划，由该计划提供医疗、住院、手术及残废等给付保障。

企业健康保险计划（Corporate Health Plans） 企业健康保险计划是指由雇主提供给员工的一种团体健康保险计划，借以作为员工的福利及激励员工为公司奋力工作。

团体意外伤害保险（Group Accidental Injury Insurance） 团体意外伤害保险，即团体意外保险，是一种以团体方式投保的人身意外保险形式，其保险责任、给付方式则与个人意外伤害保险相同。

保证续保健康保险（Guaranteed Renewable Health Insurance） 保证续保健康保险是指保证续约到特定年龄为止的健康保险业务，但保险人可以保留调整保费的权利，这一调整保费的权利仅对整体被保险人行使，而不是针对个别被保险人行使。

职业健康保险（Occupational Health Insurance） 职业健康保险，又称工伤保险，是指劳动者在工作中或在规定的特殊情况下，遭受意外伤害或患职业病导致暂时或永久丧失劳动能力以及死亡时，劳动者或其遗属从国家和社会获得物质帮助的一种社会保险制度。

简易健康保险（Smiple Health Insurance） 简易健康保险是指提供小额保障的一类健康保险，通常无须体检，以周缴或月缴方式缴纳保险费，由保险人派员到投保人的住所地收取保险费。

特定事故健康保险（Specified Accident Health Insurance） 特定事故健康保险是指仅承保某些特定风险如癌症的一类健康保险业务。

国民健康保险（National Health Insurance） 国民健康保险是指由一国政府依法订立，用来保障所有国民的社会健康保险制度。通常由政府指定的机构负责管理，收取保费或以税收补贴开支。

非职业健康保险（Non-occupational Health Insurance） 非职业健康保险是指对除被保险人所从事工作以外的原因导致的意外伤害与疾病提供保障的保险业务。大部分的健康险并不提供保障跟工作有关的理赔，因为这些项目属于工伤保险的承保范围。

超龄健康保险（Over-age Insurance） 超龄健康保险是指以承保超过一般健康保险所定最高投保年龄65岁者为对象的保险业务。

次标准体健康保险（Substandard Health Insurance） 次标准体健康保险是

四、健康保险业务（Health Insurance Business）

指为曾罹患如心脏病等重大疾病，或身体状况经评比低于标准体的投保人所提供的健康保险。保单可采用附加伤病除外批注的方式，将特定疾病的复发或医疗行为予以除外不保，或仅提供部分给付。

健康储蓄账户（Health Saving Account, HSA） 健康储蓄账户是美国近年来流行的一种新的医疗保险形式，特点是在加入一种自付额很高的医疗保险计划后，可以利用健康储蓄账户内的资金支付医疗费用，并享受免税待遇。如果存入健康储蓄账户的资金在当年没有用完，账户内的剩余资金可以累积到新的保险年度。退休后可以提取所有累积的资金用做其他用途。

家庭健康保险（Family Health Insurance） 家庭健康保险是指为家庭成员配备的，以被保险人（家庭成员）的身体为保险标的，使被保险人在疾病或意外事故所致伤害时发生的费用或损失获得补偿的一类保险。

个人契约健康保险（Individual Contract Health Insurance） 个人契约健康保险是指因个人投保所签发的健康保险合同，用来补偿其被保险人的医疗费用。相对于团体健康保险而言。

特种疾病保险（Disease－Specific Insurance） 特种疾病保险是指对特种疾病的医疗费用提供保障的保险。特种疾病包括心脏病、癌症、肾衰竭、脑中风、瘫痪、严重烧伤、爆发性肝炎、重大器官移植手术等，这些疾病往往给病人及其家庭带来高额医疗费用，造成严重的财务负担。为确保能够支付产生的各种费用，这种保险的保险金额比较高。特种疾病保险一般在被保险人被确诊为患有某种特种疾病后一次性支付保险金额。由于发病率较低，一般规定较低的免赔额，有时甚至没有免赔额与给付比例。

重大疾病保险（Critical Illness Insurance） 重大疾病保险是由商业保险公司经办的以特定重大疾病，如恶性肿瘤、心肌梗死、脑溢血等为保险对象，当被保险人患有上述疾病时，由保险公司对所发生的医疗费用给予适当补偿的一类保险。根据保费是否返还来划分，可分为消费型重大疾病保险和返还型重大疾病保险。

普通疾病保险（General Illness Insurance） 普通疾病保险是医疗保险中保险责任最广泛的一种，负责被保险人因疾病和意外伤害支出的门诊医疗费和住院医疗费。普通医疗保险一般采用团体方式承保，或者作为个人长期寿险的附加责任承保，一般采用补偿方式支付医疗保险金，并规定每次最高限额。

费用补偿型医疗保险（Expense Reimbursement Medical Insurance） 费用补偿型医疗保险是指根据被保险人实际发生的医疗费用支出，按照约定的标准确定保险金数额的一类医疗保险。其给付金额不得超过被保险人实际发生的医疗费用金额。

定额给付型医疗保险（Rationed Payment Medical Insurance） 定额给付型医疗保险是指保险人按照约定的数额给付保险金的医疗保险。定额给付型医疗保险不适用损失补偿原则，无论被保险人是否已从其他途径获得医疗费用补偿，保险人均按照责任条款的约定给付保险金。

住院医疗保险（Hospitalization Medical Insurance） 住院医疗保险，即住院医药费保险，是最常见、最基本的医疗费用保险，它是为被保险人在保险期间因意外伤害或疾病而住院治疗时所发生的医疗费用提供保障的一种保险。住院医疗保险不承担被保险人的门诊医疗费用，仅对被保险人因为住院治疗所发生的床位费、药费、治疗费、部分检查费等各项费用进行补偿。

手术医疗保险（Surgical Medical Insurance） 手术医疗保险属于单项医疗保险，只负责被保险人因施行手术而支出的医疗费，不论是门诊手术治疗还是住院手术治疗。手术医疗保险可以单独承保，也可以作为意外保险或人寿保险的附加险承保。采用补偿方式给付的手术医疗保险，只规定作为累计最高给付限额的保险金额；定额给付的手术医疗保险，保险公司只按被保险人施行手术的种类定额给付医疗保险费。

意外伤害医疗保险（Accidental Injury Medical Insurance） 意外伤害医疗保险是为被保险人因遭受意外伤害而支出的医疗费用提供保障的一种保险，一般是作为意外伤害保险的附加责任险。保险金额可以与基本险相同，也可以另外约定。通常采用补偿方式给付医疗保险金，不但要规定保险金额即给付限额，还要规定治疗期限。

保证续保条款（Guaranteed Renewable Provision） 保证续保条款是指在前一保险期间届满后，只要投保人提出续保申请，保险公司必须按照约定费率和原条款继续承保合同，而不能单方面改变合同中的任何条件的合同约定。

高额医疗费用保险（Major Medical Expense Insurance） 高额医疗费用保险是保障额度较高的医疗保险，属于一种高端消费型医疗保险，通常也被人们称为大额医疗保险，针对的是一些有特殊医疗保障需求的人。一般适用于要求保障范围更广的高收入者。高额医疗保险是对基本医疗保险的补充，对支付大病、重病医疗费用都有着重要的作用。

外科手术费用保险（Surgical Expense Insurance） 外科手术费用保险指为被保险人提供手术费用补偿的一种保险，包含外科医师、麻醉医师与手术室等费用。

疾病津贴（Sickness Benefits） 疾病津贴是指雇员（职工）在患病治疗期间的生活补贴。一般与就业期间的工资水平相联系，即工资高，则享受的标准高，工资低，则享受的标准低。在患病初期为工资的100%，超过一定期限后，则依据工龄的长短，以工资的一部分作为疾病津贴。给付期限，国际劳工组织建议一般不超过26周，我国为6个月。起始给付时间，依据国际劳工组织的建议，在患病后3天以内。

产妇津贴（Maternity Benefits） 产妇津贴，即生育津贴，是指国家法律、法规规定对职业妇女因生育而离开工作岗位期间，给予的生活费用。有的国家又叫生育现金补助。我国生育津贴的支付方式和支付标准分两种情况：一是在实行生育保险社会统筹的地区，支付标

四、健康保险业务（Health Insurance Business）

准按本企业上年度职工月平均工资的标准支付，期限不少于98天；二是在没有开展生育保险社会统筹的地区，生育津贴由本企业或单位支付，标准为女职工生育之前的基本工资和物价补贴，期限一般为98天。

门诊医疗费用保险（Outpatient Medical Fee Insurance） 门诊医疗费用保险是指主要为被保险人的门诊治疗费用提供保障的保险，门诊费用主要包括检查费、化验费、医药费等。

住院保险（Hospitalization Insurance） 住院保险是指仅给付住院期间所发生相关费用的健康保险，在美国此类保单都设有免赔额，若该保单无免赔额的规定，其相对给付额上限就低，称为基本住院给付保险（basic hospitalization policy）。

住院保单（Hospitalization Policy） 住院保单是指约定保险人承担被保险人住院期间所发生相关费用等责任以及保险当事人其他的权利与义务关系的协议。

高额住院费用保险（Major Hospitalization Insurance） 高额住院费用保险是指对被保险人住院期间所发生的各种费用，提供高限额给付，而被保险人一般须先承担较高自负额的一种健康保险。

大宗医疗费用保险（Major Medical Expense Insurance） 大宗医疗费用保险是指保险人对被保险人因患恶性疾病或久病不愈或受伤害而支付的巨额医疗费提供保障的一种健康保险。通常，保险人只支付免赔额后医疗费用的70%－80%，并且在保单规定的时间内有最高限额。

大宗住院保单（Major Hospitalization Policy） 大宗住院保单与大宗医疗保险不同之处在于该保单只适用于住院的开销。

医疗费用保险单（Physician's Expense Policy） 医疗费用保险单是指承保偿还被保险人垫（支）付医师（疗）治疗费用（除手术外）的保险合同。一般视为基本医疗保险单。

团体住院费用保险（Group Hospitalization Expense Insurance） 团体住院费用保险是团体健康保险的种类之一，在这种团体健康保险中，当被保险人在保险责任期开始后，因疾病而住院治疗时，保险人将负责给付其住院费用、治疗费用、医生出诊费用以及透视费用和化验费用等。

普通医疗保险（Regular Medical Insurance） 普通医疗保险，又称基本医疗保险，主要补偿被保险人因疾病和意外伤害所导致的直接费用。普通医疗保险一般采用费用补偿方式给付医疗保险金，大多数只对住院期间产生的医疗费用进行补偿，少数团体产品也对门诊医疗费用进行补偿。普通医疗保险的保险责任一般包括门诊医疗费用保障（仅限于对被保险人住院前后一段时间内的门诊诊断和治疗费用进行补偿）、住院医疗费用保障和手术医疗费用保障。对各项医疗费用的补偿一般都规定有非常严格的上限，同时很多医疗费用都被排除在保障范围之外。

普通医疗给付（Regular Medical Benefits） 普通医疗给付是普通医疗保险的一项保险责任，即对于被保险人因治疗疾病所产生的一般性医疗费用（主要包括门诊费用、医药费用、检查费用等），保险人按保险合同约定支付相应的保险金。

补充医疗费用保险（Supplementary Medical Insurance） 补充医疗费用保险是对医疗费用保险保障功能的补充、扩展或增强。医疗费用保险很少能为保险人提供全面保障，总是有很大的缺口——免赔额、共保额、最高给付金额的限制及不负责保障的一些医疗费用。因此出现了补充医疗保险，包括牙科费用保险、处方药费保险、眼科保健保险等。

团体补充医疗保险（Group Supplementary Medical Insurance） 团体补充医疗保险，也称团体高额医疗保险，是以团体为投保人，团体成员为被保险人，当被保险人因疾病住院时，保险人负责给付保单限额下，保险责任范围内的各项费用的一种团体保险，以排除基本医疗保险中的诸多限制为主要目的。

团体特种医疗费用保险（Group Special Medical Insurance） 团体特种医疗费用保险是指以团体为投保人，团体成员为被保险人，团体的特种医疗费用支出为保险人给付责任的一种团体保险。主要包括团体长期护理保险、团体牙科费用保险、团体眼科保健保险等。

团体长期护理保险（Group Long-term Care Insurance） 团体长期护理保险是指为那些因年老、疾病或伤残需要长期照顾的被保险人提供护理服务费用补偿的一种团体健康保险。可分为雇主型保险计划和非雇主型保险计划两种。雇主型保险计划是由雇主为其雇员以团体的形式购买的个人长期护理保险，其优点是：保费相对较低，免核保，雇员能够得到作为个人投保所不能得到的保险金给付方式。非雇主型保险计划是一些社会团体希望通过团体形式购买保险，以获得较好的保险条件，实际上是以特别的费率向团体中的个人提供个人保险。

团体牙科费用保险（Group Dental Expense Insurance） 团体牙科费用保险是以保险人为团体成员的牙齿常规检查、牙病预防、龋齿等口腔疾病治疗而提供医疗费用保障的一种团体健康保险。

团体眼科保健保险（Group Vision Care Insurance） 团体眼科保健保险是以保险人为团体成员接受眼科常规检查和视力矫正时所发生的医疗费用提供保障的一种团体健康保险。如眼科检查费、眼镜配置费、隐形眼镜等。

综合医疗费用保险（Comprehensive Medical Insurance） 综合医疗费用保险是指保险公司为被保险人提供的一种全面的医疗费用补偿的保险产品，其费用补偿范围包括门诊、住院、手术等一切费用。除医疗费用补偿外，综合医疗费用保险还可提供健康管理服务，包括年度体检，健康咨询，健康知识讲座，为患病的被保险人提供全国、全球第二医疗建议和预约专家等一系列服务。

医疗费用保险（Medical Expense Insurance） 医疗费用保险，即医疗保险，是指以保险合同约定的医疗行为的发生为给付保险金条件，为被保险人接受诊疗期间的医疗费用支付提供保障的一种保险。医疗费用保险补偿的费用一般包括门诊费用、药费、住院费用、住

四、健康保险业务 (Health Insurance Business)

院护理费用、医院杂费、手术费用和各种检查检验费用等。

总括医疗费用保险 (Blanket Medical Expense Insurance) 总括医疗费用保险是指保险人对被保险人因疾病或意外事故所致的费用不计项目，规定一个总的给付限额，在限额内给付的一种保险。其保险责任包括一切医疗费用，因此该险种的保险费率较高。

住院补偿保险 (Hospitalization Indemnity Insurance) 住院补偿保险是指被保险人因意外事故或疾病经保险公司指定或认可的医疗机构诊断必须住院治疗，对于约定范围内的医疗费用，扣除已获得的社会医疗保险或公费医疗补偿，保险公司按照被保险人的实际支出给付保险金的一种医疗保险。该给付不会超过被保险人的实际医疗费用支出。

一般住院医疗津贴 (General Hospitalization Medical Benefits) 一般住院医疗津贴是指被保险人因意外伤害或疾病经医院诊断必须住院治疗，保险公司根据事先约定的保险金额以及被保险人的住院日数给付的住院津贴。

癌症住院医疗津贴 (Cancer Hospitalization Medical Benefits) 癌症住院医疗津贴是指被保险人因罹患保险合同约定的癌症而住院治疗，保险公司根据合同约定金额向被保险人给付的津贴。

住院手术医疗津贴 (Hospital and Surgical Medical Benefits) 住院手术医疗津贴是指被保险人因意外伤害或疾病经医院诊断必须住院治疗，且在入住医院期间施行手术治疗的，保险公司根据手术等治疗项目使用次数按次给付治疗津贴。

长期护理社会保险 (Long-term Care Social Insurance) 长期护理社会保险是指由国家通过强制立法实施，不以营利为目的，由社会保险经办机构经营的长期护理保险业务。

长期护理商业保险 (Long-term Care Commercial Insurance) 长期护理商业保险是指通过订立保险合同运营，以营利为目的的保险形式，由专门的保险企业经营的长期护理保险业务。

单一责任护理保险 (Single Liability Care Insurance) 单一责任护理保险，仅提供长期护理保障，即只在被保险人满足保险公司规定的护理条件时才对保险合同进行给付的长期护理保险。

综合责任护理保险 (Comprehensive Liability Care Insurance) 综合责任护理保险即在承担长期护理责任的基础上，增加生存和死亡给付责任的长期护理保险，生存给付可采取一次性给付和年金给付的形式。

变额长期护理保险 (Variable Long-term Care Insurance) 变额长期护理保险是指在保险期内保险金额随资金运用实际业绩变化的一种长期护理保险产品。

万能长期护理保险 (Universal Long-term Care Insurance) 万能长期护理保险是至少在一个投资账户拥有一定资产价值的长期护理保险产品。其缴费方式灵活，除基本保障外，还有相应的投资收益。

变额万能长期护理保险 (Variable Universal Long-term Care Insurance)

变额万能长期护理保险是一种将万能险的缴费灵活性和变额长期护理保险的投资灵活性相结合的保险产品。

个人长期护理保险（Individual Long-term Care Insurance） 个人长期护理保险是为因年老、疾病或伤残而需要长期照顾的单一的被保险人提供护理服务和护理费用补偿的健康保险。

保额固定型长期护理保险（Long-term Care Insurance with Fixed Coverage） 保额固定型长期护理保险是指保险人按合同中约定的金额给付，保险金额固定不变的长期护理保险。

保额递增型长期护理保险（Long-term Care Insurance with Increased Coverage） 保额递增型长期护理保险是指随着生活费用指数和护理院的护理费用指数的变化，保险金额逐年增加的长期护理保险。

疾病身故保险金（Disease Death Benefits） 疾病身故保险金是指在长期护理保险中，若被保险人于合同生效之日起因疾病身故，保险公司按所交保险费扣除已经领取的长期护理保险金给付的保险金。

长期护理保险金（Long-term Care Benefits） 长期护理保险金是指在长期护理保险中，若被保险人达到合同约定的给付条件，保险公司于首次给付日起的每个给付对应日按合同载明的金额给付保险金，直至被保险人长期护理状态中止或保险期间届满。

老年护理保险金（Elderly Care Benefits） 老年护理保险金是指长期护理保险中，在被保险人年满65周岁至约定周岁（如84周岁）止，若被保险人在保单周年日仍然生存且本合同仍然有效，则保险公司在每个保单周年日按合同约定给付的保险金。

长寿护理保险金（Longevity Care Benefits） 长寿护理保险金是指长期护理保险中，被保险人达到保险公司的长寿标准（如年满85周岁）时，若被保险人仍然生存且本合同仍然有效，则保险公司按照合同约定给付给被保险人的保险金。

日常生活护理（Daily Life Nursing） 日常生活护理是指帮助被保险人在疾病和功能障碍的状况下恢复基本的生活功能，使其适应日常生活，或在健康状态下独立方便地生活。

生活护理（Life Care） 生活护理内容主要是照顾病人的清洁卫生，如洗头、口腔清洁、淋浴、更衣、铺床、修剪指（趾）甲等，以及一些必要的消毒。

饮食护理（Diet Care） 饮食护理，即根据病人病种病情的需要，制作特定的病号饭，科学合理安排病人饮食，以补充足够的营养，促进机体恢复。

分级护理（Grading Nursing） 分级护理，即根据对病人病情的轻、重、缓、急及病人自理能力的评估，给予不同级别的护理。可分为以下四级：特级护理、一级护理、二级护理、三级护理。

医护人员护理（Physicians Care） 医护人员护理属于护理中的最高级别，是在医师嘱咐下的24小时护理，由具有执业证书的护士或护理人员担任。

中度照护（Intermediate Care） 中度照护是指偶发性的护理与复健照护，

四、健康保险业务（Health Insurance Business）

须依医嘱，并由专业医疗人员执行。

中度照护机构（Intermediate Care Facility） 中度照护机构是美国健康照顾机构之一，获有关单位（州政府）的许可执照，为不需要医院或护理机构之医疗程度的人提供照护。

照顾式护理（Nursing Care） 照顾式护理是最基本的安养护理。它通常是非医疗性质的，使被保险人在日常生活起居上得到照顾，其护理人员不需要经过专业训练。

专业护理机构（Professional Care Institutions） 专业护理机构是由护理人员组成的，在一定社区范围内，为长期卧床患者、老人、残疾人、临终患者、绝症晚期和其他需要护理服务者提供基础护理、专科护理、根据医嘱进行处置、临终护理、消毒隔离技术指导、营养指导、社区康复指导、心理咨询、卫生宣教和其他护理服务的医疗机构。

社区护理机构（Community Health Nursing Institutions） 社区护理机构是将公共卫生学及护理学的知识与技能结合，借助有组织的社会力量以社区为基础，人群为服务对象，对个人、家庭及社区提供服务的机构。

家庭护理（Home Care） 家庭护理是指在服务对象的家里向病人提供治疗和护理，服务对象包括院外的所有年龄段的急、慢性病人和临终者。

医疗服务给付（Medical Service Benefit） 医疗服务给付是指在发生约定的保险事故时，保险公司向被保险人提供医疗护理服务的一种给付方式。

医疗服务保险（Medical Service Insurance） 医疗服务保险是指在发生保险事故时，保险公司向被保险人提供医疗护理服务，而非医疗费用补偿的一种保险。

日常生活活动失败（Failure of Activities of Daily Living） 日常生活活动失败是指经相关专科医师明确诊断或其他依法具有鉴定资格的机构明确鉴定被保险人丧失独立完成日常生活活动的能力。

日常生活活动（Activities of Daily Living，ADL） 日常生活活动是指一个人为了满足日常生活的需要每天所进行的必要活动，包括进食、梳妆、洗漱、洗澡、如厕、穿衣等，功能性移动包括翻身、从床上坐起、转移、行走、驱动轮椅、上下楼梯等。

认知能力障碍（Cognitive Impairment） 认知是机体认识和获取知识的智能加工过程，涉及学习、记忆、语言、思维、精神、情感等一系列随意、心理和社会行为。认知障碍指与上述学习记忆以及思维判断有关的大脑高级智能加工过程出现异常，从而引起严重的学习、记忆障碍，同时伴有失语、失用、失认、失行等改变的病理过程。

认知能力（Cognitive Ability） 认知能力是指人脑加工、储存和提取信息的能力，即人们对事物的构成、性能、与他物关系、发展动力、发展方向以及基本规律的把握能力。

费用补偿型长期护理保险（Expense Reimbursement Long-term Care Insurance） 费用补偿型长期护理保险是指在被保险人满足给付条件的前提下，保险人根据长期护理引发的实际费用进行给付，给付金额以保单所约定的金额为限的一种长期护理保险。

定额给付型长期护理保险（Quota Payment Long-term Care Insurance） 定额给付型长期护理保险是指在被保险人满足给付条件的前提下，保险人按保单约定的固定津贴额进行给付，而被保险人实际发生的护理费用对给付金额不产生影响的一种长期护理保险。

直接提供长期护理服务（Direct Provision of Long-term Care Services） 直接提供长期护理服务是指既不补偿被保险人支出的护理费用，也不给付津贴额，它是在被保险人满足给付条件的前提下，保险人直接向被保险人提供长期护理服务作为保险给付的方式。

特别护理（Special Nursing） 特别护理是适用病情危重、需随时观察，以便进行抢救的患者的一种护理方式。如严重创伤、复杂疑难的大手术后、器官移植、大面积灼伤，以及某些严重的内科疾患等。

护理费用（Nursing Fee） 护理费用是指生活需要特殊照顾或无法自理的人（如：住院病人，或在家因疾病吃喝拉撒有困难）需要他人护理而支出的费用。

社区护理（Community Care） 社区护理，即将公共卫生学及护理学的知识与技能结合，借助有组织的社会力量以社区为基础，人群为服务对象，对个人、家庭及社区提供护理服务。

护理服务机构（Nursing Service Organization） 护理服务机构是指由护理人员组成的，在一定社区范围内，为长期卧床患者、老人和婴幼儿、残疾人、临终患者、绝症晚期和其他需要护理服务者提供基础护理、专科护理、根据医嘱进行处置、临终护理、消毒隔离技术指导、营养指导、社区康复指导、心理咨询、卫生宣教和其他护理服务的医疗机构。

失能（Disability） 失能是指由于意外伤害或疾病导致身体或精神上的损伤，导致生活或社交能力的丧失。

失能收入损失保险（Disability Income Insurance） 失能收入损失保险，又称失能保险，是指以因保险合同约定的疾病或者意外伤害导致工作能力丧失为给付保险金条件，为被保险人在一定时期内收入减少或者中断提供保障的一种健康保险。

完全失能（Total Disability） 完全失能，即由于意外伤害或疾病导致身体或精神上的损伤，导致生活或社交能力的完全丧失。

部分失能（Partial Disability） 部分失能，又称半失能，即由于意外伤害或疾病导致身体或精神上的损伤，导致生活或社交能力的部分丧失。

劳动能力鉴定（Identification of Labor Ability） 劳动能力鉴定是指劳动者因工或非因工负伤以及患病后，劳动鉴定机构根据国家鉴定标准，运用有关政策和医学科学技术的方法、手段确定劳动者伤残程度和丧失劳动能力程度的一种综合评定。它是给予受伤害职工保险待遇的基础和前提条件，也是工伤保险管理工作的重要内容。

日常生活能力（Ability of Daily

四、健康保险业务（Health Insurance Business）

Living）日常生活活动能力反映了人们在家庭（或医疗机构）内和社区中活动的最基本的能力，因而是康复医学中很基本和很重要的研究对象。

工作能力（Operational Capability） 工作能力，在人力资源管理学上，是指对一个人担任一职位的一组标准化的要求，用以判断其是否称职。

收入（Income） 收入是指企业在日常活动中所形成的、会导致所有者权益增加的、非所有者投入资本的经济利益的总流入，包括销售商品收入、劳务收入、让渡资产使用权收入、利息收入、租金收入、股利收入等，但不包括为第三方或客户代收的款项。

保障（Security） 保障是指作为社会成员之间的某种意义上的交互动态的有限支撑和支持，比如：基本生存、基本生活、基本医疗、就业、失业、阶段性的免费义务教育、基本养老、居住条件、安全、合情合理、正当正义的言论自由等。它需要建立在全社会的文明和财富逐步增加及法治建设逐步完善来实现。

原职业全残（Total Disability of Original Occupation） 原职业全残，即残疾后无法从事本职业的工作。

劳动收入（Labor Income） 劳动收入指各类劳动者通过劳动获得的各种报酬。这里"各类劳动者"包括在各级国家机关、政党机关、社会团体及企业、事业单位工作的人员，私营和个体就业人员，乡镇企业就业人员，农村就业人员，其他就业人员，以及私营企业主、雇工的个体户主等。

非劳动收入（Non-labor Income） 非劳动收入是指劳动收入以外的通过其他途径获得的各种收入。主要包括财产性收入、经营性收入、转移性收入和其他收入等。

利息（Interest） 利息，一方面从其形式上看，是货币所有者因为发出货币资金而从借款者手中获得的报酬；另一方面，它是借贷者使用货币资金必须支付的代价。利息实质上是利润的一部分，是利润的特殊转化形式。

应税收入（Taxable Income） 应税收入是指纳税人的商品（产品）销售收入、劳务服务收入、营业收入、工程价款结算收入、工业性作业收入以及其他业务收入。

特殊条款（Particular Clause） 特殊条款是指健康保险所特有的条款，由于健康保险所承保的内容与一般人寿保险不同，故而其保单形式也存在很多不同之处，有些条款并不是每种医疗保险都有的。在保单条款中也有某些特殊的规定，例如自动垫付保费、保单贷款、无赔付优待等。

保费豁免（Waiver of Premium） 保费豁免是指在保险合同规定的缴费期内，投保人或被保险人达到某些特定的情况（如身故、残疾、重疾或轻症疾病等），由保险公司获准，同意投保人可以不再缴纳后续保费，保险合同仍然有效。

主合同（Master Contract） 根据合同相互间的主从关系，可以将合同分为主合同与从合同。所谓主合同，是指不需要其他合同的存在即可独立存在的合同。

康复（Recovery） 康复是指综合地、协调地应用医学的、教育的、社会的、职业的各种方法，使病、伤、残者（包括先天性残）已经丧失的功能尽快地、能尽最大可能地得到恢复和重建，使他们在体格上、精神上、社会上和经济上的能力得到尽可能的恢复，使他们重新走向生活，重新走向工作，重新走向社会。康复不仅针对疾病还着眼于整个人，从生理上、心理上，社会上及经济能力进行全面康复。

除外责任（Exclusions） 除外责任，又称责任免除，指保险人依照法律规定或合同约定，不承担保险责任的范围，是对保险责任的限制。

通货膨胀（Inflation） 通货膨胀是指在信用货币制度下，流通中的货币数量超过经济实际需要而引起的货币贬值和物价水平全面而持续的上涨。通俗地说，即在一段给定的时间内，给定经济体中的物价水平普遍持续增长，从而造成货币购买力的持续下降。

物价指数（Price Index） 物价指数，亦称商品价格指数，是反映各个时期商品价格水准变动情况的指数。物价指数是一个与某一特定日期一定组合的商品或劳务有关的价格计量。当该商品或劳务的价格发生了变化，其价格指数也随之变化。

社会保障金（Social Security Fund） 社会保障金是政府为解决未来可能面对的失业、医疗、养老等问题所采取的提前收取部分费用的项目。

额外保险费（Extra Premium） 额外保险费是指保险人对接受的非标准风险，为了使保险费水平与风险水平相一致，在基础保费上又额外增加的保费。

体检（Physical Examination） 体检，即体格检查的简称，指通过医学手段和方法对受检者的身体检查。被保险人投保寿险或健康险时，按保险公司要求进行身体检查，以确定被保险人是否符合核保标准或该被分类为次标准体或予以拒保，保险公司筛选医护人员并管理体检的进行，体检费用一般由保险公司支付，体检的结果同时也可用于决定失能的程度，作为保险用途的佐证。

免体检限额（Free Cover Limit） 免体检限额是指保险人根据被保险人的年龄分布确定的一个保险金额上限，如在投保申请过程中某个被保险人的保险金额不超过这个上限并且无任何告知异常，保险人将无需对被保险人体检。

医学核保（Medical Underwriting） 医学核保是指保险人获取被保险人身体健康状况的基本信息，从而评估被保险人是否达到保险合同所需的健康标准的过程。

生活方式核保（Lifestyle Underwriting） 生活方式核保是指保险人对被保险人的生活习惯、嗜好等进行评估，以决定是否承保和以何种条件承保的过程。

职业核保（Occupation Underwriting） 职业核保是指保险人对被保险人的职业风险情况进行评估，以决定是否承保和以何种条件承保的过程。

团体核保（Group Underwriting） 团体核保是指保险人对被保险团体的职

四、健康保险业务（Health Insurance Business）

业风险、身体状况、经济能力、投保动机进行评估，以决定是否承保和以何种条件承保的过程。

绝对患病风险（Absolute Disease Risk） 绝对患病风险是指被评价个体在当时的健康状况下，未来一定时间内发生特定疾病或症状的可能性。

相对患病风险（Relative Disease Risk） 相对患病风险是指被评价个体的绝对患病风险与同地区的相同年龄和性别的人群的平均风险水平相比所处的风险等级水平。

可干预患病风险（Modifiable Disease Risk） 可干预患病风险是指个体具有的可干预的健康危险因素造成的，未来一定时间内发生特定疾病或症状的可能性。

不可干预患病风险（Unmodifiable Disease Risk） 不可干预患病风险是指个体具有的不可干预的健康危险因素造成的，未来一定时间内发生特定疾病或症状的可能性。

危险因素（Risk Factors） 危险因素是指增加疾病或死亡发生的可能性的因素，即疾病的发生与该因素有一定的因果关系，但是尚无可靠的证据能够证明该因素的致病效应，但是当消除该因素时，疾病的发生概率也随之下降。

健康危险因素（Health Risk Factors） 健康危险因素是指机体内外存在的使疾病发生和死亡概率增加的诱发因素，包括个人特征、环境因素、生理参数、症状或亚临床疾病状态等。

健康风险分组（Health Risk Stratification） 健康风险分组是指根据一定的标准或原则将目标人群按照其包括的不同个体所具有的健康风险水平的高低进行有序分组的方法或过程。

可保性证明（Evidence of Insurability） 可保性证明是指投保人向保险人提供的足以影响保险人是否承保的书面陈述或相关证明，包括健康证明、财务证明等。

标准体（Standard Life） 标准体是人身保险中对被保险人身体状况的分类之一。标准体是指并未显示有健康不良现象，经保险公司以标准费率承保的被保险人。在保险公司承保的被保险人中，标准体应占绝大多数。

次标准体（Substandard Life） 次标准体是指未达承保标准但亦未到拒保程度的危险体。次标准体的承保，或采用削减给付的方式，或采取提高保险费的方式，也会限制投保的险种，具体按照其危险体的性质而定。

非标准体（Non-standard Life） 非标准体是指危险程度较高，其发生事故的可能性高于正常范围的被保险人的统称。

拒保（Declinature） 拒保是指由于被保险人的健康或职业风险超出了保险人能够承保的风险范围，风险相对集中，不能通过额外保费方式分摊风险或额外保费太高，为了保护广大投保人的利益，而不予受理其投保的行为。

高残率（Totally Permanent Disability Rate） 高残率是指符合保险合同规定的高残定义的人员数占观察对象总人数的比率。

生存率（Survival Rate） 生存率，

又称存活率，是指接受某种治疗的病人或患某病的人中，经若干年随访（通常为1、3、5年）后，尚存活的病人数所占的比例。生存率反映了疾病对生命的危害程度，可用于评价某些病程较长疾病的远期疗效。在某些慢性病如恶性肿瘤、心血管疾病、结核病等的研究中常常应用。

最高给付限额（Maximum Benefit） 最高给付限额是指在保险合同中约定的，保险人向被保险人给付医疗费用的最高限额。

分项给付限额（Sub-payment Limit） 分项给付限额是在总保额下又对每个项目设置了最高给付限额，总保额实际上就是各个分项的最高给付限额的总和。在健康保险合同中，将医疗费用细分为若干项，每一项医疗费用对应相应的保险金额，即为该分项的给付限额。

累计最高给付天数（Maximum Benefit Period） 累计最高给付天数是指在保险合同中约定的，保险人对被保险人单次住院给付保险金的最多天数，或每一保单年度的累计最多给付天数。

满期保险金（Maturity Benefit） 满期保险金是指保险期限届满时，保险人根据保险合同约定向被保险人给付的保险金。

身故保险金（Death Benefit） 身故保险金是指因保险事故造成被保险人死亡时，保险人根据保险合同约定向受益人给付的保险金。

生存保险金（Survival Benefit） 生存保险金是指被保险人生存至特定的时间或年龄时，保险人根据保险合同约定向被保险人给付的保险金。

残疾保险金（Disability Benefit） 残疾保险金是指因保险事故造成被保险人身体器官的缺失或功能的丧失时，保险人根据保险合同约定给付的保险金。

全残保险金（Full Disability Benefit） 全残保险金是指因保险事故导致被保险人全残时，保险人根据保险合同约定给付的保险金。

半残保险金（Partial Disability Benefit） 半残保险金是指因保险事故导致被保险人不能从事部分或大部分工作、但非完全丧失工作能力时，被保险人根据合同约定给付的保险金。

观察期（Probationary Period） 观察期是指在医疗保险、重大疾病保险这几类健康保险中，被保险人在首次投保时，从合同生效日算起的一段时间内，被保险人患病所发生的费用，保险公司不予赔付。

等待期（Waiting Period） 等待期是指自保险事故发生之日起到保险给付开始为止的期间，也称为免责期间。等待期只适用于第一个保单年度，对于可续保的保单来说，续保年度一般不再有等待期。

免责期（Elimination Period） 免责期，又称等待期，指保险合同在生效的指定时期内，即使发生保险事故，投保人也不能获得保险赔偿的期间。免责期是保险人为了防止被保险人带病投保，降低赔付率而做出的规定。多用于失能险，自被保险人失能之日起，持续失能不断达约定期间后，保险公司才开始给付失能保险金。

四、健康保险业务（Health Insurance Business）

生存期（Surviving Period） 生存期是指在重大疾病保险中，从被保险人被确诊患重大疾病当天开始，到其具有重大疾病保险金给付请求权之日的一段时间。

投保书（Proposal） 投保书是指投保人向保险人申请订立保险合同的书面要约。投保单一般由保险人按照事先统一格式印制，通常为表格形式。保险人一般在保险单内均注明投保单是保险合同的一部分，投保人对投保单上的询问应如实告知。

投保年龄（Age at Issue） 投保年龄，即常说的参加保险时的年龄。其对保险的保额，投保所需的保险费以及能否投保都有重要的影响，一般来说，老年人的投保较贵，而且保额低，儿童的保额一般低于成年人，而某些险种对于儿童和超过特定岁数的老年人士是不能投保的，这都是根据人的生理周期所制定的一项旨在维护保险业合法利益的规定。

年龄限制（Age Limit） 年龄限制是指保险人签发的某些保险单，对被保险人的年龄所界定的最高或最低限制。

医疗保险费（Medical Insurance Premium） 医疗保险费是指投保人购买医疗保险所需支付给商业保险公司的费用。

健康声明书（Health Declaration Statement） 健康声明书是一种声明被保险人的健康状况并无缺陷的签名文件，是合同效力中止保单在申请复效时必须具备的文件之一。

完全告知（Full Disclosure） 完全告知是指投保人要将已知和应知的与保险标的危险状况有关的任何重要事实告知保险人，不得保留。

有限告知（Inquire Disclosure） 有限告知是指投保人对保险人询问的问题必须如实告知，而对询问以外的问题，投保人没有义务告知。

确认保证（Affirmative Warranty） 确认保证是投保人或被保险人对过去或现在某一特定事实存在或不存在的保证。

承诺保证（Promissory Warranty） 承诺保证是指投保人对将来某一特定事项的作为或不作为，其保证事项涉及现在与将来，但不包括过去。

隐瞒（Concealment） 隐瞒是指投保人在申请投保时，对于保险人在核保时重要事项的询问，或是体检医生的询问，有故意隐瞒、过失遗漏，或有不完全的陈述。

虚假陈述（Fraudulent Statement） 虚假陈述是指投保人为诱使保险人接受其投保申请所做出的不实说明，该事项足以影响保险人是否承保以及承保条件。

保费免缴条款（Waiver of Premium Provision） 保费免缴条款是指合同有效期内，若投保人因意外伤害或疾病导致身故或"完全丧失劳动能力"，保险公司将自投保人被认定完全丧失劳动能力后的第一个保险费应缴日起，豁免主合同及其附加保险合同应缴的保险费，直到主合同缴费期满日的一项合同约定。豁免期内，主合同及其附加保险合同的各项利益不受任何影响。

免缴保险费（Waiver of Premium, WP） 免缴保险费是指在保险合同规定的缴费期内，投保人或被保险人达到某些特定的情况（如身故、残疾、重疾或轻症疾病等），由保险公司获准，同意投保人可以不再缴纳后续保费，保险合同仍然有效。

宽限期条款（Grace Period Provision） 宽限期条款规定在分期缴费的人寿保险中，如果投保人未按时缴纳第二期及以后各期的保险费时，在宽限期（一般为30天或60天）内保险合同仍然有效，如果发生保险事故，保险人仍予负责，但要从保险金中扣除所欠的保险费。如果宽限期结束后投保人仍然没有缴纳保险费，也无其他约定，则保险合同自宽限期结束的次日起失效。

等待期条款（Waiting Period Provision） 等待期条款是指被保险人若于等待期内罹患重大疾病，则保险人不负给付保险金的责任，只有在等待期间经过后第一次罹患重大疾病时才可申请理赔的一项合同规定。

观察期条款（Probationary Period Clause） 观察期条款是健康保险合同特有的条款，规定从健康保险合同生效日开始后一定时期内，对被保险人因疾病所致的医疗费用支出、收入损失以及身故等保险事故，保险公司不承担责任。观察期的长短根据不同的保险产品是不一样的，一般为90天或180天。

复效条款（Reinstatement Provision） 复效条款是指人身保险合同因投保人不按期缴纳保险费，致使保险合同失效后，若投保人在规定的期限内履行了合同义务，保险人同意使保险合同恢复法律效力的一项合同约定。保险人在中止期间不再承担赔付责任，直到投保人履行其合同义务时止。

保单贷款条款（Policy Loan Provision） 保单贷款条款是指保险费缴纳满一定时间产生现金价值后，投保人如有临时性经济上的需要，可以凭保险单证向保险人申请贷款的一种合同约定。其贷款的限额一般不得超过保险单现金价值的若干倍数，并应承担借款利息。

自杀条款（Suicide Clause） 自杀条款是人寿保险的常用条款之一。一般规定，在包含死亡责任的人寿保险合同中，保险合同生效后的一定时期内（一般为一年或两年）被保险人因自杀死亡属除外责任，保险人不给付保险金，仅退还所缴纳的部分保险费；而保险合同生效满一定期限之后被保险人因自杀死亡，保险人要承担保险责任，按照约定的保险金额给付保险金。

不可抗辩条款（Incontestable Clause） 不可抗辩条款是指自人身保险合同签订时起，超过法定年限（一般为两年）后，就成为无可争议的文件，保险人不能再以投保人在投保时违反最大诚信原则，没有履行告知义务等理由主张保险合同自始无效的一项合同规定。

年龄误告条款（Misstatement of Age Provision） 年龄误告条款是指人身保险投保时如果误报了被保险人的年龄，保险金额将根据真实年龄予以调整的合同规定。如果年龄已经超过可以承保的年龄限度，保险合同无效，保险人仅将已收到的保险费无息退还给投保人。

体检条款（Physical Examination Provision） 体检条款是指被保险人在提

四、健康保险业务（Health Insurance Business）

出索赔后，保险人有权要求被保险人接受由保险人指定的医生或医疗机构的体检，以便保险人确认索赔的有效性和具体赔付金额的合同规定。

通货膨胀保护条款（Inflation Protection Provision） 通货膨胀保护条款是要求保单根据通货膨胀指数进行给付或者按照每年3%或5%的比率调整给付额的一种合同约定。该条款是为了应对由于通货膨胀因素的存在，若干年后护理津贴很可能不足以支付逐年上升的护理费用的问题。

不丧失现金价值条款（Non-forfeiture Value Provision） 不丧失现金价值条款，又称不丧失价值任选条款，是指保险人在合理的范围内，允许投保人自由处理其保险单现金价值的一种合同约定。投保人一般有三种方式可供选择：退保、将原保险单的现金价值改为缴清保险、将原保险单的现金价值改为展期保险。

可续保条款（Renewal Provision） 可续保条款是指投保人在保险期满时不需要体检，即可续保一个期限和保额与原保单相同的定期寿险，但投保人续保时的年龄与续保次数不能超出保险公司的规定。常见的可续保条款有以下两类：保证续保条款、有条件续保条款。

保证可保性（Guaranteed Insurability） 保证可保性是人身保险中被保险人的一种选择权利，这种权利保证被保险人有权在指定的未来期间购买额外的保险，而不需要进行体检或提供其他的可保证明，费率以购买时达到的年龄为基础。

现时健康状况（Pre-existing Condition） 现时健康状况是指保险理赔时或经调查才发现被保险人在保单生效前就已经存在着符合保险给付的疾病。对此种情况，因其违反告知义务，保险不予负责赔偿。被保险人也不能以保险单已超过2年为由主张给付。

职业变更条款（Provision of Occupation Change） 职业变更条款规定：如果投保人的职业或工种发生变更，被保险人应及时通知保险公司，如果变更后的职业或者工种属于保险公司不承保职业或工种的，保险公司按合同约定退还本合同的未满期净保险费，如果未及时通知，发生保险事故时被保险人的职业或者工种属于拒保职业的，保险公司不承担给付保险金责任。

犹豫期条款（Free Examination Period Clause） 犹豫期条款是规定投保人可以撤销保险合同，并全额收回已交保费期限的一项条款。犹豫期的起算时间一般为保单送达日，或接收邮件邮戳的次日。根据《健康保险管理办法》第十五条规定："长期健康保险产品应当设置合同犹豫期，并在保险条款中列明投保人在犹豫期内的权利。长期健康保险产品的犹豫期不得少于10天。"

超额保险条款（Excess Insurance Clause） 超额保险条款是指规定当在有多个保险人或在某一保险人处有重复投保的情况下，被保险人实际获得的保险金不得超过其损失总额的一项条款。由于健康保险的保险金具有补偿性质，因此为防止被保险人因疾病或残疾后获利，一般在合同中设有超额保险条款。

理赔条款（Claim Provision） 理赔条款是规定理赔申请人有及时将损失通知保险人的义务，保险人有迅速理赔的责任的一项条款。《保险法》第二十三条规定：保险人收到被保险人或者受益人的赔偿或者给付保险金的请求后，应当及时做出核定；情形复杂的，应当在30日内做出核定，但合同另有约定的除外。保险人应当将核定结果通知被保险人或者受益人；对属于保险责任的，在与被保险人或者受益人达成赔偿或者给付保险金的协议后10日内，履行赔偿或者给付保险金义务。

生效日条款（Effective Date Clause） 生效日条款是指对保险合同的生效日期做出约定的条款。一般来讲，个人健康保险合同的生效日期是投保人在投保书上签字并缴纳首期保险费的次日零时。但在团体健康保险中，合同生效日期一般是双方达成协议的日期。此外，投保团体和保险人之间经常就生效日期做出一些特别的约定。

保险责任终止条款（Cessation Clause） 保险责任终止条款是指对保险责任终止的情形做出规定的条款。在个人健康保险中，一般规定在保险合同到期或宽限期结束而投保人仍未补缴所欠保费时，保险合同终止。而在团体健康保险中，除了以上原因，保险人对某些被保险人的保险责任还可能会因为该保险人被解雇、调换工作、合同内容修改等其他方面的原因终止。

既存状况条款（Pre-existing Condition Provision） 既存状况条款是指在保单生效的约定期间内，保险人对被保险人的既往病症不给付保险金的一项合同规定。在团体健康保险中，此条款的具体内容与个人健康保险有所不同。在团体险中，该条款规定除非被保险人享受保险保障已达到约定的期限，保险人不负对被保险人的既存状况给付保险金的责任；但被保险人如果对某一既存状况已连续3个月未因此而接受治疗，或者参加团体保险的时间已达12个月，则该病症不属于既存状况，由此而发生的医疗费用支出或收入损失可以向保险人提出赔付申请。

转换条款（Conversion Provision） 转换条款主要是针对团体医疗费用保险的一项合同约定。该条款允许团体被保险人在脱离团体后若购买个人医疗保险，可不提供可保证明。但是，被保险人不得以此进行重复保险。将团体健康保险转换为个人健康保险时，被保险人通常要缴纳较高的保费，有关保险金的给付也有更多的限制。

协调给付条款（Coordinate Payment Clause） 协调给付条款在美国和加拿大的团体健康保险中较常见，因为在这些国家，有资格享受多种团体医疗保险的被保险人较普遍，如双职工家庭可能享有双重团体医疗费用保险。该条款主要是为解决享有双重团体医疗费用的团体被保险人获得的双重保险金给付问题，而将两份保单分别规定为优先给付计划和第二给付计划。优先给付计划必须给付它所承诺的全额保险金；若其给付的保险金额不足被保险人所应花费的全部合理医疗费用，被保险人就可要求第二给付计划履行赔付差额部分保险金

四、健康保险业务（Health Insurance Business）

的责任，同时告知保险人优先给付计划的给付金额，第二给付计划根据协调给付条款支付保险金。

风险选择（Risk Selection） 风险选择是指保险人按照一定标准对投保人和保险标的的风险进行审核评估，以排除不合格的投保人和保险标的，防止不可保风险的介入。风险选择原则要求保险人充分认识、准确评价承保标的的风险种类与风险程度，以及投保金额的恰当与否，从而决定是否接受投保。

代理人核保（Agent Underwriting） 代理人核保也叫外勤核保，同时也被称为"第一次风险选择"。在健康保险承保的新业务中，大部分新业务的达成均有一个积累促成的过程，一般要经过邀约、面谈、促成等环节。在整个业务环节中，只有业务员是和投保人、被保险人接触过的人，因此对客户的投保动机、保险需求、健康状况、职业、财务状况等了解比较清楚。如果销售人员能审慎地搜集客户的有关信息并提供正确的报告，即可达到有效的风险选择，尽可能地避免逆选择的发展。

体检医师核保（Medical Physician Underwriting） 体检医师核保，也称"第二次风险选择"。主要内容有：听取告知；进行体检，收集体检报告；填写健康风险评估报告。

体检医生（Medical Examiner） 体检医生是指为投保寿险或健康险的被保险人进行体检的医师，是由保险公司选聘并支付薪资。

体检报告（Medical Examination Report） 体检报告是指在人寿与健康保险中，由医生或其他有资格检查者所填写的被保险人健康状况报告。此报告通常送交保险公司作为可保与否的医疗证明。体检报告是寿险合同的构成部分。

已体检合同（Examined Business） 已体检合同是指在寿险及健康保险中，被保险人已体检并在申请书上签名盖章，但尚未交付保险费的合同。

生存调查（Living Surveys） 生存调查是指保险人通过调查获取客户投保情况、健康状况、财务状况、职业与生活环境、生活习惯与嗜好等信息的过程。由于生存调查的成本较高，往往只能采取随机抽查或者针对一些特殊件（如有疑点的或保额过高）进行调查。

补充告知书（Supplementary Notification） 补充告知书是记录投保人在投保书之外就某些问题进行补充告知或对某项内容进行更为详细地告知，或是业务员根据了解的客户健康状况而补充的书面材料。

投保记录（Insurance History） 投保记录是指客户作为被保险人或投保人在保险经营机构购买保险产品的记录。

契约调查报告（Report of Contract Survey） 契约调查报告是指在契约成立前后，由调查人员收集被保险人各项资料，形成的为决定契约成立提供依据的书面文件。报告包括：（1）消息的取得途径和方法；（2）信息的可靠性及是否进行了查证；（3）调查时间、地点、参加人员；（4）被访者基本资料，被保险人具体职务、工种、个人情况、收入、资产分析情况，个人健康状况，住所情况；（5）契约调查过程中发现的投保过程异常；(6) 综合评估，给出契约调查意见，并签名；(7) 协助调查人员补充意见，并签名；(8) 契约调查过程中所收集到的其他必要的核保资料。

初级核保书（Primary Underwriting Report） 初级核保书是由营销员填写的寿险或健康险第一线的报告书，目的在于供保险公司决定是否要求被保险人体检，同时也可提供核保部门决定是否以特定弱体件承保的参考。

业务员报告书（Salesman Report） 业务员报告书，又称代理人报告，是保险业务人员在招揽业务过程中就保险公司提出的有关问题向被保险人询问及回答的书面记录，也包括代理人回答的有关被保险人基本情况的问题，如被保险人的财务状况、个人特点和居住条件及环境等。

拒保体（Objected Life） 拒保体是指被保险人的预期死亡率严重超过了通常可以接受的范围，其危险程度超过了可采用附加条件承保的次标准体。由于预期死亡率极高，为了维持经营的安全稳定性及广大客户的公平利益而采取拒保方式。

延期体（Deferred Life） 延期体是指保险公司在核保时，对于一些投保时风险不明的被保险人，需要延期一段时间进行观察，待到病情稳定或必要的核保资料取得后才能予以受理，这样的被保险人称为延期体。

加费承保（Additional Premium Underwriting） 加费承保是指客户综合危险程度超过保险公司所接受的标准化比率，但保险公司尚愿以增加额外保费的形式接受增高的风险的一种处理方式。

延期承保（Postponement Underwriting） 延期承保是指保险公司不明被保险人身体状况时，而采取的一种承保处理方式。待身体状况清楚后，决定是否承保。延后承保期限为1个月或3个月，超过1年则有拒保之意。

拒绝投保（Objections in the Interview） 拒绝投保是指保险销售过程中，准保户就营销员所做的保险计划，提出不愿购买或无法接受的负面陈述。

暂保收据（Binding Receipt） 一般来说，人身保险的暂保单又被称为暂保收据，是保险人签发正式保险单之前发出的临时凭证，其法律效力与正式保险单完全相同，只是有效期较短，一般为30天，正式保险单签发后，暂保单则自动失效。

健康险保单（Health Policy） 健康险保单是指投保人与保险人所订立的健康保险合同，约定被保险人受伤或患病时，由保险人支付所产生的医疗费用或致其收入中断的损失。

在途保单（Issued Business） 在途保单是指已经卖给被保险人且保险费已经缴纳的保单，只是保单尚未送达该被保险人。

承保限额（Underwriting Limit） 承保限额是指保险公司对承保业务对象加以分类，例如，财产保险针对不同行业类别及建筑等级做分类，并在承保准则中，预先设定对各类别业务，在没有临时再保险的支持下，愿意承接的最大保险金额。

可解除健康保险单（Cancellable

四、健康保险业务（Health Insurance Business）

Health Insurance Policy）可解除健康保险单是指规定被保险人或保险人双方均得在保险有效时间内，行使终止保险合同的权利的一类健康保险合同。

不可解除健康保险单（Non-cancellable Health Insurance Policy） 不可解除健康保险单是指保证可以续保至被保险人达到保单约定的限定年龄，保险人不得以任何理由增加保险费率的一类健康保险合同。

报案（Claim Notification） 报案是指在被保险人发生保险事故后，知情人将事故情况通知保险公司的行为。报案人的身份没有具体的限制，但报案是投保人、被保险人及受益人的法定义务。

立案（Claim Registration） 立案是指保险公司在接到索赔申请后，对保险金申请材料进行审核，对符合立案条件的，将报案内容记录在册的行为。

给付请求（Request for Payment） 给付请求是指保险事故发生后，被保险人或受益人依照保险合同约定向保险人请求给付保险金的行为。

简易赔案（Fast-track Claims） 简易赔案是指保险人认为保险事故造成的损失轻微、预计赔付的保险金金额在一定范围内，索赔材料齐全且保险责任认定明确的理赔案件。

索赔材料（Claim Document） 索赔材料是指投保人、被保险人或受益人向保险人提供的与确认保险事故性质、原因和损失程度等有关的证明和资料。

损失通知书（Notice of Loss） 损失通知书，亦称出险通知书，是指保险标的发生保险事故后，被保险人向保险人报告损失情况并提出赔偿要求的书面通知。损失通知书是被保险人索赔的重要文书，保险合同一般都规定，被保险人一旦获悉或发现保险标的发生保险事故，应在规定的日期内通知保险公司，否则，保险人有权拒绝赔偿。

损失证明（Proof of Loss） 损失证明是投保人、被保险人或受益人向保险人提供的有关保险事故造成的损失程度的证明。

索赔时效（Limitation Period） 索赔时效是指法律规定的被保险人和受益人享有的向保险公司提出赔偿或给付保险金权利的最长期限。我国《保险法》第27条规定，人寿保险以外的其他保险的被保险人或者受益人，对保险人请求赔偿或者给付保险金的权利，自其知道保险事故发生之日起2年不行使而消灭；人寿保险的被保险人或者受益人对保险人请求给付保险金的权利，自其知道保险事故发生之日起5年不行使而消灭。

报案延误（Reporting Delay） 报案延误是指投保人、被保险人或受益人实际报案时间迟于保险合同约定的或合理的报案时间。

案件撤销（Claim Withdrawal） 案件撤销是指由投保人、被保险人或受益人撤销理赔案件的行为。

保险欺诈（Insurance Fraud） 保险欺诈是指利用或假借保险合同谋取不法利益的行为，主要包括保险金诈骗类欺诈行为、非法经营保险业务类欺诈行为和保险合同欺骗类欺诈行为。可见，保险欺诈有狭义和广义之分。狭义的保险欺诈仅指投保方（投保人、被保险人和受益人）对保险人的欺诈。广义的保险欺诈既包括投保方的欺诈，也包括保险人的欺诈。

报案人（Reporter） 报案人是指发生保险事故后及时向保险人报告保险事故的个人。报案人可以是：(1) 投保人、被保险人或受益人或其亲属；(2) 代理人；(3) 当事人所在单位；(4) 其他受委托人。

索赔人（Claimant） 索赔人是指依据保险合同规定，就约定保险事故向保险公司提出索赔的人。

理赔联系人（Claim Contact） 理赔联系人即索赔人指定的能够联系到该索赔人的个人或单位。

赔案记录人（Claim Recorder） 赔案记录人是指受理报案、记录报案内容的保险公司雇员。

重大赔案联系人（Major Claim Contact） 重大赔案联系人是指保险公司指定的在重大理赔案件中负责同索赔人进行联系的保险公司雇员。

赔偿等待期（Waiting Period for Immunity） 赔偿等待期是指信用险的被保险人从遭受损失或造成损失事件发生到获得保险赔偿所等待的一段时间。所有信用险保单都规定，被保险人获得赔偿，在任何情况下都不得早于保单规定的赔偿等待期结束。

综合成本率（Combined Ratio） 综合成本率即保险公司的综合赔付率和综合费用率的总和。是保险公司用来核算经营成本的核心数据，综合成本率100％时，即代表收支相等，无承保营利，亦无承保亏损。

综合费用率（Expense Ratio） 综合费用率即保险公司营业费用、营业税金及附加、手续费支出、佣金支出、分保费用支出和保险保障基金等全部经营费用支出与净已赚保费的比率。

综合赔付率（Loss Ratio） 综合赔付率即保险公司已发生赔款支出与净已赚保费的比率，已发生赔款支出包括赔款支出、分保赔款支出与未决赔款准备金提转差，并扣除摊回赔款支出与追偿款收入。

救助（Salvation） 救助是指保险标的遭遇保险责任范围以内的灾害事故时，由保险人和被保险人以外的第三者为防止或减少损失而采取的救助行为。按照国际法规规定，获救方应向救助方支付相应的报酬，所支付的该项费用，被称为救助费用，它属于保险赔付范围。

施救（Sue and Labor） 施救是指保险标的在遭遇保险责任范围内的风险事故时，被保险人或其代理人、雇佣人员等为了防止或减少保险标的物的损失而采取的救助行动。

施救费用（Sue and Labor Costs） 施救费用是指保险标的在遭遇保险责任范围内的风险事故时，被保险人或其代理人、雇佣人员等为了避免或减少损失，采取各种抢救或防护措施而产生的合理和必要的费用。

救助担保人（Salvation Guarantor） 救助担保人是指在救助开始前、进行中或救助完成后，为被救助方提供担保以保证救助人在提供救助后能得到应有报酬的个人或单位。

**医疗保险除外责任（Exclusions of

四、健康保险业务（Health Insurance Business）

Medical Insurance）医疗保险除外责任是指保险人依照法律规定或合同约定，不承担保险责任的范围。医疗保险除外责任一般有：（1）美容手术（意外伤害所致的除外）；（2）军事行动或战争导致的疾病和伤害；（3）自身原因或犯罪行为所导致的人身伤害；（4）投保人申明的既往状态；（5）其他保险机构已支付的医疗费用或免费的医疗服务项目。

健康保险可续保性（Health Insurance Renewability） 健康保险可续保性是指健康保险中，保证被保险人续约至特定年龄为止（通常至65岁或终身），又分为保证费率续保或需调整费率续保。

不予续保（Do Not Renew） 不予续保是指保险人对某一保险单在保险期间届满时，自某一指定日期起不继续承保的行为。

骗赔（Fraudulent Claim） 骗赔是指被保险人或投保人采取欺诈手段获得保险赔款或领取保险金的行为。是一种道德风险。骗赔方式多种多样，如制造假案、隐瞒或虚构出险情节等。发生骗赔案件，保险人除追回赔款外，还可根据骗赔金额大小和情节轻重，或要求按《治安管理处罚法》处罚，或向法院起诉追究刑事责任。

健康保险理赔（Health Insurance Claim） 健康保险理赔是指被保险人遭受意外伤害事故或罹患保险责任范围内的疾病，保险人接受其索赔申请，依据保险合同的约定，对其罹患的约定疾病或发生的医疗费用、住院津贴、失能收入减少等情况进行审核、理算，并向被保险人（或受益人）进行赔偿或给付保险金的过程。

索赔（Claim） 索赔是指依保险单条款规定，向保险公司请求给付保险金的行为。

理赔理算人（Loss Adjuster） 理赔理算人是为保险公司审阅索赔材料、确定保险责任以及赔偿金额的个人或单位。

健康保险索赔人（Health Insurance Claimant） 健康保险索赔人是指在健康保险理赔过程中提出索赔的人，也称保险金申领人。健康保险索赔人既可以是投保人，也可以是被保险人或受益人，包括上述索赔人的代理人。在健康保险理赔中最常见的索赔人就是被保险人本人。

索赔委托书（Collecting Note） 索赔委托书是指被保险人授权保险经纪人（broker）代为索取保险赔款的委托书。

理赔条件（Claim Condition） 理赔条件是指保险单中约定的，被保险人在损失发生后，申请索赔时应先履行的各项义务。被保险人履行各项约定义务是保险人办理理赔的前提。

保单失效（Lapse of Policy） 保单失效是指投保人未按合同约定缴纳续期保费，到宽限期（每张保单均有60天的缴费宽限期）最后一日仍未将保费交齐，而使保单暂时失去效力，保单失效后，保险公司不再承担保险责任。投保人可在保单暂时失效日起2年内到保险公司申请复效，否则，保单将永久失效。

请求给付申请书（Affidavit of Claim） 请求给付申请书是指向保险公司申请理赔给付时，必须填写并签名的书面文件，内容详述求偿的事实，作为保险公司理赔的参考。

主治医师报告书（Attending Physician's Report） 主治医师报告书是指医师对于保险申请人的疾病或伤害的病症特点、治疗与愈后状况所做的报告书，此为个人隐私资料，通常仅提供给保险公司的医疗主管，保险公司应妥为保密以防止信息外泄。

病历（Medical Records） 病历是医务人员对患者疾病的发生、发展、转归，进行检查、诊断、治疗等医疗活动过程的记录。也是对采集到的资料加以归纳、整理、综合分析，按规定的格式和要求书写的患者医疗健康档案。

死亡证明（Death Certificate） 死亡证明是法医学中的专业术语，是法医或专业的医疗机构对公民死亡方式开出的书面证明。死于医疗卫生单位的，医疗单位出具《死亡医学证明》；对公民正常死亡无法取得医院出具的死亡证明的，由居（村）委会或卫生站（所）出具死亡证明；非正常死亡或卫生部门不能确定是否属于正常死亡者，由公安司法部门出具死亡证明；已经火化的，由殡葬部门出具火化证明。

基本健康险给付免赔额（Corridor Deductible） 基本健康险给付免赔额是指在基本健康险之上又加上高额医疗保险的健康保险合同，当被保险人申请高额医疗保险费用给付时，须先扣除基本健康保险给付的额度。超过基本健康保险给付上限的部分，再由高额医疗费用保险给付。

责任期（Period of Responsibility） 责任期是指保险公司对被保险人承担赔偿责任所指定的时间限制，通常为180天。医疗保险中的责任期限是为了应对被保险人在保险期限内患病，在保险期限外治愈的情况。即如果被保险人患病治疗超过保险期限，则保险人只对责任期限内的医疗费用开支负责。

共保（Coinsurance） 共保是指在健康保险产品中，保险公司和被保险人约定采用一种被称为"共同保险"的条款，共保比例通常也被约定为75%或80%。按照健康保险共保条款的规定，当保单约定的保险事故发生并造成损失时，保险公司仅负责向被保险人补偿损失金额的约定共保比例（如80%），被保险人将自己承担剩余部分的损失金额。

预付制（Prepayment） 预付制是指在医疗服务机构提供医疗服务之前，医疗保险机构按合同向医疗服务机构提前支付费用。

后付制（Post-payment） 后付制是指在提供医疗服务之后，医疗保险机构根据医疗费用开支的多少，向医疗机构或病人支付医疗费用。

健康保险给付（Health Insurance Benefits） 健康保险给付是指当健康保险的保险事故发生时，保险公司向被保险人或者受益人支付保险合同约定的保险金的行为。

健康保险财务统计表（Financial Statistical Statement of Health Insurance） 健康保险财务统计表为月报表，主要统计疾病保险、医疗保险、失能保险、护理保险四项业务。每项业务统计原保险保费收入、赔付支出、退保金三类项目，原保险保费收入、赔付支出适

四、健康保险业务（Health Insurance Business）

用于短期和长期健康险项目，退保金适用于长期健康险项目。

长期健康保险原保险保费收入统计表（Original Premium Income Statistical Statement of Long-term Health Insurance） 长期健康保险原保险保费收入统计表为月报表，主要统计疾病保险、医疗保险、失能保险、护理保险四项业务。每项业务统计新单保费、续保保费、新单和续期保费合计三个项目，其中新单保费中包含新单趸缴保费子项目。

健康保险经营利润表（Operating Profit Statement of Health Insurance） 健康保险经营利润表为月报表，主要包括短期健康险、长期健康险、合计三个项目。统计指标包括已赚保费、保险业务支出、承保利润、分摊的投资收益、经营利润相关指标。

健康保险销售渠道统计表（Statistical Statement of Health Insurance Sales Channel） 健康保险销售渠道统计表为月报表，健康保险销售渠道包括个人代理、公司直销、保险专业代理、银行邮政代理、其他兼业代理、保险经纪业务六个渠道。每个渠道统计原保险保费收入、手续费及佣金支出、保单件数、承保人次、保险金额五个指标。

健康保险业务统计表（Statistical Statement of Health Insurance Business） 健康保险业务统计表为季报表，主要统计疾病保险、医疗保险、失能保险、护理保险四项业务。每项业务统计保单件数、承保人次、保险金额、已决赔付人次、未决赔付人次、已决赔付金额、未决赔付金额七个指标。

费用补偿型医疗保险理赔统计表（Statistical Statement of Expense Reimbursement Medical Insurance Claim） 费用补偿型医疗保险理赔统计表为月报表，主要统计短期个人健康险、短期团体健康险、长期个人健康险、长期团体健康险四个项目。每个项目统计已决赔付人次（细分为总人次、门诊、住院、其他）以及已决赔付金额（细分为总金额、门诊、住院、其他）两个指标。

个人长期重疾险因统计表（Statistical Statement of Individual Long-term Critical Illness Insurance Causes） 个人长期重疾险因统计表为半年报表，主要对恶性肿瘤、急性心肌梗死、脑中风后遗症、重大器官移植术或造血干细胞移植术、冠状动脉搭桥术、终末期肾病、及其他重大疾病的险因进行统计，统计指标包括期末有效承保人次和已决赔付人次。

健康保险专项业务财务统计表（Financial Statistical Statement of Health Insurance Special Business） 健康保险专项业务财务统计表为季报表，专项业务包括新农合、新农合补充、城镇职工基本医疗、城镇职工补充医疗、城镇居民基本医疗、城镇居民补充医疗、医疗救助、企事业团体补充医疗八项业务。统计项目包括原保险保费收入、应收保费、赔付支出、专属费用、分摊的共同费用五个指标。

健康保险委托管理业务统计表（Statistical Statement of Health Insurance Commissioned Management Business） 健康保险委托管理业务统计表为

季报表，委托管理业务包括新农合、新农合补充、城镇职工基本医疗、城镇职工补充医疗、城镇居民基本医疗、城镇居民补充医疗、医疗救助、企事业团体补充医疗、其他委托管理业务九项业务。统计指标包括开办市县数、委托管理件数、应参保人数、实际参保人数、委托管理资金、补偿人次、补偿金额、理算人次、理算金额、管理费收入、专属费用十一个指标。

健康服务统计表（Statistical Statement of Health Service） 健康服务统计表为月报表，主要统计健康服务合同件数、参加健康服务人数、健康服务业务收入、健康服务业务支出四个指标，每个指标从本年累计、上年同期、同比增长三方面进行统计。

健康管理（Health Management） 健康管理是指对个人或人群的健康危险因素进行全面管理的过程。其宗旨是调动个人及集体的积极性，有效地利用有限的资源来达到最大的健康效果。在我国，健康管理服务由具有执业资格的健康管理师来提供。

健康风险（Health Risk） 健康风险是指作用于人的身体、影响人的健康的一种风险。具体是指在人的生命过程中，因自然、社会和人自身发展的诸多因素，导致人出现疾病、伤残以及造成健康损失的可能性。

个案管理（Case Management） 个案管理是指在健康管理或疾病管理过程中，按照实际业务需要，针对特定个体采取的单独管理过程，目的在于最有效地控制其健康风险或大额的医疗费用。

疾病管理（Disease Management） 疾病管理是指为系统性地增进医患沟通，并利用循证医学的方法指导和增强病人自我健康维护能力，从而延缓疾病进程，预防并发症发生，最终实现在提高医疗服务质量的同时有效控制医疗费用的目标的管理过程。

重大疾病管理（Critical Disease Management） 重大疾病管理是指针对重大的健康损伤和罕见疾病所开发的疾病管理过程。

伤残管理（Disability Management） 伤残管理是指为预防在各种劳动环境中出现健康损害并导致伤残，进而有效控制个体伤残所带来的医疗费用损失的管理过程。

生活方式管理（Lifestyle Management） 生活方式管理是运用健康行为矫正以及健康教育等手段，促使个人主动选择并保持健康的生活行为方式，从而有效控制个体和群体的医疗需求和健康风险的管理过程。

健康需求管理（Health Demand Management） 健康需求管理是针对社会健康需求建立设置具有生活、起居、环境、工作、家庭等卫生保健服务和医疗需求服务为基础的管理服务，从而减少个体或群体因不良的饮食、行为、睡眠、压力、运动等造成对机体伤害的担心和不必要的经费支出。

健康保险成本效益（Health Insurance Cost-Effectiveness） 健康保险成本效益是用于评价具体的健康或疾病管理项目实施效果的指标，主要从成本投入与效益产出相对比的角度来衡量项目

四、健康保险业务（Health Insurance Business）

达到的实际效果与设计目标之间的差距。

健康保险投资回报（Return on Health Insurance Investment） 健康保险投资回报是指健康管理或疾病管理项目的收益与投入的比值，其中项目收益指因个人及人群的健康水平改善而带来的生产力提高和医疗费用节省。

电子健康档案（Electronic Health Record，EHR） 电子健康档案是人们在健康相关活动中直接形成的具有保存备查价值的电子化历史记录。它是存储于计算机系统之中、面向个人提供服务、具有安全保密性能的终身个人健康档案。电子健康档案是以居民个人健康为核心，贯穿整个生命过程，涵盖各种健康相关因素、实现多渠道信息动态收集，满足居民自我保健、健康管理和健康决策需要的信息资源。

个人健康档案（Personal Health Record，PHR） 个人健康档案是以居民个人健康为核心、贯穿整个生命过程、涵盖各种健康相关因素的系统化文件记录，主要包括正常的健康状况、亚健康的疾病预防、健康保护促进、非健康的疾病治疗等。

医院信息系统（Hospital Information System，HIS） 医院信息系统是指医院管理和医疗活动中进行信息管理和联机操作的计算机应用系统，是覆盖医院所有业务和业务全过程的信息管理系统。主要指利用电子计算机和通信设备，为医院所属各部门提供病人诊疗信息和行政管理信息的收集、存储、处理、提取和数据交换的能力并满足授权用户的功能需求的平台。

电子病历（Electronic Medical Record，EMR） 电子病历也称计算机化的病案系统或基于计算机的病人记录。它是用电子设备（计算机、健康卡等）保存、管理、传输和重现的数字化的病人医疗记录，包括纸张病历的所有信息。

国际疾病分类（International Classification of Disease，ICD） 国际疾病分类是世界卫生组织（WHO）制定的国际统一的疾病分类方法，它根据疾病的病因、病理、临床表现和解剖位置等特性，将疾病分门别类，使其成为一个有序的组合，并用编码的方法来表示的系统。

智能健康管理（Intelligent Health Management） 智能健康管理是将医疗与信息技术相关部门、企事业单位的资源进行整合，通过信息化技术，研究健康管理信息的获取、传输、处理和反馈等内容，从而实现区域一体化协调医疗健康服务。

数字健康（eHealth） 数字健康是一种全新的健康生活方式，借助IT技术在预防、诊断、治疗、随诊、康复及健康促进全方位的应用，最大限度地整合和利用医疗健康资源，提高公众的健康状况。

移动健康（mHealth） 移动健康是把计算机技术、移动通信以及信息技术应用于整个医疗过程的一种新型的现代化医疗方式，是全面的医疗信息、医疗服务和健康管理服务的复杂系统。

智能健康（iHealth） 智能健康是指瞄准健康管理中海量、异构、智能、个性化服务等关键需求，创新性地研究并建立以组织化医疗中心为龙头的、区域一体化协同的、交互式诊断与干预的智能健康管理服务体系,实现对全人、全程、全方位的健康管理。

治未病(Preventive Treatment of Disease) 治未病是指采取相应的措施,防止疾病的发生发展。其在中医中的主要思想是:未病先防和既病防变。最早源自于《黄帝内经》所说:"上工治未病,不治已病,此之谓也"。

中医养生(Chinese Medicine Health Care) 中医养生是指通过各种方法颐养生命、增强体质、预防疾病,从而达到延年益寿的一种医事活动。中医养生重在整体性和系统性,目的是预防疾病,治未病。

循证医学(Evidence Based Medicine) 循证医学是指遵循证据的医学,又称实证医学,我国香港和台湾地区也译为证据医学。其核心思想是医疗决策(即病人的处理,治疗指南和医疗政策的制定等)应在现有的最好的临床研究依据基础上做出,同时也重视结合个人的临床经验。

健康管理师(Health Manager) 健康管理师是指从事对群体或个人健康和疾病的检测、分析、评估以及健康维护和健康促进的专业人员,是健康管家服务的主要提供者。

医疗保密(Medical Confidentiality) 医疗保密是指医务人员在医疗中不向他人泄露能造成医疗不良后果的有关病人疾病的隐私。医疗保密不仅指保守病人隐私和秘密,即为病人保密,而且也指在一些特定情况下不向病人透露真实病情,即对病人保密。此外,还包括保守医务人员的秘密。

健康信息资源(Health Information Resources) 健康信息资源是指人类在医疗卫生社会活动中所积累的以与健康相关的信息为核心的各类信息活动要素的集合。主要包括:(1)健康信息或数据;(2)健康信息生产者(健康或医学研究者、医务人员、数据收集与处理人员等);(3)设备、设施(仪器、计算机软硬件、网络通信设备等)。

健康信息技术(Health Information Technology) 健康信息技术是用于支持健康信息的采集、存储和交换的软件、硬件和基础设施的产品和系统,并构成规范化、自动化和智能化的支撑平台的信息技术应用的总称,其目的是提升质量、减少差错和提高效率,从而改善人类健康的医学服务提供。

健康管理信息平台(Health Management Information Platform) 健康管理信息平台是指由客户健康管理自主服务、医生健康管理工作互动指导和机构数据分析处理业务工作平台三大功能平台构成的信息管理平台。

医院信息系统(Hospital Information System,HIS) 医院信息系统是卫生领域目前应用最广泛和成功的医疗信息系统,主要包括医院管理信息系统和临床信息系统。医院管理信息系统的主要目标是支持医院的行政管理与事务处理业务,提高医院的工作效率,从而使医院能以较少的投入获得更好的社会效益和经济效益;临床信息系统的主要目标是支持医护人员的临床活动,收集和处理临床患者的医疗信息,积累临床医学

四、健康保险业务（Health Insurance Business）

数据，提供咨询，辅助诊疗，提高医护人员的工作效率，更好地为患者服务。

健康风险评估（Health Risk Assessment，HRA） 健康风险评估是用于描述和评估某一个体未来发生某种特定疾病或因为某种特定疾病导致死亡的可能性。这种分析过程目的在于估计特定时间发生的可能性，而不在于做出明确的诊断。

健康体检（Health Checkup/Health Examination） 健康体检是指以服务对象的健康需求为基础，按照早发现、早干预的原则来选择体检的项目，根据个体的年龄、性别、当前健康状况、居住生活环境和疾病家族史等进行适当调整。健康体检的结果对健康风险管理及干预具有明确的指导意义。

健康评估（Health Assessment） 健康评估是指根据收集的大量个人健康相关的信息，如个人健康史、疾病家族史、生活方式、心理状态等问卷获取的资料以及健康体检的结果，分析建立生活方式、环境、遗传等危险因素与健康状态之间的量化关系，确定服务对象的主要健康危险因素，并预测患病或死亡的危险性，为服务对象提供一系列的评估报告。

生活方式疾病（Lifestyle Diseases） 生活方式疾病是指与慢性病的行为生活方式或行为危险因素密切相关的疾病，如高血压、糖尿病、肺癌以及心脑血管等慢性疾病。

生活方式/行为评估（Life Style & Behavioral Health Assessment） 生活方式/行为评估是对个体或群体当前的行为生活方式进行评估，目的是帮助人们识别不健康的行为方式，并针对性地提出改进措施。生活方式评估主要从行为习惯、体力活动、膳食习惯与摄入量、心理与精神压力等方面来考虑。

不可控（变）的健康危险因素（Non-modifiable Health Risk Factors） 不可控（变）的健康危险因素是指健康危险因素按照是否可以纠正分为不可控的危险因素和可控的危险因素，不可控的危险因素主要有：家族遗传史、老龄化与性别、环境等。

可控（变）的健康危险因素（Modifiable Health Risk Factors） 可控（变）的健康危险因素是指通过干预措施能有效控制或减少的因素，这些因素主要是行为生活方式因素、卫生保健因素中的利用医疗服务的因素等。健康管理和临床预防服务就是针对可控危险因素开展工作。

合理营养（Rational Nutrition） 合理营养是指人体每天从食物中摄入的能量和各种营养素的量及其相互之间的比例能满足在不同生理阶段、不同劳动环境及不同劳动强度下的需要。

膳食指南（Dietary Guidelines） 膳食指南是根据营养学原则，结合国情制定的饮食指南。膳食指南是教育居民采取平衡膳食，以摄取合理营养、促进健康的指导性意见。世界上许多国家均根据自己的国情制定膳食指南，其基本要点是提供食物多样化和平衡膳食，避免摄入过多能量、脂肪和盐等，引导居民进行合理的食物消费。

营养干预（Nutrition Intervention） 营养干预是对人们营养上存在的问题进

行相应改进的对策，是改善人们营养状况的重要措施。

保健食品（Health Food） 保健食品又称功能食品（Functional Food），是指声称具有特定保健功能或者以补充维生素、矿物质为目的的食品，即适宜于特定人群食用，具有调节机体功能，不以治疗疾病为目的，并且对人体不产生任何急性、亚急性或者慢性危害的食品。

食源性疾病（Foodborne Disease） 食源性疾病是指食用不安全食品后，使食品中的各种致病因子通过摄食方式进入人体内引起具有感染或中毒性质的一类疾病。

身体活动（Physical Activity，PA） 身体活动是指由于骨骼肌收缩产生的机体能量消耗增加的活动。进行身体活动时，人体的反应包括心跳、呼吸加快、循环血量增加、代谢和产热加速等，这些是身体活动产生健康效应的生理基础。

健康教育（Health Education） 健康教育指是通过信息传播和行为干预，帮助个人和群体掌握卫生保健知识、树立健康观念，自愿采纳有利于健康的行为和生活方式的教育活动与过程。

健康促进（Health Promotion） 健康促进是指运用行政的或组织的手段，广泛协调社会各相关部门以及社区、家庭和个人，使其履行各自对健康的责任，共同维护和促进健康的一种社会行为和社会战略。

心理健康（Mental Health） 心理健康是指心理的各个方面及活动过程处于一种良好或正常的状态，是由社会经济和环境因素所决定，包括实现自身潜能、能应对日常生活压力、能有成就的工作、对所属社区有贡献等状态。

心理健康管理（Mental Health Management） 心理健康管理是指将健康管理学的理念运用于心理健康领域。针对个人的心理健康管理的定义为：运用健康管理学的理念，使个体能够达到和保持心理活动处于相对较高水平，达到身体、心理和社会适应完好状态的一系列活动。针对群体的心理健康管理的定义为：运用健康管理学的理念，由心理健康政策的制定及实施管理者（政府及相关部门）会同心理健康技术实施者（如医生、心理咨询师、基层保健人员、社区工作者等）对全民的心理状态进行管理，以期达到全民身心健康、社会和谐稳定的一系列过程。

心理咨询（Psychological Counseling） 心理咨询是指运用心理学的方法，对心理适应方面出现问题并企求解决问题的求询者提供心理援助的过程。

心理测量（Psychometrics） 心理测量是指依据一定的心理学理论，使用一定的操作程序，给人的能力、人格及心理健康等心理特性和行为确定出一种数量化的价值。广义的心理测量不仅包括以心理测验为工具的测量，也包括用观察法、访谈法、问卷法、实验法、心理物理法等方法进行的测量。

心理问题（Psychological Problem） 心理问题是指由大脑中枢神经控制系统所引发的一系列问题，它会间接的改变人的性格、世界观及情绪等。

将健康融入所有政策（Health in all Policies，HIAP） 将健康融入所有政策是

四、健康保险业务（Health Insurance Business）

世界卫生组织（WHO）提出的旨在改善人群健康和健康公平的公共政策制定方法，它要求各部门系统地考虑公共政策可能带来的影响，寻求部门之间的合作，避免政策对公众健康造成不良影响。

身故（Death） 身故是指死亡或去世，即人生命的终结。

残疾（Disability） 残疾是指人的身体遭受伤害而导致的影响正常生活的劳动的现象。构成残疾的现象包括：（1）由于疾病或外伤导致的一种现代医学条件下无法使之完全复原或治愈的状态。（2）由于病理损害导致的躯体生理功能或精神心理功能的低下或丧失的状态。根据联合国《残疾人权利宣言》，残疾人在家庭生活、教育、就业、住房、参加政治社团、利用公用设施、谋求经济自主等方面，有权充分参与并获得和健全人同等的机会。

先天性畸形（Fetal Anomaly） 先天性畸形也称胎儿畸形，是指胎儿在子宫内发生的结构或染色体异常。造成胎儿畸形的原因复杂，包括胎儿自身遗传性因素、母体或外界环境因素等。

意外伤害（Accidental Injury） 意外伤害是指遭受外来的、突发的、非本意的、非疾病的客观事件直接致使身体受到的伤害。

意外身故（Accidental Death） 意外身故是指因非本意的、外来条件导致的、突发性瞬间造成的事故，导致人体自身失去生命特征的结果。

意外残疾（Accidental Disability） 意外残疾是指意外所致的身体伤残，伤残等级在保险单的条款中有明确列表。一般来说，保险公司并不对所有的意外伤害都承担保险责任，只对符合保险合同约定的伤残程度和给付标准的意外伤害事故，按照合同约定的给付比例承担保险责任。

意外烧伤（Accidental Burns） 意外烧伤是指因意外事故导致烧烫伤，保险公司按烧烫伤程度给付等值于一定比例保险金额的烧烫伤保险金。

头部外伤（Head Injury） 头部外伤是指头皮裂伤多由锐器或钝器致伤。裂口大小，深度不一，创缘整齐或不整齐，有时伴有皮肤挫伤或缺损，由于头皮血管丰富，血管破裂后不易自行闭合，即使伤口小出血也较严重，甚至因此发生休克。

自我伤害（Self-injury） 自我伤害是指在心理病理学的研究上，自杀被归于"做出不利自己行为"的一类，而做出任何不利自己的行为，皆属于自我伤害行为。

疾病（Disease） 疾病是指在一定病因作用下自稳调节紊乱而发生的异常生命活动过程，并引发一系列代谢、功能、结构的变化，表现为症状、体征和行为的异常。疾病是机体在一定的条件下，受病因损害作用后，因自稳调节紊乱而发生的异常生命活动过程。

突发性疾病（Sudden Illness） 突发性疾病是指突然发作的、可能对患者的生命构成严重威胁的各种疾病。最常见的是心脑血管疾病和某些呼吸系统疾病，比如急性心肌梗塞、猝死、脑血管意外、严重的哮喘发作、低血糖发作等。

职业病（Occupational Disease） 职

业病是指企业、事业单位和个体经济组织等用人单位的劳动者在职业活动中，因接触粉尘、放射性物质和其他有毒、有害物质等因素而引起的疾病。

终末疾病（Terminal Disease） 终末疾病是指最终诊断被保险人处于疾病的终末期状态。疾病已经无法以现有的医疗技术治疗或缓解并且将导致被保险人在未来6个月内死亡。

疾病身故（Disease Death） 疾病身故也称非意外身故，与意外身故相对应，是由本身疾病而非外力所导致的身故。

全残（Total Disability） 全残也叫作"高残"，是指下列情形之一：（1）双目永久完全失明；（2）两上肢腕关节以上或两下肢踝关节以上缺失；（3）一上肢腕关节以上及一下肢踝关节以上缺失；（4）一目永久完全失明及一上肢腕关节以上缺失；（5）一目永久完全失明及一下肢踝关节以上缺失；（6）四肢关节机能永久完全丧失；（7）咀嚼、吞咽机能永久完全丧失；（8）中枢神经系统机能或胸、腹部脏器机能极度障碍，终身不能从事任何工作，为维持生命必要的日常生活活动，全需他人扶助的。

伤残等级（Grading of the Wounded and Disabled） 伤残等级是根据伤残的严重程度来判定，一般伤残的等级伤残分为一级到十级伤残，其中一级最重。

后遗伤残（Residual Disability） 后遗伤残是指疾病的病理过程结束，或在恢复期后症状体征消失，病因的致病作用基本终止，只遗留原有疾病所造成的形态或功能的异常。

永久完全残疾（Permanent Total Disability） 永久完全残疾是指被保险人由于疾病或意外事故导致维持人的生命活动的器官功能严重衰竭或缺失的，经相关权威医疗机构或医疗鉴定机构认定，被保险人完全和永久性的不能从事获得收入的活动或工作的情况。

恶性肿瘤（Cancer） 肿瘤是机体在各种致瘤因素作用下，局部组织的细胞在基因水平上失去对其生长的正常调控导致异常增生与分化而形成的新生物。与良性肿瘤相比，恶性肿瘤生长速度快，呈浸润性生长，易发生出血、坏死、溃疡等，并常有远处转移，造成人体消瘦、无力、贫血、食欲不振、发热以及严重的脏器功能受损等，最终造成患者死亡。

脑中风后遗症（Sequela of Cerebral Apoplexy） 脑中风后遗症是指在脑中风发病一年后，还存在半身不遂或者语言障碍或口眼歪斜等症状。该时期也称为脑中风后遗症期，与恢复期相比，恢复速度及程度较慢。

重大器官移植术（Major Organ Transplantation） 重大器官移植术是指因相应器官功能衰竭，已经实施了肾脏、肝脏、心脏或肺脏的异体移植手术。

造血干细胞移植术（Hematopoietic Stem Cell Transplantation） 造血干细胞移植术是指因造血功能损害或造血系统恶性肿瘤，已经实施了造血干细胞（包括骨髓造血干细胞、外周血造血干细胞和脐血造血干细胞）的异体移植手术。

终末期肾病（End Stage Renal Disease） 终末期肾病是指双肾功能慢性不可逆性衰竭，达到尿毒症期，经诊断后已经进行了至少90天的规律性透析治疗

四、健康保险业务（Health Insurance Business）

或实施了肾脏移植手术。

多个肢体缺失（Multiple Limb Defects） 多个肢体缺失是指因疾病或意外伤害导致两个或两个以上肢体自腕关节或踝关节近端（靠近躯干端）以上完全性断离。

急性重症肝炎（Fulminate Hepatitis） 急性重症肝炎是指因肝细胞功能损害在起病10天以内出现肝性脑病，严重凝血机制障碍，具有起病急、预后差、病死率高等特点。

亚急性重症肝炎（Subacute Hepatitis Sequestrans） 亚急性重症肝炎又称亚急性肝坏死，是由于肝组织发生亚大块坏死所致。临床表现为急性黄疸性肝炎起病，病情在10天以上8周以内。

良性脑肿瘤（Benign Brain Tumour） 良性脑肿瘤是指生长在颅内某一部位（多在脑神经组织外），组织分化良好，生长缓慢，多能根治的肿瘤。如脑膜瘤、垂体腺瘤、胚胎残余性肿瘤及血管肿瘤等。

慢性肝功能衰竭失代偿期（Decompensated Chronic Liver Failure） 慢性肝功能衰竭失代偿期是指因慢性肝脏疾病导致肝功能衰竭，须满足下列全部条件：（1）持续性黄疸；（2）腹水；（3）肝性脑病；（4）充血性脾肿大伴脾功能亢进或食管胃底静脉曲张。

脑炎后遗症（Post Encephalitis） 脑炎在经过急性期的积极治疗后，一些患者仍留有不同程度的肢体运动障碍、智力障碍、失语、眼球麻痹、吞咽困难等后遗症，采用多种及时有效的康复手段可以改善后遗症。

深度昏迷（Deep Coma） 昏迷是完全意识丧失的一种类型，是临床上的危重症。昏迷的发生，提示患者的脑皮质功能发生了严重障碍。深度昏迷是患者肌肉松弛，无任何自主动作，可有去大脑强直现象，对外界一切刺激均无反应。角膜反射、瞳孔反射、咳嗽反射均消失，各种浅深反射和病理反射消失。生命体征不稳定，大小便失禁。

失聪（Losing Hearing） 失聪俗称耳聋，即人的听觉阈提高，称为听阈上移或听力损失。有年老引起的，有噪声导致的，也有疾病、外伤等造成的。

失明（Blind） 失明又称为盲，指视力残疾中程度较重的一类。狭义指视力丧失到全无光感；广义指双眼失去辨别周围环境的能力。

瘫痪（Paralysis） 瘫痪是指随意运动功能的减低或丧失，是神经系统常见的症状，瘫痪是上、下运动神经元、锥体束及周围神经病变所致。

循环系统（Circulatory System） 循环系统是指生物体的细胞外液（包括血浆、淋巴和组织液）及其借以循环流动的管道组成的系统。循环系统是进行血液循环的动力和管道系统，由心血管系统和淋巴系统组成。

慢性心力衰竭（Chronic Heart Failure） 慢性心力衰竭是指持续存在的心力衰竭状态，可以稳定、恶化或失代偿。

急性心力衰竭（Acute Heart Failure） 急性心力衰竭是指急性发作或加重的左心功能异常所致的心肌收缩力降低、心脏负荷加重，造成急性心排血量骤降、肺循环压力升高、周围循环阻力增加，引起肺循环充血而出现急性肺瘀血、肺水肿并可伴组织、器官灌注不足和心源性休克的临床综合征，以左心衰竭最为常见。

原发性高血压（Primary Hypertension） 原发性高血压是由遗传和环境因素综合造成的，因不能发现导致血压升高的确切病因，故称为原发性高血压。

动脉粥样硬化（Atherosclerosis） 动脉粥样硬化是冠心病、脑梗死、外周血管病的主要原因。多因素共同作用引起的，发病机制复杂，主要危险因素有高血压、高血脂和大量吸烟，还有糖尿病、肥胖和遗传因素等。

冠状动脉粥样硬化心脏病（Coronary Atherosclerosis Heart Disease） 冠状动脉粥样硬化心脏病是指因冠状动脉血管发生动脉粥样硬化病变而引起血管腔狭窄或阻塞，造成心肌缺血、缺氧或坏死而导致的心脏病，常被称为"冠心病"。

二尖瓣狭窄（Mitral Stenosis） 二尖瓣狭窄是风湿性心脏病的后遗症，常见于成人。病人依据狭窄程度和代偿功能而出现症状，如气促、咯血和咳嗽，以及乏力、心悸、头昏等。

二尖瓣关闭不全（Mitral Inadequacy） 正常的二尖瓣关闭功能取决于瓣叶、瓣环、腱索、乳头肌、左心室这5个部分的完整结构和正常功能。这5个部分中的任一部分发生结构和功能的异常均可引起二尖瓣关闭不全。

原发性心肌病（Primary Cardiac Myopathy） 原发性心肌病是一组发病缓慢、病因未明、以心脏增大为特点、最后发展为心力衰竭的心脏病。

扩张型心肌病（Dilated Cardiomyopathy） 扩张型心肌病是一种原因未明的原发性心肌疾病。本病的特征为左或右心室或双侧心室扩大，并伴有心室收缩功能减退，伴或不伴充血性心力衰竭。室性或房性心律失常多见。病情呈进行性加重，死亡可发生于疾病的任何阶段。

肥厚型心肌病（Hypertrophic Cardiomyopathy） 肥厚型心肌病是一种原因不明的心肌疾病，特征为心室壁呈不对称性肥厚，常侵及室间隔，心室内腔变小，左心室血液充盈受阻，左心室舒张期顺应性下降。根据左心室流出道有无梗阻分为梗阻性及非梗阻性肥厚型心肌病，可能与遗传等有关。肥厚型心肌病有猝死风险，是运动性猝死的原因之一。

限制型心肌病（Restrictive Cardiomyopathy） 限制型心肌病是因心内膜及心内膜下心肌纤维化，引起心脏舒张期难于舒展及充盈受限，心脏舒张功能严重受损，而收缩功能保持正常或仅轻度受损的心肌病。

急性心包炎（Acute Pericarditis） 急性心包炎是由心包脏层和壁层急性炎症引起的综合征。临床特征包括胸痛、心包摩擦音和一系列异常心电图变化。

缩窄性心包炎（Constrictive Pericarditis） 缩窄性心包炎是由于心包慢性炎症所导致心包增厚、粘连甚至钙化，使心脏舒张、收缩受限，心功能减退，引起全身血液循环障碍的疾病多由结核性心包炎所致。

四、健康保险业务（Health Insurance Business）

呼吸系统（Respiratory System） 呼吸系统是执行机体和外界进行气体交换的器官的总称。呼吸系统的机能主要是与外界的进行气体交换，呼出二氧化碳，吸进氧气，进行新陈代谢。呼吸系统包括呼吸道（鼻腔、咽、喉、气管、支气管）和肺，呼吸道是气体进出肺的通道。

感染（Infection） 感染一般指病毒感染，是病原微生物以及寄生虫等侵入机体并生长繁殖引起的病理反应及对机体造成的损害。

过敏（Allergy） 过敏是指对某些物质（如细菌、花粉、食物或药物）、境遇（如精神、情绪激动或暴露阳光）或物理状况（如受冷）所产生的超常的或病理的反应。

粉尘（Dust） 粉尘是指悬浮在空气中的固体微粒。在大气中粉尘的存在是保持地球温度的主要原因之一，大气中过多或过少的粉尘将对环境产生灾难性的影响。但在生活和工作中，生产性粉尘是人类健康的天敌，是诱发多种疾病的主要原因。

有害气体（Noxious Gas） 有害气体是指对人或动物的健康产生不利影响，或者说对人和动物的健康虽无影响，但使人或动物感到不舒服，影响人或动物舒适度的气体。

肿瘤（Tumor） 肿瘤是指机体在各种致瘤因子作用下，局部组织细胞增生所形成的新生物，因为这种新生物多呈占位性块状突起，也称赘生物。

急性上呼吸道感染（Acute Upper Respiratory Infection） 急性上呼吸道感染简称上感，又称普通感冒。是包括鼻腔、咽或喉部急性炎症的总称。

急性气管-支气管炎（Acute Tracheobronchitis） 急性气管—支气管炎是由于生物性或非生物性致病因素引起的支气管树黏膜急性炎症，为一个独立病症，与慢性支气管炎不存在内在联系。本病属常见病，多发病，尤以小儿和老年多见。

慢性支气管炎（Chronic Bronchitis） 慢性支气管炎是气管、支气管黏膜及周围组织的慢性非特异性炎症。临床以咳嗽、咳痰为主要症状，每年发病持续3个月，连续2年或2年以上。

慢性阻塞性肺气肿（Chronic Obstructive Emphysema） 慢性阻塞性肺气肿分为局限性阻塞性肺气肿和弥漫性阻塞性肺气肿，现一般指慢性阻塞性肺疾病，是一种呼吸系统的病理改变。指呼吸细支气管以远的末梢肺组织因残气量增多而持久性扩张，伴有肺泡间隔破坏，以致肺组织弹性减弱，容积增大的一种病理状态。

支气管哮喘（Bronchial Asthma） 支气管哮喘是由多种细胞和细胞组分参与的气道慢性炎症性疾病，这种慢性炎症与气道高反应性相关，通常出现广泛而多变的可逆性气流受限，导致反复发作的喘息、气促、胸闷和（或）咳嗽等症状，多在夜间和（或）清晨发作、加剧，多数患者可自行缓解或经治疗缓解。

支气管扩张（Bronchiectasia） 支气管扩张是由于支气管及其周围肺组织慢性化脓性炎症和纤维化，使支气管壁的肌肉和弹性组织破坏，导致支气管变形及持久扩张。典型的症状有慢性咳嗽、咳大量脓痰和反复咯血。主要致病因素为支气管感染、阻塞和牵拉，部分有先天遗传因素。患者多有麻疹、百日咳或支气管肺炎等病史。

肺炎（Pneumonia） 肺炎是指终末气道、肺泡和肺间质的炎症。可由细菌、病毒、真菌、寄生虫等致病微生物，以及放射线、吸入性异物等理化因素引起。临床主要症状为发热、咳嗽、咳痰、痰中带血，可伴胸痛或呼吸困难等。

气胸（Aerothorax） 气胸是指气体进入胸膜腔，造成积气状态。多因肺部疾病或外力影响使肺组织和脏层胸膜破裂，或靠近肺表面的细微气肿泡破裂，肺和支气管内空气逸入胸膜腔。

肺结核（Pulmonary Tuberculosis） 肺结核是由结核分枝杆菌引起的慢性传染病，可侵及许多脏器，以肺部结核感染最为常见。排菌者为其重要的传染源。人体感染结核菌后不一定发病，当抵抗力降低或细胞介导的变态反应增高时，才可能引起临床发病。

肺癌（Lung Cancer） 肺癌是发病率和死亡率增长最快，对人群健康和生命威胁最大的恶性肿瘤之一。

消化系统（Alimentary System） 消化系统由消化道和消化腺两大部分组成。消化道包括：口腔、咽、食道、胃、小肠（十二指肠、空肠、回肠）和大肠（盲肠、阑尾、结肠、直肠、肛管）等。临床上常把口腔到十二指肠的这一段称上消化道，空肠以下的部分称下消化道。

胃炎（Gastritis） 胃炎是指由多种不同病因引起的胃黏膜急性和慢性炎症，常伴有上皮损伤、黏膜炎症反应和上皮再生。胃炎是最常见的消化系统疾病之一。

急性胃炎（Acute Gastritis） 急性胃炎是指由多种不同病因引起的胃黏膜急性和慢性炎症，常伴有上皮损伤、黏膜炎症反应和上皮再生。胃炎是最常见的消化系统疾病之一。

慢性胃炎（Chronic Gastritis） 慢性胃炎是指由不同病因引起的各种慢性胃黏膜炎性病变，是一种常见病，其发病率在各种胃病中居首位。

胃食管反流病（Gastroesophageal Reflux Disease） 胃食管反流病是指胃食管腔因过度接触（或暴露于）胃液而引起的临床胃食管反流症和食管黏膜损伤的疾病称为胃食管反流。胃食管反流及其并发症的发生是多因素的。其中包括食管本身抗反流机制的缺陷，如食管下括约肌功能障碍和食管体部运动异常等；也有食管外诸多机械因素的功能紊乱。

消化性溃疡（Peptic Ulcer） 消化性溃疡主要指发生于胃和十二指肠的慢性溃疡，是一多发病、常见病。溃疡的形成有各种因素，其中酸性胃液对黏膜的消化作用是溃疡形成的基本因素。

溃疡性结肠炎（Colitis Gravis） 溃疡性结肠炎是一种病因尚不十分清楚的结肠和直肠慢性非特异性炎症性疾病，病变局限于大肠黏膜及黏膜下层。病变多位于乙状结肠和直肠，也可延伸至降结肠，甚至整个结肠。病程漫长，常反复发作。

功能性胃肠炎（Functional Gastroenteritis） 功能性胃肠炎是一组功能性胃

肠道疾病，是生理、精神心理和社会因素相互作用而产生的消化系统疾病。

胰腺炎（Pancreatitis） 胰腺炎是指胰腺因胰蛋白酶的自身消化作用而引起的疾病。胰腺有水肿、充血，或出血、坏死。临床上出现腹痛、腹胀、恶心、呕吐、发热等症状。化验血和尿中淀粉酶含量升高等。

急性胰腺炎（Acute Pancreatitis） 急性胰腺炎是多种病因导致胰酶在胰腺内被激活后引起胰腺组织自身消化、水肿、出血甚至坏死的炎症反应。临床以急性上腹痛、恶心、呕吐、发热和血胰酶增高等为特点。

慢性胰腺炎（Chronic Pancreatitis） 慢性胰腺炎是由各种病因引起胰腺组织和功能不可逆改变的慢性炎症性疾病。基本病理特征包括胰腺实质慢性炎症损害和间质纤维化、胰腺实质钙化、胰管扩张及胰管结石等改变。临床主要表现为反复发作的上腹部疼痛和胰腺内、外分泌功能不全。

胆囊炎（Cholecystitis） 胆囊炎是一种较常见的疾病，发病率较高。根据其临床表现和临床经过，又可分为急性和慢性两种类型，常与胆石症合并存在。

胆石症（Cholelithiasis） 胆石症也称胆囊结石，主要见于成人，女性多于男性，40岁后发病率随年龄增长而增高。结石为胆固醇结石或以胆固醇为主的混合性结石和黑色胆色素结石。

阑尾炎（Appendicitis） 阑尾炎是指因多种因素而形成的炎性改变，为外科常见病，以青年最为多见，男性多于女性。临床上急性阑尾炎较为常见，各年龄段及妊娠期妇女均可发病。慢性阑尾炎较为少见。

内分泌系统（Endocrine System） 内分泌系统是一种整合性的调节机制，通过分泌特殊的化学物质来实现对有机体的控制与调节。同时它也是机体的重要调节系统，它与神经系统相辅相成，共同调节机体的生长发育和各种代谢，维持内环境的稳定，并影响行为和控制生殖等。

巨人症（Gigantism） 巨人症是由于腺垂体分泌生长激素过多所致。青少年因骨骺未闭形成巨人症；青春期后骨骺已融合则形成肢端肥大症；少数青春期起病至成年后继续发展形成巨人症。

肢端肥大症（Megalakria） 肢端肥大症是腺垂体分泌生长激素（GH）过多所致的体型和内脏器官异常肥大并伴有相应生理功能异常的一种内分泌与代谢性疾病。

甲状腺功能亢进（Hyperthyrea） 甲状腺功能亢进简称甲亢，是由于甲状腺合成释放过多的甲状腺激素，造成机体代谢亢进和交感神经兴奋，引起心悸、出汗、进食、便次增多和体重减少的病症。多数患者还常常同时有突眼、眼睑水肿、视力减退等症状。

皮质醇增多症（Hypercortisolism） 皮质醇增多症是由多种病因引起的以高皮质醇血症为特征的临床综合征，此外，长期应用外源性糖皮质激素或饮用酒精饮料等也可以引起类似库欣综合征的临床表现，此种类型称为类库欣综合征或药物性库欣综合征。主要表现为满月脸、多血质外貌、向心性肥胖、痤疮、紫纹、高血压、继发性糖尿病和骨质疏松等。

原发性醛固酮增多症（Primary Aldosteronism） 原发性醛固酮增多症是指肾上腺皮质分泌过量醛固酮，导致体内潴钠、排钾、血容量增多、肾素、血管紧张素系统活性受抑。临床主要表现为高血压伴低血钾。

垂体性侏儒症（Hypophysial Infantilism） 垂体性侏儒症是指垂体前叶功能障碍或下丘脑病变，使生长激素（Growth Hormone，GH）分泌不足而引起的生长发育缓慢，为身材矮小最常见的原因之一。

甲状腺机能减退症（Hypothyroidism） 甲状腺机能减退症简称甲减，系甲状腺激素合成甲状腺与分泌不足，或甲状腺激素生理效应不好而致的全身性疾病。

慢性肾上腺皮质功能减退症（Chronic Hypoadrenocorticism） 慢性肾上腺皮质功能减退症分为原发及继发性两类，原发性者又称阿狄森病，是由于自身免疫、结核、真菌等感染或肿瘤、白血病等原因破坏双侧肾上腺的绝大部分所引起的肾上腺皮质激素分泌不足。继发性者指下丘脑分泌CRF或垂体分泌ACTH不足所致。

糖尿病（Diabetes） 糖尿病是一组以高血糖为特征的代谢性疾病。高血糖则是由于胰岛素分泌缺陷或其生物作用受损，或两者兼有引起。糖尿病时长期存在的高血糖，导致各种组织，特别是眼、肾、心脏、血管、神经的慢性损害、功能障碍。

运动系统（Kinetic System） 运动系统由骨、骨连结和骨骼肌三种器官组成。骨以不同形式连结在一起，构成骨骼。形成了人体的基本形态，并为肌肉提供附着，在神经支配下，肌肉收缩，牵拉其所附着的骨，以可动的骨连结为枢纽，产生杠杆运动。运动系统主要的功能是运动。

风湿热（Acute Articular Rheumatism） 风湿热是一种与A组R溶血性链球菌感染有关的全身性结缔组织的非化脓性疾病，曾经是危害学龄儿童及青少年生命和健康的主要疾病之一，可累及心脏、关节、中枢神经系统和皮下组织，但以心脏和关节最为明显，临床表现为心肌炎、环形红斑、关节炎、舞蹈症和皮下结节。

类风湿关节炎（Rheumatoid Arthritis） 类风湿关节炎是一种病因未明的慢性、以炎性滑膜炎为主的系统性疾病。其特征是手、足小关节的多关节、对称性、侵袭性关节炎症，经常伴有关节外器官受累及血清类风湿因子阳性，可以导致关节畸形及功能丧失。

皮肌炎（Dermatomyositis） 皮肌炎是一种主要累及横纹肌，以淋巴细胞浸润为主的非化脓性炎症病变，可伴有或不伴有多种皮肤损害。临床上以对称性肢带肌、颈肌及咽肌无力为特征，常累及多种脏器，亦可伴发肿瘤和其他结缔组织病。

骨质疏松症（Osteoporosis） 骨质疏松症是由于多种原因导致的骨密度和骨质量下降，骨微结构破坏，造成骨脆性增加，从而容易发生骨折的全身性骨病。

四、健康保险业务（Health Insurance Business）

骨折（Cataclasis） 骨折是指骨结构的连续性完全或部分断裂。多见于儿童及老年人，中青年人也时有发生。病人常为一个部位骨折，少数为多发性骨折。经及时恰当处理，多数病人能恢复原来的功能，少数病人可遗留有不同程度的后遗症。

神经系统（Nervous System） 神经系统是机体内对生理功能活动的调节起主导作用的系统，主要由神经组织组成，分为中枢神经系统和周围神经系统两大部分。中枢神经系统又包括脑和脊髓，周围神经系统包括脑神经和脊神经。

周围神经系统（Peripheral Nervous System） 周围神经系统是指脑和脊髓以外的所有神经结构，包括神经节、神经干、神经丛及神经终末装置。

前列腺炎（Prostatitis） 前列腺炎是泌尿外科的常见病，在泌尿外科男性患者中50岁以下占首位。

癫痫（Epilepsia） 癫痫俗称的"羊角风"或"羊癫风"，是大脑神经元突发性异常放电，导致短暂的大脑功能障碍的一种慢性疾病。

脑出血（Hematencephalon） 脑出血是指非外伤性脑实质内血管破裂引起的出血，占全部脑卒中的20%—30%，急性期病死率为30%—40%。发生的原因主要与脑血管的病变有关，即与高血脂、糖尿病、高血压、血管的老化、吸烟等密切相关。

重症肌无力（Asthenic Bulbar Paralysis） 重症肌无力是一种由神经—肌肉接头处传递功能障碍所引起的自身免疫性疾病，临床主要表现为部分或全身骨骼肌无力和易疲劳，活动后症状加重，经休息后症状减轻。

多发性硬化（Disseminated Sclerosis） 多发性硬化是以中枢神经系统白质炎性脱髓鞘病变为主要特点的自身免疫病。本病最常累及的部位为脑室周围白质、视神经、脊髓、脑干和小脑，主要临床特点为中枢神经系统白质散在分布的多病灶与病程中呈现的缓解复发，症状和体征的空间多发性和病程的时间多发性。

精神疾病（Mental Sickness） 精神疾病是指在各种生物学、心理学以及社会环境因素影响下，大脑功能失调，导致认知、情感、意志和行为等精神活动出现不同程度障碍为临床表现的疾病。

泌尿系统（Urinary System） 泌尿系统是由肾脏、输尿管、膀胱及尿道组成。其主要功能为排泄。排泄是指机体代谢过程中所产生的各种不为机体所利用或者有害的物质向体外输送的生理过程。

急性肾小球肾炎（Acute Glomerulonephritis） 急性肾小球肾炎是以急性肾炎综合征为主要临床表现的一组原发性肾小球肾炎。其特点为急性起病，血尿、蛋白尿、水肿和高血压，可伴一过性氮质血症，具有自愈倾向。

原发性肾病综合征（Primary Nephrotic Syndrome） 肾病综合征是指临床表现以大量蛋白尿、低血浆白蛋白、高脂血症和水肿为特征的一组症候群。大量蛋白尿和低蛋白血症是诊断的必备条件，亦可伴有血尿和/或高血压和/或持续性肾功能损害。肾病综合征是由多种肾小球疾病引起，分为原发性和继发性两大类。因此临床上要排除继发于全身其他疾病引起的继发性肾病综合征（例如狼疮性肾炎、糖尿病肾病和紫癜性肾炎等）才能诊断为原发性肾病综合征。

慢性肾小球肾炎（Chronic Glomerulonephritis） 慢性肾小球肾炎简称慢性肾炎，系指蛋白尿、血尿、高血压、水肿为基本临床表现，起病方式各有不同，病变缓慢进展，可有不同程度的肾功能减退，具有肾功能恶化倾向和最终将发展为慢性肾衰竭的一组肾小球疾病。

肾盂肾炎（Pyelonephritis） 肾盂肾炎是尿路感染的常见病。由致病菌感染直接引起的肾盂、肾盏和肾实质的炎症。

慢性肾功能不全（Chronic Renal Insufficiency） 慢性肾功能不全是指各种原因造成慢性进行性肾实质损害，致使肾脏明显萎缩，不能维持基本功能，临床出现以代谢产物潴留，水、电解质、酸碱平衡失调，全身各系统受累为主要表现的临床综合征。

泌尿系统结石（Urolithiasis） 泌尿系统结石是指发生于泌尿系统的结石，又称尿石症。包括肾、输尿管、膀胱和尿道的结石。

生殖系统（Reproductive System） 生殖系统是生物体内的和生殖密切相关的器官成分的总称。生殖系统的功能是产生生殖细胞，繁殖新个体，分泌性激素和维持副性征。

乳腺囊性增生病（Cystic Hyperplasia of Breast） 乳腺囊性增生病是指以乳腺小叶小导管及末端导管高度扩张形成的囊肿为特征，伴有乳腺结构不良病变的疾病又称慢性囊性乳腺病、囊肿性脱皮性乳腺增生病、纤维囊性乳腺病等。

子宫肌瘤（Fibroid） 子宫肌瘤是女性生殖器官中最常见的一种良性肿瘤，也是人体中最常见的肿瘤之一，又称为纤维肌瘤、子宫纤维瘤。由于子宫肌瘤主要是由子宫平滑肌细胞增生而成，其中有少量纤维结缔组织作为一种支持组织而存在，故称为子宫平滑肌瘤较为确切。简称子宫肌瘤。

宫颈炎症（Cervicitis） 宫颈炎症是妇科常见疾病之一，包括子宫颈阴道部炎症及子宫颈管黏膜炎症。因子宫颈管阴道部鳞状上皮与阴道鳞状相延续，阴道炎症均可引起子宫颈阴道部炎症。

子宫内膜异位症（Endometriosis） 子宫内膜异位症是指有活性的内膜细胞种植在子宫内膜以外的位置而形成的一种女性常见妇科疾病。

前列腺增生（Hyperplasia of Prostate Gland） 前列腺增生是中老年男性常见疾病之一，随全球人口老年化发病日渐增多。前列腺增生的发病率随年龄递增，但有增生病变时不一定有临床症状。城镇发病率高于乡村，而且种族差异也影响增生程度。

病毒性肝炎（Viral Hepatitis） 病毒性肝炎是指由多种肝炎病毒引起的以肝脏病变为主的一种传染病。临床上以食欲减退、恶心、上腹部不适、肝区痛、乏力为主要表现。部分病人可有黄疸发热和肝大伴有肝功能损害。有些病人可慢性化，甚至发展成肝硬化，少数可发展为肝癌。

四、健康保险业务（Health Insurance Business）

甲型病毒性肝炎（Viral Hepatitis A） 甲型病毒性肝炎简称甲型肝炎、甲肝，是由甲型肝炎病毒（HAV）引起的，以肝脏炎症病变为主的传染病，主要通过粪、口途径传播，临床上以疲乏、食欲减退、肝肿大、肝功能异常为主要表现，部分病例出现黄疸，主要表现为急性肝炎，无症状感染者常见。

乙型病毒性肝炎（Viral Hepatitis B） 乙型病毒性肝炎是指由乙肝病毒（HBV）引起的、以肝脏炎性病变为主，并可引起多器官损害的一种疾病。乙肝广泛流行于世界各国，主要侵犯儿童及青壮年，少数患者可转化为肝硬化或肝癌。

丙型病毒性肝炎（Viral Hepatitis C） 丙型病毒性肝炎简称为丙型肝炎、丙肝，是一种由丙型肝炎病毒（HCV）感染引起的病毒性肝炎，主要经输血、针刺、吸毒等传播。

十二指肠溃疡（Duodenal Ulcer） 十二指肠溃疡是我国人群中常见病、多发病之一，是消化性溃疡的常见类型。好发于气候变化较大的冬春两季。男性发病率明显高于女性。

高脂血症（Hyperlipemia） 高脂血症是指血脂水平过高，可直接引起一些严重危害人体健康的疾病，如动脉粥样硬化、冠心病、胰腺炎等。

高尿酸血症（Hyperuricemia） 高尿酸血症是指在正常嘌呤饮食状态下，非同日两次空腹血尿酸水平男性高于420μmol/L，女性高于360μmol/L，即称为高尿酸血症。

痛风（Arthrolithiasis） 痛风是由单钠尿酸盐（MSU）沉积所致的晶体相关性关节病，与嘌呤代谢紊乱和（或）尿酸排泄减少所致的高尿酸血症直接相关，特指急性特征性关节炎和慢性痛风石疾病，主要包括急性发作性关节炎、痛风石形成、痛风石性慢性关节炎、尿酸盐肾病和尿酸性尿路结石，重者可出现关节残疾和肾功能不全。

脑卒中后遗症（Sequel of Stroke） 脑卒中后遗症是一种急性脑血管疾病，是由于脑部血管突然破裂或因血管阻塞导致血液不能流入大脑而引起脑组织损伤的一组疾病，包括缺血性和出血性卒中。

卵巢囊肿（Oophoritic Cyst） 卵巢囊肿是指女性生殖器常见肿瘤，有各种不同的性质和形态，即：一侧性或双侧性、囊性或实性、良性或恶性，其中以囊性多见，有一定的恶性比例。

脑内血肿（Intracerebral Hematoma） 脑内血肿的临床表现以进行性意识障碍加重为主，与急性硬脑膜下血肿甚相似。其意识障碍过程受原发性脑损伤程度和血肿形成的速度影响，由凹陷骨折所致者，可能有中间清醒期。

血胸（Hemothorax） 血胸是指全血积存在胸腔内，又称胸膜腔积血，胸腔积血。最常见的原因是创伤或外科手术。内科常见于脓胸和结核感染，还有胸膜或肺内肿瘤、凝血机制障碍等。

贫血（Anemia） 贫血是指人体外周血红细胞容量减少，低于正常范围下限的一种常见的临床症状。

系统性红斑狼疮（Systemic Lupus Erythematosus） 系统性红斑狼疮是一种

多发于青年女性的累及多脏器的自身免疫性炎症性结缔组织病，早期、轻型和不典型的病例日渐增多。

先天性疾病（Congenital Disease） 先天性疾病是指一出生就有的病。母亲在怀孕期间接触环境有害因素，如农药、有机溶剂、重金属等化学品，或过量暴露在各种射线下，或服用某些药物，或染上某些病菌，甚至一些习惯爱好，如桑拿（蒸汽浴）和饮食癖好，都可能引起胎儿先天异常，但不属于遗传疾病。

遗传性疾病（Hereditary Disease） 遗传性疾病是指因受精卵中的遗传物质（染色体、DNA）异常或生殖细胞所携带的遗传信息异常所引起的子代的性状异常。通俗的情况是精子和卵子里携带有病基因，然后传给子女并引起发病，而且这些子女结婚后还会把病传给下一代。这种代代相传的疾病，医学上称之为遗传病。

地方病（Endemia） 地方病是指具有严格的地方性区域特点的一类疾病。全国各省、自治区、直辖市都有不同的地方病发生。地方病主要发生于广大农村、山区、牧区等偏僻地区，病区呈灶状分布。

法定传染病（Notifiable Disease） 法定传染病是指各政府在其传染病防治法规内，列出特定项目的传染病发生时，医师或医疗机构需向卫生主管机关报告，并依照法律的规定进行治疗甚至隔离等措施。被列为法定传染病者通常具有传播速度快、病情严重、致死率高等特性。

矫形（Orthopedic） 矫形是指通过外科手术使人体恢复正常形态。

整形（Plastic） 整形的治疗范围主要是皮肤、肌肉及骨骼等创伤、疾病、先天性或后天性组织或器官的缺陷与畸形。治疗包括修复与再造两个内容。以手术方法进行自体的各种组织移植，也可采用异体、异种组织或组织代用品来修复各种原因所造成的组织缺损或畸形，以改善或恢复生理功能和外貌。

精神病（Mental Disease） 精神病是指严重的心理障碍，患者的认识、情感、意志、动作行为等心理活动均可出现持久的明显的异常；不能正常的学习、工作、生活、动作行为难以被一般人理解；在病态心理的支配下，有自杀或攻击、伤害他人的动作行为。

急性心肌梗死（Acute Myocardial Infarction） 急性心肌梗死是指因冠状动脉急性、持续性缺血缺氧所引起的心肌坏死。临床上多有剧烈而持久的胸骨后疼痛，休息及硝酸酯类药物不能完全缓解，伴有血清心肌酶活性增高及进行性心电图变化，可并发心律失常、休克或心力衰竭，常可危及生命。

再生障碍性贫血（Aplastic Anemia） 再生障碍性贫血是一组由多种病因所致的骨髓造血功能衰竭性综合征，以骨髓造血细胞增生减低和外周血全血细胞减少为特征，临床以贫血、出血和感染为主要表现。确切病因尚未明确，再障发病可能与化学药物、放射线、病毒感染及遗传因素有关。

大型手术（Major Surgery） 大型手术是指对病人有生命危险的手术。特指颅内、胸内、腹内或盆腔内的器官的手术。

四、健康保险业务（Health Insurance Business）

器官移植（Organ Transplant） 移植是指将一个个体的细胞、组织或器官用手术或其他方法，导入自体或另一个个体的某一部分，以替代原已丧失功能的一门技术。根据导入移植物不同，分为细胞、组织和器官移植。

冠状动脉搭桥（Coronary Artery Bypass Grafting） 冠状动脉搭桥是指冠状动脉旁路移植术即冠状动脉搭桥术，简称冠脉搭桥术，是国际上公认的治疗冠心病最有效的方法。

慢性肾衰竭（Chronic Renal Failure） 慢性肾衰竭是指各种原因造成慢性进行性肾实质损害，致使肾脏明显萎缩，不能维持基本功能，临床出现以代谢产物潴留，水、电解质、酸碱平衡失调，全身各系统受累为主要表现的临床综合征。

帕金森病（Parkinson's Disease） 帕金森病是一种常见的神经系统变性疾病，老年人多见，平均发病年龄为60岁左右，40岁以下起病的青年帕金森病较少见。

慢性肝衰竭（Chronic Liver Failure） 慢性肝衰竭是在肝硬化基础上，肝功能进行性减退导致的以腹水或门脉高压、凝血功能障碍和肝性脑病等为主要表现的慢性肝功能失代偿。

心脏瓣膜（Cardiac Valves） 膜在心脏永不停止的血液循环活动中扮演的角色即普通又关键：瓣膜相当于门卫，阻止血液回流于刚刚离开的心室。在心房与心室之间，在心室与离开心室的血管之间，都有瓣膜。

心脏瓣膜手术（Heart Valve Surgery） 心脏瓣膜手术也称为瓣膜成形术，即对损害的瓣膜进行修理。瓣膜成形术通常用于病变轻微的二尖瓣或三尖瓣，而对于严重的心脏瓣膜病变，特别是风湿性心脏瓣膜病，多选择瓣膜置换术。

慢性疾病（Chronic Disease） 慢性疾病是指不构成传染、具有长期积累形成疾病形态损害的疾病的总称。一旦防治不及，会造成经济、生命等方面的危害。

严重阿尔茨海默病（Alzheimer Disease） 严重阿尔茨海默病是一种起病隐匿的进行性发展的神经系统退行性疾病。临床上以记忆障碍、失语、失用、失认、视空间技能损害、执行功能障碍以及人格和行为改变等全面性痴呆表现为特征，病因迄今未明。65岁以前发病者，称早老性痴呆；65岁以后发病者称老年性痴呆。

脑损伤（Brain Damage） 脑损伤是指暴力作用于头部造成脑组织器质性损伤。根据伤后脑组织与外界相同与否分为开放性及闭合性脑损伤。根据暴力作用于头部时是否立即发生脑损伤，分为原发性脑损伤和继发性脑损伤。

烧伤（Burn） 烧伤是指热力，包括热液（水、汤、油等）、蒸气、高温气体、火焰、炽热金属液体或固体（如钢水、钢锭）等所引起的组织损害，主要指皮肤和/或黏膜，严重者也可伤及皮下或/和黏膜下组织，如肌肉、骨、关节甚至内脏。烫伤是由热液、蒸气等所引起的组织损害，是热力烧伤的一种。

原发性肺动脉高压（Primary Pulmonary Hypertension） 原发性肺动脉高

压是指肺小动脉原发增生性病变所致的闭塞性肺动脉高压，其病因可能是多方面的，先天性的肺小动脉病变是其中之一。

运动神经元病（Motor Neuron Disease） 运动神经元病是一组病因未明的选择性侵犯脊髓前角细胞、脑干运动神经元、皮层锥体细胞及锥体束的慢性进行性神经变性疾病。

语言能力丧失（Disability of Language Performance） 语言能力丧失是指因疾病或意外伤害导致完全丧失语言能力，经过积极治疗至少 12 个月（声带完全切除不受此时间限制），仍无法通过现有医疗手段恢复。

重型再生障碍性贫血（Severe Aplastic Anemia） 重型再生障碍性贫血简称重型再障，重型再障起病急，进展迅速，常以出血和感染发热为首起及主要表现。病初贫血常不明显，但随着病程发展，呈进行性进展。几乎均有出血倾向，60% 以上有内脏出血，主要表现为消化道出血、血尿、眼底出血（常伴有视力障碍）和颅内出血。

六项基本日常生活活动（6 Basic Activities of Daily Living） 六项基本日常生活活动是指穿衣、移动、行动、如厕、进食及洗澡等生活活动。

肢体机能完全丧失（Complete Loss of Limb Function） 肢体机能完全丧失是指疾病确诊 180 天后或意外伤害发生 180 天后，每肢三大关节中的两大关节仍然完全僵硬，或不能随意识活动。

语言能力完全丧失（Complete Loss of Language Ability） 语言能力完全丧失是指无法发出四种语音（包括口唇音、齿舌音、口盖音和喉头音）中的任何三种、或声带全部切除，或因大脑语言中枢受伤害而患失语症。

咀嚼吞咽能力完全丧失（Complete Loss of Chewing and Swallowing Ability） 咀嚼吞咽能力完全丧失是指因牙齿以外的原因导致器质障碍或机能障碍，以致不能作咀嚼吞咽运动，除流质食物外不能摄取或吞咽的状态。

永久不可逆（Permanent Irreversible） 永久不可逆是指自疾病确诊或意外伤害发生之日起，经过积极治疗 180 天后，仍无法通过现有医疗手段恢复。

艾滋病病毒感染者（Acquired Immunodeficiency Syndrome Patient） 艾滋病病毒感染者是指体内存在 HIV 病毒，但还未出现 AIDS 临床症状和体征的人。这是艾滋病存在的一个时期，之后随时都可能正式进入发病期。

重大疾病（Critical Disease） 重大疾病是指医治花费巨大且在较长一段时间内严重影响患者及其家庭的正常工作和生活的疾病，一般包括：恶性肿瘤、严重心脑血管疾病、需要进行重大器官移植的手术、有可能造成终身残疾的伤病、晚期慢性病、深度昏迷、永久性瘫痪、严重脑损伤、严重帕金森病和严重精神病等。

遗传性疾病（Hereditary Disease） 遗传性疾病是指由遗传物质发生改变而引起的或者是由致病基因所控制的疾病。遗传病是指完全或部分由遗传因素决定的疾病，常为先天性的，也可后天发病。

既往症（Anamnesis） 既往症是指

四、健康保险业务(Health Insurance Business)

被保险人在投保之前,身体上已经发生的疾病或是有健康上的异常。

住院(Hospitalization) 住院是指被保险人因疾病或意外伤害而入住医院的正式病房进行治疗,并正式办理住院手续,不包括入住门诊观察室、家庭病床、其他挂床住院及不合理住院。

每次住院(Per Hospitalization) 每次住院是指按一般规定,被保险人与前次住院原因相同,且前次出院与本次入院间隔未超过一定时间(一般为30日)的住院视为同一次住院。

医院(Hospital) 医院是指以向人提供医疗护理服务为主要目的医疗机构。其服务对象不仅包括患者和伤员,也包括处于特定生理状态的健康人(如孕妇、产妇、新生儿)以及完全健康的人(如来医院进行体格检查或口腔清洁的人)。

医生(Doctor) 医生是掌握医药卫生知识,从事疾病预防和治疗的专业人员的统称。

重症监护/特别护理(Intensive Care) 重症监护/特别护理是对病情危重或重大手术后随时可能发生意外的病人,严密观察和加强照顾的护理办法。

门诊(Outpatient Service) 门诊是指接诊病情表征较轻的病人,经过门诊医生一整套的诊断手段、辅助检查,给病人得出初步诊断,门诊医生能够对症治疗解决的,即给予病人进行治疗,如果门诊医生对病人病情有疑问或诊断为病情较重较急,则将病人收入住院病房,在医院作进一步检查或进行手术、治疗。

急诊(Emergency Treatment) 急诊是医院为急性病患者进行紧急治疗的门诊。

第二诊疗意见(Second Medical Opinion) 第二诊疗意见是在个人罹患疾病或遭受意外伤害并已经获得诊断(也就是第一医疗意见)的基础上,咨询遍布世界各地的顶尖级医疗机构所组成的咨询网络,以获得专业书面医疗建议。主要针对危及生命或改变生命状态的疾病,如癌症、良性肿瘤、先天性心脏疾病等。

手术(Surgical Operation) 手术是指医生用医疗器械对病人身体进行的切除、缝合等治疗。以刀、剪、针等器械在人体局部进行的操作,来维持患者的健康。是外科的主要治疗方法,俗称"开刀"。目的是医治或诊断疾病,如去除病变组织、修复损伤、移植器官、改善机体的功能和形态等。

住院费(Hospitalization Expenses) 住院费是指因生病导致住院产生的医疗费,是根据医疗机构出具的医药费、住院费等收款凭证,结合病历和诊断证明等相关证据确定。

住院杂项费及手术费(Hospital Miscellaneous and Surgical Expenses) 住院杂项费及手术费是指一般护理费、医药费、治疗费、诊疗费、检查费、化验费、放射费、麻醉费、输血费、输氧费、材料费、手术费。

床位费用(Bed Expenses) 床位费用是指被保险人住院期间使用的医院床位的费用,但不包括重症监护室床位费。

膳食费用(Board Expenses) 膳食费是指根据医生的医嘱且由医院内设的

专门为住院病人配餐的食堂配送的并符合通常惯例的膳食费用。

医疗费用（Medical Expenses）医疗费用是指受害人在遭受人身伤害之后接受医学上的检查、治疗与康复训练所必须支出的费用。医疗费不仅包括过去的医疗费用，如治疗费、医药费，也包括将来的医疗费用如康复费、整容费以及其他后续治疗费。

门诊医疗费用（Outpatient Medical Expenses）门诊医疗费用是指被保险人在医院进行门诊治疗发生的医疗费用，包括：医生诊疗费、药品费、治疗费、检查检验费、救护车费、门诊手术费等。

药品费用（Medicine Expenses）药品费用是指在住院以及门诊就医期间根据医生开具的处方所发生的西药、中成药和中草药的费用。

治疗费用（Treatment Expenses）治疗费用是指由医生或者护士对患者进行的除手术外的各种治疗项目而发生的治疗费，包括因清创、换药、拆线、脓肿切开引流、瘘管烧灼、血管穿刺、输血、输液、注射、肌肉封闭、吸氧、冷冻、激光、急救治疗、心肺复苏等而发生的治疗费，具体以所就诊医院的费用项目划分为准。

检查化验费用（Examination and Laboratory Test Expenses）检查化验费用是指门诊和急诊发生的以诊断疾病为目的，采取必要的医学手段进行检查及检验而发生的合理的医疗费用，包括X光费、心电图费、B超费、脑电图费、内窥镜费、肺功能仪费、分子生化检验费和血、尿、便常规检验费等。

手术费用（Surgery Expenses）手术费用是指实施手术所收取的费用，包括手术费、麻醉费、手术监测费、手术辅助费、未独立记账的术中用药费、手术设备费、合理且必要的手术植入材料费。

诊疗费用（Diagnosis Expenses）诊疗费用是指由医生所实施的病情咨询及检查、各种器械或者仪器检查、诊断、治疗方案拟订等各项医疗服务所收取的费用。

急救车费用（Ambulance Fare）急救车费用是指为抢救生命由急救中心派出的救护车费用及医院转诊过程中的医院用车费。

健康咨询（Health Consultation）健康咨询是指当某一个体遇到健康或诊疗疑问时，为其提供一般疾病、诊疗知识以及医疗机构和专家医生的相关信息，帮助其做出适宜选择的过程。

紧急救援服务（Emergency Services）紧急救援服务是指保险公司为保障被保险人在合同约定的保险期限内的安全与医疗保障而特别设计的保险特色服务，主要是通过紧急救援机构向被保险人提供全面的紧急救援保障。

五、

健康保险组织（Health Insurance Organization）

中华人民共和国国家卫生和计划生育委员会（National Health and Family Planning Commission of the People's Republic of China） 中华人民共和国国家卫生和计划生育委员会是国务院的组成部门，该部门根据第十二届全国人民代表大会第一次会议批准的《国务院机构改革和职能转变方案》和《国务院关于机构设置的通知》（国发〔2013〕14号）设立。委员会有内设机构21个，并管理国家中医药管理局，指导中国计划生育协会的业务工作。

中华人民共和国人力资源和社会保障部（Ministry of Human Resources and Social Security of the People's Republic of China） 中华人民共和国人力资源和社会保障部是统筹机关企事业单位人员管理和统筹城乡就业和社会保障政策的中国国家权力机构。2008年3月11日召开的十一届全国人大一次会议第四次全体会议上，"国务院机构改革方案"审议通过组建，同时组建国家公务员局，由人力资源和社会保障部管理，不再保留人事部、劳动和社会保障部。2008年3月31日正式挂牌，其官方网站也于同日开始运行。

中国保险监督管理委员会（China Insurance Regulatory Commission） 中国保险监督管理委员会是全国商业保险的主管机关，为国务院直属事业单位。鉴于我国实行银行与保险分业经营、分业监管的金融体系，为了加大对保险业统一监管的力度，围绕保险业风险防范与控制，1998年11月14日，经国务院批准，在北京成立中国保险监督管理委员会（简称"保监会"）。保监会的主要任务是：拟订有关商业保险的政策法规和行业发展规划；依法对保险企业经营活动进行监督管理和业务指导，维护市场秩序，依法查处保险企业违法违规行为，保护被保险人利益；培养和发展保险市场，推进保险业改革，完善保险市场体系，促进保险企业公平竞争，建立保险业风险的评价预警体系，防范和化解保险业风险，促进保险企业稳健经营与业务的健康发展。

中国保险行业协会（Insurance Association of China，IAC） 中国保险行

业协会简称"中保协",是经中国保险监督管理委员会审查同意并在国家民政部登记注册的中国保险业的全国性自律组织,是自愿结成的非营利性社会团体法人,成立于2001年2月23日。其职能有:督促会员依法合规经营;代表行业参与同行业改革发展、行业利益相关的决策论证,提出相关建议,维护行业合法权益;分别为监管机构、会员、保险消费者、行业从业者等提供针对性服务;建立会员间信息通联工作机制,促进业内交流;整合宣传资源,制定宣传规划,组织开展行业性的宣传和咨询活动。

中国医疗保险研究会（China Health Insurance Research Association, CHIRA） 中国医疗保险研究会是由全国从事医疗保险及其相关工作的单位及个人自愿组成的全国性、学术性社会团体,成立于2007年3月29日,属非营利性社团组织,主管单位为中华人民共和国人力资源和社会保障部。该组织的业务范围包括针对医疗保险理论、制度政策、管理等开展调查、研究及学术交流,利用相关数据分析研究医疗保险运行状况,开展针对医疗保险政策和管理的评估等。

中国非公立医疗机构协会（Chinese Non-government Medical Institutions Association, CNMIA） 中国非公立医疗机构协会是由依法获得医疗机构执业许可的非公立医疗机构、相关企事业单位和社会团体等有关组织和个人自愿结成的全国性、行业性、非营利性社会组织,成立于2014年8月20日,是中国国家一级协会,独立法人社团。主要职能和任务是宣传国家法律法规,贯彻国家卫生计生工作方针政策;维护非公立医疗机构及其医务人员的合法权益;针对发展中存在的突出问题开展调查研究,为国家制定相关法律法规、政策以及政府宏观决策提供依据;为非公立医疗机构提供各种服务,引导各类社会资本投资参与非公立医疗机构,开展行业及国际交流与合作。协会下设健康管理与健康保险分会。

中国新型农村合作医疗管理机构（New Rural Cooperative Medical Scheme Regulatory Agency） 中国新型农村合作医疗（简称"新农合"）的主管机构是中国人力资源与社会保障部。新农合与城镇居民医疗保险合并后,新农合基金由地方各行政区域设立的社会保险基金管理局（中心）进行统一管理。

中国公费、劳保医疗管理办公室（Free Medicare and Labor Medicare Administration Office） 中国公费、劳保医疗管理办公室是国家机关和行政事业单位中,负责管理公费劳保医疗福利事务的部门,经费由财政部门直接拨付。

中国定点医疗机构（Designated Medical Institution） 中国定点医疗机构是指经统筹地区劳动保障行政管理部门审查,与医疗保险经办机构签订协议,并经社会保险经办机构确定的,为城镇职工基本医疗保险参保人员提供医疗服务,并承担相应责任的医疗机构。包括公立医疗机构和具有一定资质的民营医疗机构。定点医疗机构自人力资源和社会保障局批准之日起,将悬挂人力资源和社会保障局颁发的定点医疗机构标牌。

五、健康保险组织（Health Insurance Organization）

医疗纠纷人民调解委员会（People's Mediation Committee of Medical Disputes） 医疗纠纷人民调解委员会是中国人民调解机制中针对医疗纠纷所设立的地方专门机构，由司法部门牵头组建，负责本地的医疗纠纷调解工作，属于在民政部门登记的社会组织。医疗纠纷人民调解委员会一般由司法人员、异地医学专家、律师组成，实行动态管理，建立异地医学专家库，按专业随机选择异地医学专家做医疗纠纷医学鉴定，以确保医疗纠纷医学鉴定的公正性和权威性。

中国人民健康保险股份有限公司（PICC Health Insurance Company Limited） 中国人民健康保险股份有限公司简称"中国人保健康"，成立于2005年3月31日，系国务院同意、中国保监会批准设立的国内第一家专业健康保险公司，由世界500强企业中国人民保险集团公司（PICC）联合欧洲最大的健康保险公司德国健康保险股份公司（DKV）发起设立，目前公司注册资本金85.68亿元，已设立25家省级分公司、109家地市级机构、99家县区级机构和97家互动部，保费收入居国内专业健康保险公司首位。

平安健康保险股份有限公司（Pingan Health Insurance Company Limited） 平安健康保险股份有限公司是中国平安集团旗下的专业健康保险公司，2005年6月13日经中国保险监督管理委员会批准设立，公司注册资本人民币6.25亿元，总部设在中国上海。2010年8月中国平安保险（集团）股份有限公司与南非最大的健康保险公司Discovery签署合作协议，为平安健康保险引进战略投资者。该公司的主要业务范围包括各类健康保险业务、意外伤害保险业务、政府委托管理健康保险业务、健康咨询服务业务、健康保险再保险业务等。

昆仑健康保险股份有限公司（Kunlun Health Insurance Company Limited） 昆仑健康保险股份有限公司简称"昆仑健康"，是经中国保险监督管理委员会正式批准，于2006年1月12日成立的专业健康保险公司，总部设于北京，公司注册资本为人民币23.42亿元。经营范围包括：各种人民币和外币健康保险、意外伤害保险业务；与国家医疗保障政策配套、受政府委托的健康保险业务；与健康保险有关的咨询服务、代理、再保险业务以及资金运用等其他业务。

和谐健康保险股份有限公司（Hexie Health Insurance Company Limited） 和谐健康保险股份有限公司简称"和谐健康"，原名为"瑞福德健康保险"，是经中国保险监督管理委员会批准，于2006年1月12日正式设立的专业健康保险公司。2010年安邦保险收购了瑞福德健康保险，更名为"和谐健康保险"。公司总部设在成都，注册资本为人民币89亿元，拥有上海、江苏两家省级分公司及六家地市级机构，初步形成了覆盖华东地区的服务网络。

太保安联健康保险股份有限公司（CPIC Allianz Health Insurance Company Limited） 太保安联健康保险股份有限公司简称"太保安联"，是经中国保险监督管理委员会正式批准，于2014

年 12 月 10 日在上海市工商局登记成立的专业健康保险公司，隶属中国太平洋保险（集团）股份有限公司旗下，由两家世界 500 强企业中国太保和德国安联保险集团（Allianz SE）发起设立。公司总部设在上海，注册资本为人民币 10 亿元。经营范围包括各种人民币和外币的健康保险业务、意外伤害保险业务等。

复星联合健康保险股份有限公司（FOSUN United Health Insurance Company Limited） 复星联合健康保险股份有限公司是由复星集团、宜华房地产开发有限公司、西子资产管理有限公司、东银控股集团有限公司等六家股东共同发起设立的专业健康保险公司，2016 年 8 月 3 日经中国保险监督管理委员会发文正式批准成立。公司注册资本为人民币 5 亿元，注册地为广东省广州市，主要业务是向个人和企业团体客户提供健康保障及健康管理服务，包括各类医疗保险、疾病保险、失能收入损失保险、护理保险、意外保险业务等。

瑞华健康保险股份有限公司（Ruihua Health Insurance Company Limited） 瑞华健康保险股份有限公司是由中国保监会于 2016 年 12 月 9 日发文批准筹建的专业健康保险公司，公司注册资本为人民币 5 亿元，注册地为陕西省西安市，营业场所位于上海。

蓝虎健康（Lanhu Health） 蓝虎健康是中国一家会员制网络互助健康医疗保险平台，成立于 2016 年。该平台主要致力于用互联网思维和技术创建健康联合保障平台。其产品（截至 2017 年）主要分为两类，一是以会员之间的相互保障承诺为基础的"互助健康计划"，二是在相互保障的基础上，与国际标准的医疗机构、健康机构、保险公司合作，为其会员提供健康医疗服务和健康保险。

北京大学医学部（Peking University Health Science Center） 北京大学医学部的前身是国立北京医学专门学校，创建于 1912 年 10 月 26 日，是中国政府教育部依靠中国自己的力量开办的第一所专门传授西方医学的国立医学院。2000 年，该校与北京大学合并，组建了新的北京大学，北京医科大学成为北京大学医学部。其借鉴国外公共卫生硕士（MPH）培养经验开设了公共卫生硕士项目，下设 6 个学科方向，包括卫生事业管理、疾病预防与控制、卫生学与卫生执法监督、妇儿保健与人口健康、社区卫生与健康促进和临床评价。其中卫生事业管理专业方向开设了卫生事业管理、卫生政策分析、成本分析、医院管理、医学技术评估、卫生经济学、健康保险等课程。

四川大学华西公共卫生学院（West China School of Public Health, Sichuan University） 四川大学华西公共卫生学院是中国最著名的公共卫生学院之一，历史可追溯到 1914 年在"华西协和大学医学院"建立的公共卫生学课程组。目前学院开设公共事业管理专业（健康保险方向），培养具有现代管理理论、技术和方法等方面知识，能够胜任健康保险公司管理工作的专门人才。

阳光融合医院（Sunshine Union Hospital） 阳光融合医院是经中国保险

五、健康保险组织（Health Insurance Organization）

监督管理委员会批准的国内首家由保险机构和地方政府合作兴办的，集医疗、教学、科研、预防、保健、康复、转化医学与产业发展为一体的三级大型综合性股份制医院。由阳光人寿保险股份有限公司与山东潍坊人民医院和潍坊医学院共同筹建，成立于2014年。

美兆体检集团（MJ Medical Group） 美兆体检集团是亚洲知名健康管理机构，1988成立于我国台湾地区。在北京、上海、中国台湾地区、中国香港地区、马来西亚共设有九家连锁机构，构建了国际级健康管理服务网络。北京美兆健康体检中心于2003年开业，是美兆集团在大陆地区的第一家旗舰店。

慈铭体检集团（Ciming Checkup Group） 慈铭体检集团是国内以健康体检为主营业务的连锁化经营的专业体检机构，成立于2004年9月，总部设在北京。目前在北京、上海、深圳、广州、武汉、南京、大连、天津、成都、济南、金华等国内主要城市拥有63家体检中心，是目前国内规模较大、覆盖范围较广、年体检量及累计体检量最多的专业体检机构之一。

美年大健康产业有限公司（Meinian Onehealth Healthcare Holdings Company Limited，Health 100） 美年大健康产业有限公司是专业健康体检和医疗服务集团，成立于2004年，总部位于上海，在全国29个省市拥有200余家医疗及体检中心。该公司于2015年借壳上市（SZ：002044）。

爱康国宾健康体检管理集团（iKang Healthcare Group） 爱康国宾健康体检管理集团是一家健康管理服务机构，前身为2004年成立的爱康网。主要经营范围为向客户提供健康体检、疾病检测、齿科服务、私人医生、职场医疗、疫苗接种、抗衰老等健康管理服务。截至2017年，爱康已在北京、上海、香港等22个城市建立起80余家体检与医疗中心以及20余家齿科服务中心。2014年，该公司在美国纳斯达克证券交易所上市（股票代码：KANG）。

阿里健康（Ali Health） 阿里健康全称为"阿里健康信息技术有限公司"，是阿里巴巴集团投资控股的公司之一。阿里健康凭借阿里巴巴集团在电子商务、大数据和云计算领域的优势，为医药健康行业提供以在线医药服务和医药O2O为代表的互联网解决方案。

时康国际健康保险公司（Now Health International） 时康国际健康保险公司是一家国际医疗保险服务提供商，在北京、上海、中国香港地区、印尼雅加达、新加坡、迪拜以及英国设有办事处。

美国保险监管信息系统（Insurance Regulatory Information System，America） 美国保险监管信息系统是全美保险监督官协会建立的一种财务分析方法，根据以下财务比率来发现财产和意外保险公司以及人寿和健康保险公司存在的问题。财产和意外保险公司：（1）本年度增加或减少的净保费收入与上一年度净保费收入的比；（2）净保费收入与保单所有人调整盈余的比；（3）两年内的损失率；（4）两年内的费用率；（5）净投资收益与投资资产平均值的比；（6）负债与流动资产的比；（7）未交保费与盈余的比；（8）上一年度调整后盈余与本年度调整后盈余的比。（其他有关保险公司准备金是否充足的财产和意外保险的财务比率）。人寿和健康保险公司：（1）投资收益率；（2）非认可资产与资产的比；（3）净收益与总收益的比；（4）子公司的投资与资本和盈余的比；（5）费用（包括经纪人佣金）与保费的比；（6）资本和盈余的交换率；（7）盈余的增加或减少。

美国联邦政府医疗和社会服务部（Department of Health & Human Services，America） 美国联邦政府医疗和社会服务部是美国联邦政府的组成部分之一，主要负责管理美国的药品和公共卫生系统，并向社会公众提供基本的公共卫生服务。

美国全国医疗监管局（National Health Board） 美国全国医疗监管局是美国为了实现医疗保险行业的"有管理的竞争"而设立的联邦一级的管理机构，负责决定所有保险计划最低医疗服务保障内容、制定全国和各州的医疗开支预算、监察医疗的质量。

美国保险监督官协会（National Association of Insurance Commissioners） 美国保险监督官协会是美国州保险委员的会员组织，是制定保险相关标准的制度支持机构，创建于1871年，由来自美国50个州、哥伦比亚特区和五个美国领地的保险理算人员负责创建和管理。该协会的办事处大都设在堪萨斯、密苏里、纽约、华盛顿等地。该机构的设立是为了促进州保险行业在立法和规章上的统一性，且反对联邦保险立法。该组织推动了保险公司年度财务报告表格格式在全国范围的统一。协会每三年对保险公司进行一次督查，对储备金和罚款收益标准进行统一立法，并为评估保险公司有价证券价值设立标准法。

美国保险协会（American Insurance Association） 美国保险协会是美国非寿险保险人的团体组织，创立于1866年。该协会通过关注会计程序、灾难和污染，汽车保险改革以及其他行动来促进经济、立法和公众标准的改善。总部设在美国纽约州的纽约市。

美国健康保险协会（Health Insurance Association of America，HIAA） 美国健康保险协会旨在向大众宣传私人健康保险。组织成员由出售医疗保险的私营公司与美国健康计划组织（American Association of Health Plans）联合组成。美国医疗保险协会通过出版材料，游说联邦和各州议会来服务其教育大众的目标。该协会的总部设在华盛顿特区。

美国医疗保健组织（Managed Care Organization） 美国医疗保健组织是一个管理保健组织，为加入提供者网络的工人的补偿福利提供医疗保健制度计划，包括以下部分：案件管理人员、医疗费审查人员、内部争端解决机制、治疗人员的书面准则、保证计划的质量，审查委员会。这一机制的执行方式如下：（1）案件管理人员，监督受伤雇员的治疗情况，以确保雇员及时恢复和返回工作。（2）病例治疗指南，在雇员需要治疗时确定治疗程度和可接受的残疾时期的书面标准。（3）内部争端解决机制，

五、健康保险组织（Health Insurance Organization）

用于解决保健服务提供者和服务对象之间关于医疗费用、治疗的类型和范围、医疗设施的过度使用等纠纷的书面指示程序。（4）利用审查委员会，为住院医院护理、门诊和医生照顾提供指导。

美国卫生保健促进协会（Institute for Healthcare Improvement，America） 美国卫生保健促进协会是致力于推动医疗保障体系改革进步的美国民间组织。该组织建立于1991年，起初为美国"卫生保健进步全国示范性项目"的一部分，并受到美国政府的资助，后逐步发展为自收自支的民间组织。

美国健康维护组织（Health Maintenance Organization，HMO） 美国健康维护组织属于一种预付团体健康保险计划，该计划赋予其成员享受参加该计划的医生、医院和诊所服务的权利，重点在于预防性医疗。该组织成员只需定期支付较少的费用（通常是从每次薪水中扣除）就能享受如下医疗服务：（1）HMO的管理医生。一个HMO的新成员可以选择一位HMO医师为其提供所有的医疗需求。如果有必要，该管理医师可以为会员安排专科医生。（2）HMO的共同负担费用。除支付要求的定期费用外，每个成员可能还需要支付另外的费用。例如，无论每次医疗服务费用有多高，成员只需支付5元的定额费用。或者，不论实际成本的数额每个处方只需支付2元的定额费用。（3）HMO的医院服务。包括食宿、手术室、化验、放射、药物和物理治疗等。（4）HMO在医院的内科和手术服务医生，包括外科医生和其他有关的专科医生，这些服务没有共同负担费用。（5）HMO的门诊医院护理。在管理医生的授权下，成员可以得到与住院医疗相同的服务，且没有共同负担费用。（6）HMO机构提供的HMO门诊医疗服务。包括内科医生的医疗服务、预防保健服务、诊断和治疗服务、专业护理设施服务、心理健康和/或戒酒和戒毒服务、特殊情况下提供牙科保健服务及HMO机构内外的急救服务，成员可能要求支付共同负担费用。HMO的除外服务有：看护，医学实验过程，与医疗无关的如电视、收音机和电话在内的非医疗便利设施。

美国个人业务协会健康维护组织（Individual Practice Association Health Maintenance Organization，America） 美国个人业务协会健康维护组织是通过和医生、医院签订专营合同向成员提供医疗服务的健康维护组织。选定的医生和医院同时向健康维护组织成员和非成员提供医疗服务。一般来说，健康维护组织成员可以从医生名单中选择初级保健医生。医生向其提供医疗服务后，健康维护组织按照预先约定向其支付费用。

美国医院服务维护组织（Hospital Services，HMO） 参见美国健康维护组织（HMO）。

美国优先医疗服务组织（Preferred Provider Organization，PPO） 美国优先医疗服务组织产生于20世纪80年代，指与寿险公司达成医疗服务协议的医院、医师或其他机构。PPO结合了免费医疗机构和健康维护组织的优点，可以使寿险公司直接和医院或医师谈判以获得较低的服务价格。一般是由保险公司组织、管理，但也有的是由医疗服务提供者根据商定的价格为参保人提供医疗服务。

美国专有提供者组织（Exclusive Provider Organization，EPO） 美国专有提供者组织是优先医疗服务组织（PPO）的极端形式。EPO的参保人只能找指定的医师看病，否则费用全部自担。指定医生按服务项目价格收费，但收费可打折。

美国记点服务计划（Point of Service，POS） 美国记点服务计划又称为HMO—PPO杂交体或开放的HMO，它结合了两者的特点，使用医疗服务提供者网络或自己挑选医疗服务提供者，参保人从中选择一名初级保健医生为自己治疗，并由其负责转诊。到自己选定的医生处看病时几乎不用再付费，也不用提出理赔。到别的医生处看病时需先缴费，后申请赔付。

美国医疗保险交易所（Health Insurance Exchange） 美国医疗保险交易所是美国患者保护与平价医疗法案（Patient Protection and Affordable Care Act，PPACA，又称为奥巴马医改，Obamacare）的组成部分之一。该法案要求以州为基础建立医疗保险交易所，小企业和个人可在交易所里通过联合议价，享受与大公司员工或联邦政府雇员同样优惠的保险费率。该政策可以激励个人或者小企业购买医疗保险，从而扩大医保的覆盖面。

美国职业标准评定组织（Professional Standards Review Organization） 美国职业标准评定组织由《1972年社会保障法案》修订案授权建立，负责对政府健康保险进行监督。组织通过对投保人的保障需要及所提供的保障质量、所需成本进行检查来节省成本和实现对该保险计划滥用的最小化。

美国财产和责任保险承保人协会（American Institute for Property and Liability Underwriters） 美国财产和责任保险承保人协会是CPCU（特许财产和人身意外承保人）称号的授予机构，1941年5月16日于美国纽约成立，此协会提供财产和人身意外保险的本科教育和继续再教育的函授教学。课程包括风险管理和保险、商业财产风险管理与保险、个人风险管理与保险、保险公司经营、保险法律环境、管理学、会计、经济及金融。总部设在宾夕法尼亚州的马尔文。

美国保险经纪人协会（National Association of Insurance Brokers） 美国保险经纪人协会是美国商业保险经纪人同业公会，该组织为其成员设定职业道德准则，为成员利益进行立法游说，并通过教育、培训提高成员经纪人坚守职业道德的兴趣。总部设在美国华盛顿特区。

联合健康集团（United Health Group） 联合健康集团是一家美国医疗保健公司，成立于1977年，总部设在明尼苏达州明尼托卡。联合健康集团向约7 000万客户提供医疗保健服务。2015年公司的总营业收入为110亿美元，2016年位居世界五百强企业第35位。

万欣和（MSH International） 万欣和是一家国际知名健康保险服务提供商，成立于1974年，主要提供较高端的国际健康险设计和管理服务。下设法国巴黎、

五、健康保险组织（Health Insurance Organization）

加拿大卡尔加里、中东迪拜和中国上海4个区域总部。万欣和（上海）企业服务有限公司成立于2001年，在中国高端健康险服务领域占据重要地位。

维鹏健康保险公司（WellPoint Home Health） 维鹏健康保险公司是美国最大的健康险公司，成立于1992年，为10%的美国人提供健康保险计划和医疗保险，是全美商业被保险人最多的公司，总部位于美国印第安纳州波利斯。2013年《财富》世界500强中，美国维鹏健康保险公司位列147名。2007年，WellPoint成立了中国代表处，并设立了独资公司康众（上海）企业咨询服务公司，为经营健康保险产品的中国保险公司提供咨询、技术和运营服务。

安泰国际健康保险公司（Aetna International） 安泰国际健康保险公司是一家全球领先健康保险公司，于1853年在美国康涅狄格州哈特福德成立，注册资本为17.1亿美元，2016年保费收入约632亿美元。主营业务包括医疗、口腔、药品、团体人寿和伤残保险和职工福利保险等。安泰国际保险公司于1995年7月14日在深圳设立代表处。

哈门那健康保险公司（Humana Health） 哈门那健康保险公司是美国医疗健康服务和医疗保险的主要提供者之一，成立于1961年，总部设在肯塔基州的路易斯维尔。在保险业务方面，该公司提供不同范围的健康医疗计划，包括医疗保险、团体人寿保险、牙科保险等。2016年，哈门那公司在财富500强排行榜上占据第216位。

信诺健康保险公司（Cigna Health Insurance） 信诺健康保险公司是美国知名健康保险公司，其母公司信诺保险集团的前身是成立于1865年的康涅狄格大众人寿保险公司和建立于1792年的北美保险公司（美国第一家股份制保险公司）。集团的总资产已近1 000亿美元，收入每年近200亿美元，在美国《幸福》杂志评选的世界500家大公司排名榜上列为第15大金融服务公司，并且是全美50家大公司之一。该公司于1994年1月31日在北京设立代表处。2003年8月4日，信诺集团与招商银行共同出资创立招商信诺人寿保险有限公司。

国际健康保险集团[The IHC Group（International Health Cover）] 国际健康保险集团是一家美国保险公司集团，成立于1980年，业务范围包括寿险、健康险、残疾保险、牙科险、视力保险等，同时为团体和个人客户提供服务。

独立美国保险公司（Independence American Insurance Company） 独立美国保险公司是国际健康保险集团（The IHC Group）的成员企业之一，成立于1973年，为客户提供短期健康保险、宠物保险和牙科保险。

国际健康保险专业公司（IHC Specialty） 国际健康保险专业公司是国际健康保险集团（The IHC Group）的成员企业之一，其主要业务为向健康险公司提供咨询，以完善其保险产品链，拓展分销渠道，从而扩大市场份额。

奥斯卡健康保险公司（Oscar Health Insurance） 奥斯卡健康保险公司是美国新型个人健康管理和保险公司，

成立于 2013 年，主要为个人客户提供健康保险计划。Oscar 利用互联网的优势提高健康险用户透明度、看病效率，以及用户体验。顾客可以在他们的网站和 APP 上直观清楚地了解医疗服务种类与保险报销范围，享受 24 小时免费电话问诊，免费基本诊断，免费非专利药品等各种服务。

三叶草健康保险平台（Clover Health） 三叶草健康保险平台是美国一家新型医疗保险公司，成立于 2012 年，总部位于美国旧金山，Clover Health 将保险与大数据相结合，旨在通过建立数据库进行检索找到潜在高危病患，通过疾病预防的方式降低患者就医过程中产生的费用，为用户提供更好的医疗体验。

光明健康保险平台（Bright Health） 光明健康保险平台是美国一家新型医疗保险公司，试图通过诸多新兴的先进技术，帮助医疗消费者和服务提供方建立更好的联系。

美国健康保险网（Healthinsurance.org） 美国健康保险网成立于 1994 年，总部位于美国明尼苏达州威札塔（Wayzata），主要致力于向消费者提供丰富深入的健康保险信息，是世界上最早的物联网健康保险信息提供者。

蓝盾治疗费用保险协会（Blue Shield Medical Care Plans） 蓝盾医疗费用保险协会，亦称蓝盾医疗照护协会，创立于 1939 年，是美国相互保险人与营利保险人的住院及医疗服务混合组织，简称蓝盾协会。要求团体参加，被保险人限于劳工及其家属。其会员急病后，可到指定社区医院就诊，提供非住院内外科医疗费用，费用由协会按规定的标准转账划给医院。

蓝十字（Blue Cross） 蓝十字全称"蓝十字住院费用保险协会"，是 1936 年由遍及美国各州及加拿大 8 州和波多黎各的同类机构合并而成的非营利法人团体，美国私营健康保险合作社的一种。它通过和各地医院签约，对被保险会员提供特定的住院费用保障。

蓝十字蓝盾联合会（Blue Cross Blue Shield Association，BCBSA） 蓝十字蓝盾联合会是美国历史最悠久、规模最大、知名度最高的专业医疗保险服务机构，于 1929 年在美国德克萨斯州达拉斯市创始，目前由蓝十字蓝盾医保联合会（双蓝联合会）和 39 家独立经营的蓝十字蓝盾地区医保公司组成，总部位于美国芝加哥，是美国各级政府医保体系的重要合作伙伴，也是联邦政府公务员医疗保险的首选机构。蓝十字蓝盾在首都华盛顿及其他主要城市设有多家办事机构。

亚太网络交换健康管理服务公司（EBIX－Health Administration Exchange，Inc） 亚太网络交换健康管理服务公司是针对保险、金融和医疗行业的国际需求式软件和电子商务服务提供商，该公司向客户提供端对端的交换架构、载波系统、代理系统和风险防范解决方案。

美国凯撒健康计划和医疗集团（Kaiser Permanente） 美国凯撒健康计划和医疗集团是全球最大的 HMO 组织，它融健康保险与医疗服务于一体，为会员提供全方位的健康服务。该公司 1964 年将计算机导入健康检查流程，引发自

五、健康保险组织（Health Insurance Organization）

动化健康检查风潮。创始于二十世纪三四十年代，起初为水利工地、造船工厂和钢铁公司提供的职业医疗健康服务，通过按人头预收费提供全面医疗和健康服务和管理。强调健康和安全的医疗卫生服务健康管理模式，强调预防和健康维护，早期发现和早期治疗。

环球健康服务公司（Universal Health Services，UHS） 环球健康服务公司是美国最大、声誉最盛的医院管理公司之一，成立于1979年，总部位于美国宾夕法尼亚州的普鲁士。该公司的主要业务是为客户提供高品质医疗服务。目前公司在美国、波多黎各、维尔京群岛和英国共开设了240个急症医院、行为健康服务机构和流动救护中心。2016年，雇员数超过7万人，客户总量达到250万人。2016年该公司位列美国财富500强第290位，在医疗产业中位列社会责任第一位及综合排名第二位。

美国阿尔梅达援助与健康服务公司（ALMEDA GmbH Assistance and Health Services） 美国阿尔梅达援助与健康服务公司是一家专业的健康管理服务机构，其主要从事如下业务：第一，疾病管理。（ALMEDA）疾病管理是为保险公司、护理提供者、制药商和职业卫生管理机构提供寻证基础的疾病管理服务；第二，需求管理。24小时医疗热线提供医疗信息和医疗服务管理，全部问题都是由全面培训的专家提供，如护士、医护专业人士和医师团队；第三，医疗协助。在医疗协助服务领域，（ALMEDA）为保险公司承保/非承保的旅客和外籍人士提供25种语言，国际化医疗专家的高质量24小时咨询服务及世界各地的紧急救援服务；第四，员工帮助计划。（ALMEDA）支持企业健康管理的进程，向企业员工提供多方的健康管理干预措施；第五，医疗旅行。开展医疗旅游业的起因：如范围有限的医疗设施的母国、特别服务的要求、更短的轮候时间、更低的价格和更高的质量标准；第六，家庭护理及康复管理。老龄化的加速促使（ALMEDA）开发了很多面向老年人的长期护服务产品或是因疾病、意外事故导致的护理需求，如家庭护理和康复服务。

美国瑞典盟约医院（Swedish Covenant Hospital） 美国瑞典盟约医院是教会主持的独立慈善性健康服务和教学医院，创立于1886年4月1日，位于美国伊利诺伊州芝加哥市北部。该医院以服务经济条件较差的民众为主，在美国享有很高的知名度。医院为民众提供一系列医疗服务项目，包括复健计划、癌症护理、心脑血管治疗、女性健康服务、分娩和急诊等。医院共有323张床位，580名医护人员和2 500名员工。

美国保险学会（Insurance Institute of America，IIA） 美国保险学会是制定和出版有关监管、一般保险、索赔、管理、风险管理、承保、损失控制管理、保险行业认证顾问、保险费稽核、研究和规划、会计和金融方面的教材以及考试管理的机构。

美国风险和保险学会（American Risk and Insurance Association） 美国风险和保险学会是致力于保险学术研究及保险学教育的学术团体，设立于1932

年，成员由公司、学术界和对保险和风险管理教育和研究有兴趣的个人组成。该学会出版的《风险与保险》杂志，致力于发表保险、风险管理和类似领域的学术文章。

美国大学（American College） 美国大学（前身是美国人寿保险承保人学院）是 CLU（特许寿险承保人）和 CHFC（特许金融顾问）称号的授予机构，成立于 1975 年。为人寿保险的本科、硕士和继续再教育提供在校和函授教学，课程包括人寿保险、养老金、经济学、金融学、投资学、商业评估、税收计划和资产计划等。该校授予金融服务理科硕士的学位。总部设在宾夕法尼亚州的布林莫尔。

哈佛大学肯尼迪政府管理学院（John F. Kennedy School of Government, Harvard University） 哈佛大学是世界顶尖研究型私立大学，诞生于 1636 年，坐落于美国马萨诸塞州剑桥市，是著名的常春藤盟校成员。其政府管理学院成立于 1936 年，20 世纪 60 年代改名为肯尼迪政府学院。该学院开设的公共政策硕士（MPP）（含公共健康方向）项目在美国同类项目中名列第一。

约翰霍金斯大学（Johns Hopkins University） 约翰霍金斯大学是美国排名前列的综合性研究大学之一，成立于 1876 年，尤其在医学和公共卫生领域占有极高的地位。约翰霍金斯大学目前开设了公共卫生硕士（MPH）项目，在美国同类型项目中排名第二位。

加州大学伯克利分校公共政策学院（Richard and Rhoda Goldman School of Public Policy, University of California, Berkeley） 加州大学伯克利分校是世界著名公立研究型大学，在学术界享有盛誉。其公共政策学院目前开设了公共政策硕士（MPP）和公共卫生硕士（MPH）的双学位项目（concurrent degree program），在美国同类项目中排名第三位。

普林斯顿大学威尔逊公共与国际事务学院（Woodrow Wilson School of Public and International Affairs Princeton University） 普林斯顿大学是世界著名私立研究型大学，1746 年创立于美国新泽西州伊丽莎白镇，是八所常春藤盟校之一。威尔逊学院成立于 1961 年，其公共政策硕士项目（MPP）每年约招收 15—25 名学生，项目开设有公共卫生及医疗保障相关课程，部分学生毕业后进入政府卫生或医保部门工作。该项目在美国同类项目中排名第四位。

南加州大学普莱斯公共政策学院（Price School of Public Policy, University of Southern California） 南加州大学是美国西海岸最古老的顶尖私立研究型大学，1880 年创立，位于美国加利福尼亚州洛杉矶市。普莱斯学院成立于 1931 年，是美国最好的公共政策学院之一，其从 1981 年开始开设卫生管理硕士（MHA）项目，课程涉及健康管理和医疗政策制定等各方面内容，课程之外还注重让学生进入医疗社区开展实践活动，该项目毕业生多在政府医疗管理系统工作。

杜克大学桑福德公共政策学院（Sanford School of Public Policy, Duke

五、健康保险组织（Health Insurance Organization）

University）杜克大学是美国著名私立研究型大学，位于美国北卡罗来纳州小城达勒姆的，创建于1924年，历史实际上可以追溯至1859年的三一学院（Trinity College）或更早的布朗学校（Brown's Schoolhouse）。桑福德学院开设的MPP项目中设置了健康医疗管理类课程，2016年该项目在美国同类项目中排名第6位。

密歇根大学安娜堡分校福特总统政策学院（Gerald R. Ford School of Public Policy, University of Michigan, Ann Arbor）密歇根大学是美国密歇根州的一所著名公立大学，于1817年建校，是美国历史最悠久的大学之一，在世界范围内享有盛誉。其福特总统政策学院是美国最早开设公共服务培训项目的教育机构，至今已有100多年的历史。该学院的MPP项目的教学内容广泛，包含社保体系及医疗保障政策制定等内容。2016年，该项目在美国同类项目中排名第6位。

纽约大学瓦格纳公共服务与政策学院（Robert F. Wagner Graduate School of Public Service and Policy, New York University）纽约大学是一所位于美国纽约市曼哈顿的私立研究型综合大学，成立于1831年。瓦格纳公共服务与政策学院成立于1938年，目前开设了卫生政策与管理方向的公共管理硕士项目（Master of Public Administration in Health Policy & Management），2016年该项目在美国同类项目中排名第8位。

威斯康辛大学麦迪逊校区社会工作学院（La Follette School of Public Affairs University of International Affairs, Princeton University）威斯康辛大学是一个由多所州立大学构成的大学系统，麦迪逊校区是其旗舰校区，创建于1848年。麦迪逊校区的社会工作学院目前开设的社会工作硕士（MSW）项目下包含卫生事务（Health）方向。

乔治·华盛顿大学特拉奇滕伯格公共政策与公共管理学院（Trachtenberg School of Public Policy and Public Administration, George Washington University）乔治·华盛顿大学是美国著名私立大学，学校位于美国首都华盛顿。特拉奇滕伯格公共政策与公共管理学院目前开设的公共政策硕士（MPP）项目包含有卫生政策（Health Policy）方向，2016年该项目在美国同类项目中排名第10位。

纽约保险学院（Insurance Society of New York）纽约保险学院是美国保险高等教育机构，成立于1962年，新校址位于纽约市曼哈顿区金融大街，由400多个保险组织出资兴办，目的是为保险行业的职员提供各种学位教育和定期专业培训，提高他们的专业技能。目前，纽约保险学院已经更名为美国圣约翰大学（St. John's University）风险管理与保险系。

保险研究协会（Society of Insurance Research）保险研究协会是为鼓励在保险领域研究且促进协会成员间思想交流和研究方法而设立的机构组织。

美国医疗卫生服务中心（Centers for Medicare Services, CMS）美国医疗卫生服务中心是美国卫生与人力服部下设的负责管理医保计划（Medicare）和与州政府一同管理医疗救助（Medicaid）、州儿童健康保险计划以及制定健康保险可行性标准的行政署，前身是成立于 1977 年的美国卫生保健筹资管理局（Health Care Financing Administration，HCFA）。

美国医疗选择管理署（Health Choices Administration） 美国医疗选择管理署是美国医改立法催生的负责督查医改活动实施的行政署，其督查内容包括健保计划福利标准制定、健康保险交易所的设立和运营，以及个人支付能力信用或补贴管理等。该机构的职责还包括防范对健康保险交易系统的滥用。

美国食品药物管理局（Food and Drug Administration） 美国食品药物管理局是美国联邦政府医疗和社会服务部（Department of Health & Human Services）下属部门之一，主要负责：（1）管理美国境内生产销售的药物、生物制品、医疗器械的安全性和有效性；（2）管理美国境内食物、化妆品和放射物的安全性；（3）管理美国境内烟草制品的生产、销售，并致力于尽可能地减少烟草消费量以保护公众健康；（4）鼓励医疗创新。

美国医院公司（Hospital Corporation of America，HCA） 美国医院公司是美国最大的私营营利性连锁医院集团，总部位于田纳西州。该公司在 20 个州有 166 家医院，在 2006 年以前曾经是上市公司。

美国医学会（American Medical Association） 美国医学会是美国最大的医师及医学联合会，建立于 1847 年。该组织发行的《美国医疗联合会学报》也是世界上发行量最大的学报之一。

美国保险信息协会（Insurance Information Institute，III） 美国保险信息协会的目标是对公众进行教育，以增强公众对财产和责任保险公司的认识。其网站为消费者、媒体、研究人员和公众提供广泛的信息，内容覆盖车险、家主保险、寿险、年金、健康保险、长期护理保险和残障保险等。

美国地区医疗购买联合体（Regional Health Alliances） 美国地区医疗购买联合体是克林顿医改中统一与医疗保险公司谈判购买医疗保险和服务的组织，所有投保人按地区形成地区医疗购买联合体。地区医疗购买联合体选定几种不同的保险，覆盖不同程度的医疗服务、不同的网络范围、不同的价格，由参保的个人再来最终选择适合自己家庭的保险。

美国联合承保协会（Joint Underwriting Associations，JUAS） 美国联合承保协会是美国以州为单位成立的类似于最原始的风险共担的互助组织。协会基金池由投保人的保费构成，如果赔付总量超过了基金池的规模，短缺部分由所有投保人共同分担。

美国独立保险代理人组织（Independent Insurance Agents and Brokers of America，IIAA） 美国独立保险代理人组织是美国保险和金融产品提供者及其雇员的全国性联合组织。其前身是建立于 1896 年的全国火灾保险代理联合会（National Local Association of Fire Insurance Agents）。

五、健康保险组织（Health Insurance Organization）

英国保险协会（British Insurance Association） 英国保险协会是英国保险行业团体，创立于1918年。其职责是与监管机构进行交涉以维护保险行业的共同利益。其书记必须由伦敦律师公会的著名律师任命，其他则由选任的委员会中推荐的代表担任。

英国保险经纪人协会（British Insurance Brokers Association） 英国保险经纪人协会是英国保险业中间人组成的组织，代表保险经纪人、中介机构及其客户的利益，建立于1977年。

英国特许保险学会（The Chartered Insurance Institute） 英国特许保险学会亦称"英国皇家保险学会"，曾负责运营由英国皇家特别准许的具有世界影响的保险职业教育机构及学术团体。该组织成立于1897年，1912年获得英国皇家特许，总部位于英国伦敦。该学会组织的CII考试享有很高的专业声誉，在全世界得到普遍认可。1986年经与该学会协商，中国保险学会在中国北京设立了CII考试中心，目前该中心设立于中央财经大学。

伦敦保险人协会（Institute of London Underwriters） 伦敦保险人协会是承保运输、航空和海上保险的保险公司行业协会。该协会成立于19世纪80年代，并建议伦敦的保险人在保险合同中使用标准条款。

英国国家卫生服务综合组织（National Health Service，NHS） 英国国家卫生服务综合组织是英国公共财政支持的国家医疗保健体系，也是世界上历史最悠久的单一保险人医疗保健体系。其运行资金来源于普通税收，并受到英国卫生部监管。该组织为英国的合法居民提供近乎免费的卫生服务。

英国基本保健集团（Primary Care Groups） 英国基本保健集团是英国国民医疗服务体系中，负责提供基本医疗服务的医疗机构形成的区域组织，同时也是英国国家医疗保健体系发挥职能的媒介，英国政府对基本保健集团提供的服务开展标准化评估并购买其服务。

苏格兰医疗与牙医防御联盟（Medical and Dental Defense Union of Scotland） 苏格兰医疗与牙医防御联盟是英国三家主要的医疗责任防御组织之一，为其成员提供专业的医学法律建议和专业损害补偿。该组织建立于1902年，并被英国医学总会承认。

英国医疗责任防御联盟（Medical Defense Union） 英国医疗责任防御联盟是英国最大的医疗责任防御组织，该组织设立于1885年，其成员主要包括医生，医学生或者其他专业医疗人士。该组织为其成员提供法律援助，并为其医疗过失提供补偿。

英国医师受托管理公会（Clinical Commissioning Groups，CCGS） 英国医师受托管理公会是在2012年英国政府医改政策推动下，在英国各地成立法定非营利会员制公众团体。全科医生必须成为公会组织会员。公会组织负责掌管国民健康计划（NHS）的大部分预算，代表患者利益，对患者所需的医疗服务进行规划和设计，购买专科和住院等医疗服务，签署医疗服务合同，向专科医生和医院等付费，督促医生合理医疗并促进医疗服务的整合。

英国健康观察组织（Health Watch） 英国健康观察组织是一家英国慈善组织，建立于2012年，致力于推动循证医学的进步。其主要目标有：（1）对治疗方案进行评估；（2）保护医疗消费者；（3）向公众及传媒宣传合法的医疗试验是为公众提供医疗保护的最佳路径。

保柏健康保险公司（Bupa） 保柏健康保险公司是国际著名健康保险公司，于1947年成立，是世界上最大的国际健康保险提供商。产品主要包括住院、治疗、辅助和救护勤务保险服务，同时也经营旅行、家庭、车辆和人寿保险业务。目前该公司业务遍布190个国家和地区，覆盖超过3 200万名顾客。该公司一直致力于协助英国政府进行公共医疗体系改革。

威廉·拉塞尔国际保险公司（William Russell） 威廉·拉塞尔国际保险公司是一家国际健康、人寿保险产品提供商，成立于1991年，总部位于英国，已被安联集团收购为子公司。该公司的主要业务包括全球健康、收入、人寿和意外保险。2016年，该公司位列全球财富500强之一。

塞纳医疗药品公司（Syner–Med Pharmaceutical Products） 塞纳医疗药品公司是英国家族式医疗药品创新公司，主要业务是为英国国民医保体系（NHS）提供健康经济的小众药品，同时也是英国政府医保管理公司之一。

纳菲尔德医疗集团（Nuffield Health Group） 纳菲尔德医疗集团是英国最大的非营利医疗服务集团，创始于1957年，属于慈善性医疗集团，目前共经营31家纳菲尔德健康医院和111家纳菲尔德健身馆。1991年开始全国性健康检查服务，全英国有40个中心，受检者可以就近选择体检地点。2014年，集团总收入7.11亿英镑，位列全英5大慈善机构之一。

英国初级医疗保健信托机构（Primary Care Trusts，PCTs） 英国初级医疗保健信托机构是英国国民卫生服务体系（NHS）中，负责评估某地区医疗健康需求，并委托医疗服务机构满足这些需求的组织。这类组织于2002年四月开始建立，直接向地区战略卫生署报告工作。在负责购买和监控服务的同时，PCT还和全科医生、NHS信托机构以及NHS的其他部门一起探讨如何改进服务，使之为社区的病人提供更好、更方便的保健服务。

英国全科医学委员会（General Medical Council） 英国全科医学委员会是英国保障患者权益、推动医学教育和临床实践改善的独立组织。该机构的主要职责包括评估医疗人员资质、监督英国医学教育培训，制定医疗人员行为准则并监督执行，预防医疗人员的不当行为给患者安全或公众对医生的信任造成损害。

英国国家医疗卓越研究所（National Institute for Health and Care Excellence） 英国国家医疗卓越研究所是英国的一所特殊卫生官方机构，成立于1999年，前身是"英国国家临床技术研究所"（National Institute for Clinical Excel-

五、健康保险组织（Health Insurance Organization）

lence）。该机构的主要职能是提升英国国家医保计划内医疗护理的服务多样性和品质，工作内容包括为公立、私立和社会医疗机构的医师提供证据充分的指导和建议；为医疗服务提供方制定服务标准和操作规程；为行政部门、医疗工作者和管理者提供信息服务。

英国国家临床和卫生评价研究所（British National Institute of Clinical and Health Assessment） 英国国家临床和卫生评价研究所是英国国家卫生服务制度中负责系统的评估新型的医疗技术的机构，成立于1999年。在该机构成立之前，地方卫生当局、医生和医院管理者负责新医疗技术的评估和引进工作，这导致同一制度下不同地区的支付范围不同。国际临床和卫生评价研究所创立的目的就是为了统一国家卫生服务制度对新医疗技术的应用。

伦敦劳合社（Lloyd's of London） 伦敦劳合社是由许多辛迪加组成的保险机构，每个辛迪加组织从事特定的风险经营，例如船体风险。劳合社不但经营主要大型风险，还经营再保险和三重保险。辛迪加的成员以其个人巨额净资产承担无限责任，每一个成员根据其净资产的多少分属于一个或多个辛迪加。

劳合社辛迪加（Lloyd's Syndicate） 劳合社辛迪加是伦敦劳合社承保人组织，其专门承保一些特殊风险，例如船舶保险（机身保险）。

劳合社承保人（Lloyd's Underwriters） 劳合社承保人是伦敦劳合社辛迪加的个人会员。

英国医院托拉斯（Hospital Trust） 英国医院托拉斯是英国全民健保制度（NHS）中负责提供二级医疗服务的经营管理组织。根据NHS的法令和政策框架独立工作，受NHS执行委员会监督。其主要职责是与卫生保健的供应方签订服务合同，同时根据国家卫生工作框架，监督卫生服务的质量。

劳合社协会（Lloyd's Association） 劳合社协会是以伦敦劳合社形式组织起来的组织。

劳合社经纪人（Lloyd's Broker） 劳合社经纪人是指与承保特定风险的专业辛迪加保险机构及伦敦劳合社签订保单的专营经纪人。

伦敦保险和再保险市场协会（London Insurance and Reinsurance Market Association） 伦敦保险和再保险市场协会是代表保险公司和再保险公司交易海上保险的协会。伦敦保险和再保险市场协会通过与伦敦商学院合作，获得了保单处理和索赔的便利。

伦敦保险市场网络（London Insurance Market Network） 伦敦保险市场网络是伦敦贸易协会设立的处理保险事务的计算机系统。伦敦保险市场网络的工作涉及通知和解决保险索赔。

英国大区卫生局（District Health Authority） 英国大区卫生局是英国各地为当地人民提供医疗服务的垄断机构。高级别医师与地区卫生局签订终身合同，其收入取决于卫生局对他们的专业认可。

国际医疗集团（International Medical Group） 国际医疗集团是美国著名健康服务供应商，同时也是一家国际保险公司，成立于1990年，总部位于美国印第安纳波利斯。集团下设4个分公司，分别为：IMG 止损、iTravelInsured 旅行保险、Akeso 健康管理和 IMG Europe（位于英国的健康保险全资子公司，成立于2002年）。其主要经营范围包括国际旅行保险、健康保险、人寿保险等，业务覆盖全球超过100万客户。2008年，IMG 与中国平安保险公司建立合作关系，共同开发新型保险产品。

法国临时联保体（Groupement Temporaire des Assurenurs Medicaux） 法国临时联保体是法国医疗责任保险承保人组织，由19家保险公司和3家再保险公司组成，于2002年成立。2003年6月，该组织被另一个再保联保体临时取代。

法国医疗保障公司（Garantie Médicale & Chirurgicale） 法国GMC医疗保障公司是法国著名国际健康保险公司，成立于1937年，是法国最大保险公司 Henner 集团的分支，业务覆盖192个国家。该公司是为专业运动员提供健康保险计划的主要保险公司之一。

法国工薪职工国家疾病保险公司（Caisse Nationale d'Assurance Maladie des Travailleurs Salaries） 法国工薪职工国家疾病保险公司是法国最主要的医疗保险"全民医疗保险计划"的管理机构，业务覆盖法国约80%的人口，该公司与保险供应商的谈判协商结果被其他保险基金公司视为谈判基准。同时该公司与政府一同为较高龄的、风险较高的人群提供医疗费用补助。

安盛PPP国际医疗保险公司（AXA–PPP Healthcare） 安盛PPP国际医疗保险公司是安盛集团旗下开设在英国的专业健康保险公司，在皇家医学院（Royal Medical Colleges）、英国医学协会（British Medical Association）和国王基金的支持下，该公司于1940年成立，主要为伦敦的中等收入阶层提供医疗保险计划，医疗服务覆盖全球超过250万人。

法国地方社会卫生局（Local Social Health Bureau） 法国地方社会卫生局是法国地方医院医疗的监管机构。主要职能是对医疗机关提出的设施计划中的添置数量和添置理由进行审查，并对医疗机构的医疗内容、财务、法律等方面进行妥善性检查，以及向地方医院厅执委会派驻代表。

法国医生工会联合会（Federation of French doctors' unions） 法国医生工会联合会是历史最悠久且规模最大的私人医生联盟，成立于1928年，在1930年左右发展壮大。该组织是一个代表不同医学专科的工会力量联合体。20世纪80年代，由于组织中内科医生间的敌对情绪变得非常强烈，于是从中分离并成立了另一工会组织—法国内科医生联盟（MG France）。

法国地方疾病基金（French local disease fund） 法国地方疾病基金是法国地方级医疗保险保费的运营机构。其主要职责是监督社会保险基金设施的运营，支付工伤损失、职业病的医疗费用、制定地方医疗计划和私立（营利）医院住院医疗费契约等。

法国地方医院厅（French regional hospital hall） 法国地方医院厅是法国政府在地方设立的医院医疗管理机构，执

五、健康保险组织（Health Insurance Organization）

委会由法国地方社会卫生局和法国地方疾病基金派出的代表组成，任务是确定医院医疗费（公立、私立）向各设施的分配额，对地区内的病床、诊疗科、高额医疗器械进行认证，以及地方医疗计划的制定。

德国健康保险有限公司（Deutsche Krankenversicherung） 德国健康保险有限公司是德国最大的健康保险公司，也是欧洲最大的商业健康险公司，成立于1927年，注册资本为1.6亿马克，总部设在德国柏林，是世界五大私人健康保险公司之一。该公司属于ERGO保险集团（欧洲领先健康保险集团）的一部分。该集团的保险费收入在德国排名第二。1998年10月12日，DKV德国健康保险股份公司在深圳设立代表处。

德国疾病基金会（Sickness Fund） 德国疾病基金会是自我管理、自我约束、自我发展的团体，是德国医疗保险体系的载体。德国一共有453个疾病基金会，接受州政府和联邦医疗保险办公室的监督。

德国医师和疾病基金联邦委员会（Federation of Physicians and Diseases） 德国医师和疾病基金联邦委员会是一个自治实体，负责制定流动门诊医疗支付政策（在德国，没有专门决定支付政策的组织部门）该委员会的指导文件是合法的，其在政策制定中必须按照提供流动医疗服务的医生要求和疾病基金来做，该组织也负责制定药品的支付范围。

德国联合联邦委员会（Joint Federal Committee） 德国联合联邦委员会是德国制定和执行医疗卫生系统法律规章制度的机构中最重要的机构，它是依据联邦法律建立的由各种保险基金持有人组成的正式组织，有权对德国医疗卫生体系的一些政策和制度做出决定。同时，联合联邦委员会也有病人代表，这样病人也拥有发言权，增加了决策的合理性。

德国医疗卫生体系质量与费用效率技术评估机构（The Institute for Quality and Efficiency in Health Care） 德国医疗卫生体系质量与费用效率技术评估机构建立于2004年，与联合联邦委员会协同工作，负责将复杂专业的药品调查结果转换成通俗易懂语言，并独立地向公众提供信息。

荷兰指南发展筹备委员会（Development of the Preparatory Committee） 荷兰指南发展筹备委员会是为了给医疗保险委员会引入其他利益相关者制定指南而成立的组织，设立于1998年2月10日。委员会由9名成员组成，另外还有来自健康福利与体育部和医疗保险委员会的监督员。

荷兰卫生服务研究协会（Netherlands Institute for Health Services Research） 荷兰卫生服务研究协会是荷兰专注于健康服务领域的独立非营利科研组织，成立于1965年，前身是荷兰全科医师学院。该组织包括12个由各领域专家组成的研究团队，其自我定位是科研社区、政策制定者和医疗领域的交叉结合。

荷兰健康福利和体育部（Ministry of Health, Welfare and Sports） 荷兰健康福利和体育部是荷兰政府下设的负责制定、实施和监管公共健康、社会低保和体育发展政策的机构。该机构与健康保险人、医疗服务提供方和患者组织开展合作，为国民提供便利充足的医疗便利和多样化选择。机构内的主要职能部门有药品评估委员会、医疗卫生督察组、青年健康督查组、国家公共健康与卫生协会以及荷兰社会问题研究会等。

瑞士联邦社会保险最高法院（Federal Supreme Court for Social Insurance） 瑞士联邦社会保险最高法院是根据瑞士《联邦疾病与意外保险法》创设的机构之一，是瑞士联邦层面对社会保险事务诉讼案件进行审理裁定的机构。

瑞士联邦社会保险办公室（Federal Social Insurance Office） 瑞士联邦社会保险办公室是根据瑞士《联邦疾病与意外保险法》创设的机构之一，是瑞士联邦层面的社会保险管理部门。

瑞士联邦公共卫生办公室（Federal Office of Public Health） 瑞士联邦公共卫生办公室是瑞士联邦层面的公共医疗卫生监督管理部门。下设的意外伤害和疾病保险部门（2003年之前隶属于联邦社会保险办公室）负责对疾病基金提供的强制性社会保险进行管理。

瑞士联邦私人商业保险办公室（Federal Office of Private Insurance） 瑞士联邦私人商业保险办公室是瑞士联邦层面对私营商业保险公司（包括人寿、意外、损失保险和再保险企业）进行监督管理的部门。该机构负责为企业的经营活动颁发许可、监察和审批人寿和健康保险产品，审查公司年报，视察公司经营活动并处理投诉。2006年起，瑞士的保险中介机构也划归FOPI监管。

瑞士联邦普通医疗保险福利委员会（Federal Commission for General Health Insurance Benefits） 瑞士联邦普通医疗保险福利委员会依据瑞士《联邦疾病保险法》组建，负责对医疗服务和医疗措施的效率、适应性和疗效进行评价。委员会包括20名成员，其中医疗界代表7名、医院代表2名、药师代表1名、疾病基金代表6名、参保人代表2名、州卫生行政部门代表1名，瑞士联邦社会保险办公室代表1名。

瑞士基本医疗保险疾病偿付条例（Basic Medical Insurance Reimbursement Ordinance） 瑞士基本医疗保险疾病偿付条例规定了基本医疗保险支付范围的决策程序，包含了所有通过评价并纳入支付范围的医疗目录，这简化了疾病基金对医疗服务的偿付程序。

瑞士联邦疾病保险基本原则委员会（Federal Commission on Basic Principles of Disease Insurance） 瑞士联邦疾病保险基本原则委员会依据疾病保险条例第37条建立，这个委员会并不评价具体的医疗服务，而是为其他委员会提供指南和意见，它还负责制定评价医疗服务的标准，既包括科学标准也包括伦理标准。

澳大利亚卫生部（Department of Health） 澳大利亚卫生部是澳大利亚政府下设的国民健康计划和医疗系统监管机构，成立于1921年。该部门曾经历多次更名，最近一次为2013年从"澳大利亚卫生与老龄部"重新更名为"澳大利亚卫生部"。该机构的主要职能部门有秘书处、卫生防疫处、战略研发处、医

五、健康保险组织（Health Insurance Organization）

疗服务处、科研评估处、健康福利处、医疗福利处、药品福利处、药品安全办公室、本国健康处、劳工健康处、基因技术监管办公室、健康产品监管局和老龄护理局。

澳大利亚健康医疗标准委员会（The Australian Council on Healthcare Standards） 澳大利亚健康医疗标准委员会是澳大利亚政府资助成立的独立非营利机构，主要提供医疗服务评估及鉴定服务。

澳大利亚药品福利价格局（Pharmaceutical Benefits Pricing Authority） 澳大利亚药品福利价格局是澳大利亚负责对新药定价和药品价格进行审查的机构。该机构根据药品福利咨询委员会提供的会议总结（包括建议列入补贴范围的药品目录以及关于这些药品相对于替代品的治疗有效性和成本效益的意见），与药品申请人联系并要求其提供成本信息以及其他申请人认为与新产品有关的数据。

澳大利亚药品福利咨询委员会（Pharmaceutical Benefits Advisory Committee） 澳大利亚药品福利咨询委员会是澳大利亚的独立法定机构，根据1953年《国民健康法案》的规定于1954年5月12日成立，其职责是向卫生部长就哪些药品和制剂应被纳入公共补贴范围提出建议和意见。其成员由卫生部部长任命。委员会必须有8名成员来自消费者、卫生经济学家、职业社区药师、全科医生、临床药理学家和专家等领域。

澳大利亚医疗服务咨询委员会（Medical Services Advisory Committee） 澳大利亚医疗服务咨询委员会成立于1998年4月，职能是就新医疗技术和治疗方法是否安全、有效，是否具有成本效益，以及在什么情况下应被纳入全民健保诊疗项目待遇目录向卫生和老龄部部长提出建议。委员会成员由卫生部部长任命，共21人，其中有两名经济学家和一名消费者。

澳大利亚药物经济学分会（Australian Pharmaceutical Economics Branch） 澳大利亚药物经济学分会是药品福利咨询委员会的一个分会，成立于1993年11月，该分会负责：（1）审查和翻译提交给药品福利咨询委员会的药物经济学分析报告；（2）就这些分析报告向药品福利咨询委员会提出建议；（3）为药品福利咨询委员会提供经济学评估技术方面的建议。

澳大利亚药品使用分会（Australian Drug Use Branch） 澳大利亚药品使用分会由药品福利咨询委员会于1988年成立，该分会负责：（1）收集和分析澳大利亚药品使用数据，供药品福利咨询委员会参考；（2）对各国的药品使用数据进行对比分析；（3）帮助生成合理处方和合理用药的信息。

澳大利亚社区医疗服务中心（Community Health Service Center） 澳大利亚社区医疗服务中心是澳大利亚社区医疗服务机构的主体组织形式。每个社区医疗服务中心一般有数十名工作人员，服务区域相对固定，大多没有全、专科医生，不提供诊治服务。工作人员以护士为主，还包括物理治疗师、心理治疗师、社会工作者等其他卫生技术人员。服务内容包括儿童和家庭保健、社区康复、家庭护理和临终关怀等。

新西兰皇家调查委员会（Royal Commission of Inquiry） 新西兰皇家调查委员会是新西兰政府为了加入国际劳工组织，于1967年成立的机构。该组织研究以立法的方式来对职业危害与道路意外事故的补偿制度进行改革，以重建劳工赔偿制度。

新西兰独立家庭医生协会（Independent Practitioner Association） 新西兰独立家庭医生协会是代表会员医生与地方卫生局协商谈判的组织。20世纪90年代以前，新西兰的家庭医生大都为私人营业者，政府按每个病人的诊疗次数为他们提供医疗服务津贴，同时允许他们向病人收取共付费用，为了提高家庭医生在签约过程中的讨价还价能力，新西兰成立了独立家庭医生协会。新成立的协会全部为私人所有，成立之初，他们只代表各自会员同地方卫生局协商谈判，以维护家庭医生的合法权益，之后，他们开始同政府协商新的资金运用模式。

新西兰健康与残疾委员会（Health and Disability Commission） 新西兰健康与残疾委员会是新西兰政府为建立新西兰医疗体系的问责制而成立的机构，该机构对病人投诉进行调解或调查，为病人提供支持。

安大略医疗协会（Ontario Medical Association） 安大略医疗协会是一个医生联合组织，1991年被指定为加拿大安大略省唯一一家医疗专业领域的中介机构，代表该地区医生的利益与省级政府之间就医生的酬劳和覆盖的服务方面进行谈判。

加拿大健康信息协会（Canadian Institute for Health Information） 加拿大健康信息协会于1994年在联邦、省和地区医疗长官的支持下建立，董事会由联邦和省医疗部长、加拿大统计局、地区医疗协会和学员的代表组成。该协会的主要职责是利用多维度的医疗质量数据，对加拿大医疗系统进行评估。

加拿大专利药品价格评审委员会（Canadian Patent Drug Price Review Board） 加拿大专利药品价格评审委员会是加拿大联邦政府借以对新处方药的普及使用施加影响的机构。该委员会负责控制专利药品在加拿大市场上的最高出厂价。专利药品价格评审委员会只对专利药品进行价格管制，对非专利药品并无管制。

加拿大医疗技术评估协调办公室（Canadian Medical Technology Assessment Coordination） 加拿大医疗技术评估协调办公室由联邦、省和地区三级卫生行政机构的负责人组成，于1989年成立，旨在为全国范围内的信息交流、资源共享和医疗技术评估协调等相关事宜提供一个讨论平台，以确保医疗技术正确使用。

加拿大保险精算师协会（Canadian Institute of Actuaries） 加拿大保险精算师协会是代表加拿大各保险领域专业精算师（包括人寿健康、意外、资讯和互助精算师）的协会。该会员必须定居加拿大且服务于一家获得认可的精算机构，包括美国寿险精算学会。

五、健康保险组织（Health Insurance Organization）

西班牙卫生部（Spanish Ministry of Health） 西班牙卫生部是西班牙政府下设的负责保障公民享受医疗保护权利的机构。它的职责是协调公共卫生和医疗服务，制定医疗政策、提交授权立法的草案并与劳动和社会事务部合作，整合医疗服务和社会服务。

西班牙劳动和社会事务部（Ministry of Labor and Social Affairs） 西班牙劳动和社会事务部是制定和执行劳动与社会保障相关政策的部门，负责规划社会保障体系的筹资结构，确保医疗福利服务的供应，并核定国家卫生服务体系中的费用支付。

西班牙国家医药管理局（State Administration of Medicine） 西班牙国家医药管理局是负责人类和动物用药的评价、管理、注册和控制的政府机构，同时按照西班牙和欧洲法律规定，还负责化妆品和个人卫生用品的评价、管理、注册和控制。它还有权裁决是否进口药品，管理药品的照顾性使用，控制国家战略药品储备以及宣传各种药品信息。该机构成立于1997年，并在1999年开始履行职责，推动了医药方针和协议的传播和执行。

以色列普通工人疾病基金（General Worker Disease Fund） 以色列普通工人疾病基金是以色列首个也是最大的医疗保险组织机构，市场份额高达35%。以色列的健康保障体系是由卫生部和普通工人疾病基金控制的，以色列的500万人口中约70%都通过普通工人疾病基金购买并接受保险服务。

新加坡国家卫生保健集团（National Healthcare Group，NHG） 新加坡国家卫生保健集团是1999年新加坡公立卫生保健系统重组而成的两大垂直整合网络的上层医疗服务网络，包括4所医院、2个专科中心、9个联合诊所和3所专科医院，医院集团实行双向转诊，充分发挥社区医院和医院集团的互补作用。

新加坡卫生服务集团（Singapore Health Services） 新加坡卫生服务集团是1999年新加坡公立卫生保健系统重组而成的两大垂直整合网络的下层医疗服务网络，包括3家急症医院、4个专科中心（眼、牙、心脏和癌症）、8个联合诊所和1家社区医院，医院集团实行双向转诊，充分发挥社区医院和医院集团的互补作用。

莱富士健康保险公司（Raffles Health Insurance） 莱富士健康保险公司是新加坡健康保险公司领导者，是莱富士医疗集团（Raffles Medical Group）的全资子公司，成立于2004年，2005年1月2日开始营业。莱富士与客户共同合作定制个性化保险方案，并为其提供一条龙医疗服务。

新加坡医疗救助基金（Medifund） 医疗救助基金是新加坡医疗救助基金计划的主体组成部分。新加坡从1984年开始先后启动了保险储蓄计划、健保双全计划以及医疗救助基金计划。该基金完全由新加坡政府财政拨款，分别为重症病人及穷人提供医疗保障。

南非发现健康保险公司（Dicovery Health） 南非发现健康保险公司是南非最大健康保险提供商，成立于1992年，主营健康险产品，2000年进入寿险领域,当地市场份额占有率达40%以上。南非市场以Discovery品牌为主,下设Discovery健康险、Discovery寿险、Discovery投资、Discovery车险、Discovery银行。公司还在英、美成立了海外合资公司。2010年8月,Discovery购买了平安健康险20%的股份,进入中国健康保险市场。

日本全国健康保险协会（National Health Insurance Association of Japan）日本全国健康保险协会是日本医疗保险制度中,代表日本政府运营管理小企业员工及其家属加入的社会保险项目的组织。

PL东京健康管理中心（PL Tokyo Health Care Center）PL东京健康管理中心是日本知名健康管理机构,成立于1970年12月1日,总部位于日本东京。该机构率先在日本发展自动化健检,实行会员制管理,体检当天即出结果,并有专业医师为体检者提供体检结果解读服务,年服务量约三万人。

韩国医保评审机构（Health Insurance Review Agency）韩国医保评审机构是韩国医疗费用审查机构从国家医疗保险联盟中的分离出来成立的独立于保险人、医疗机构和其他利益相关方的机构,于2000年6月30日成立,其主要职能是审查医疗费用和评估医疗服务品质。为了考察新药的成本有效性与预算影响,韩国医保评审机构在2005年制定了韩国版的药物经济指导方针,该方针为医药企业在发行医保药物及定价之前准备相关经济数据给出了指导。这样使新药纳入医疗保险范围时就顾及到了其成本有效性,使新药的引入更有效率。

韩国全民医疗保险公司（National Health Insurance Service, NHIS）韩国全民医疗保险公司是韩国保健福利部监管下的管理国民健康保险的唯一公共保险企业,于2000年7月1日由国民医疗保险管理公司与139个职工医疗保险组合合并而成。其管理的NHI合同分为雇员保险和个人保险。该机构的职责是通过提高国民保健和增进社会保障,提高国民的生活质量。

韩国医药分离推进协议会（South Korean Pharmaceutical Separation Agreements）韩国医药分离推进协议会是韩国政府为推行医药分离政策,而成立的组织,协会由医生、药剂师和消费者组成。但各方为了自身的利益迟迟未能达成共识因此,这项改革由1999年7月推迟到2000年7月才出台。

俄罗斯国家卫生保障与疾病检疫委员会（National Commission for Health Protection and Quarantine）俄罗斯国家卫生保障与疾病检疫委员会是俄罗斯医疗系统的主要管理机构,1991年,为提高国家在面对突发传染病等问题上的独立解决能力,该部门从联邦卫生部中分离出来,在科研和财政上享有独立权。

巴西国家医疗保险协会（National Institute of Medical Aid and Social Security Service, INAMPS）巴西国家医疗保险协会是1933—1988年巴西医疗保险计划的管理机构,负责执行"俾斯麦"式医保制度,只为正规部门员工（正式经济体制内的在职人士,公务员和半政府员工）提供医保。

五、健康保险组织（Health Insurance Organization）

泰国国家健康保障办公室（National Health Security Office） 泰国国家健康保障办公室是泰国独立于公共卫生部的一个负责购买医疗保障服务的机构。起初设立该机构的目的是管理公共卫生部原先支持公立医院、健康卡等计划的资金，以支持"三十铢"计划，后由于"三十铢"计划取代了低保卡和健康卡，该机构将资金注入到地方购买办公室，一部分购买是新建的政府机构，另一部分则直接由地方政府机构转化而来，新办公室负责与提供医疗服务的单位协商并订立合同。

泰国国家健康保障委员会（National Health Security Board） 泰国国家健康保障委员会是泰国《国家健康保险法》的三个法律执行机构之一，成立于2003年5月，成员多为各部的部长、副部长，其中公共卫生部长担任委员会主席。该机构负责设定健康保险服务内容、服务标准、基金和非错误性医疗责任赔偿的管理标准，并鼓励各地政府和非政府组织参与全面覆盖计划的管理。

泰国卫生服务标准和质量控制委员会（National Health Service Standards and Quality Control Board） 泰国卫生服务标准和质量控制委员会的成员来源与国家健康保障委员会类似，主要负责控制、监督和支持卫生保健机构的质量和标准，提出治疗疾病的费用标准、管理程序，对非错误性医疗责任进行赔付等。

泰国国家卫生委员会（National Health Committee） 泰国国家卫生委员会以泰国卫生部长为首，负责医改相关政策的制定，国家健康保障办公室是其执行秘书机构，可直接向部长报告。

医师医院组织（Physician Hospital Organization） 医师医院组织是由一个或一个以上的医生和一个或一个以上的医院所形成的独立法人，其目的是与付款机构就合约进行谈判。医师医院组织为其成员提供财务、营销及管理方面的服务。

失能收入记录系统（Disability Income Record System） 失能收入记录系统是在医疗信息局支持下的一种服务，为保险公司提供失能收入保险申请者的非医疗信息。该系统的目的是，在申请者试图从多家保险公司购买过量的失能收入保险时，对保险公司予以提醒。当有人申请给付期至少为12个月、每月至少300美元的失能收入时，作为会员的保险公司需要向该系统报告。该系统随即在其电脑文档中存储这些信息，以便其会员公司获取。

欧洲全科医学教师学会（European Academy of Teachers in General Practice） 欧洲全科医学教师学会是世界全科医师学会欧洲分会的教育委员会。

世界家庭医生组织（The World Organization of National Colleges, Academies and Academic Association of General Practitioners/Family Physicians） 世界家庭医生组织是世界全科医学、家庭医生、国立学院、大学和学会组织的合称，简称为世界家庭医生组织，于1972年在澳大利亚墨尔本成立。该组织是全世界全科家庭医师的学术组织，是世界卫生组织（WHO）在社区卫生方面的高级顾问与工作伙伴。按地区分为亚太、欧洲、北美、非洲等区域组织，各区域每年召开1次区域年会；总会每3年召开1次世界大会，为全科家庭医师提供学术交流和知识更新的平台。中国于1994年成为WONCA的正式成员国。

国家职业安全和健康机构（National Institute for Occupational Safety and Health） 国家职业安全和健康机构是美国专门研究产生于工伤风险导致的伤害和疾病的联邦代理机构，就有害物质产生的最大风险暴露标准向政府提出建议。

病历资料服务所（Medical Information Bureau） 病历资料服务所是美国专门搜集投保过寿险、健康险的被保险人病例的资料中心，所搜集的资料供各会员保险公司交换。例如，佐治亚州亚特兰大市的会员保险公司的投保人的病例资料可以被路易斯安那州地斯里夫波特市的会员保险公司利用。该组织的目的在于防范投保人的欺诈行为。

国家保险发展组织（National Insurance Development Corporation） 国家保险发展组织是为承保美国国内暴动和暴乱风险的私人保险公司提供再保险的政府部门。20世纪60年代发生的主要城市暴动损失，导致保险人停止在某些城区承保这类保单，于是美国国会推动建立了联邦犯罪保险制度和国家保险发展组织。

风险与保险管理协会（Risk and Insurance Management Society） 风险与保险管理协会是致力于风险管理专业标准改进的组织，成立于1950年，总部位于美国纽约的曼哈顿。该组织成员主要包括商业组织、公共机构、社会机构的风险管理者，其中既有营利机构也有公益组织。其宗旨是提升风险管理及雇员利益计划的水平，以保护机构中存在问题的资产。该机构的日常活动包括开展研究，组织会员讨论会，并赞助了美国保险学会的风险管理准会员项目。

国际保险市场准则协会（Insurance Marketplace Standards Association） 国际保险市场准则协会是自愿遵守市场行为的保险人组织，其宗旨是保护公共利益，并加强保险买方对人寿保险文书的理解。成员公司强调自我监管。各成员公司必须对销售和市场营销进行自我评估。成员公司必须坚持六类市场道德行为原则，即遵守监督、投诉程序、销售材料的类型、变更和公平竞争的程序、代理人的选择和培训以及适宜性。（1）保险公司必须参与培训独立代理人；（2）保险公司必须监督独立代理人在销售其产品时所使用的销售手段；（3）保险公司必须与独立代理人签订书面合同，规定代理人的责任以及限制代理人的权限；（4）保险公司必须履行对独立代理人进行尽职调查。

世界卫生组织（World Health Organization） 世界卫生组织是联合国下属的一个专门机构，总部设在瑞士日内瓦，只有主权国家才能参加，是国际上最大的政府间卫生组织，截至2015年共有194个成员国。总干事为中国香港人陈冯富珍。1946年国际卫生大会通过了《世界卫生组织组织法》，1948年4月7日世界卫生组织宣布成立。其宗旨是使

五、健康保险组织（Health Insurance Organization）

全世界人民获得尽可能高水平的健康。世界卫生组织的主要职能包括：促进流行病和地方病的防治；提供和改进公共卫生、疾病医疗和有关事项的教学与训练；推动确定生物制品的国际标准。

世界卫生组织欧洲办事处（WHO/Europe） 世界卫生组织是在联合国系统内负责管理公共卫生的部门，其欧洲办事处是世界卫生组织在全球设立的六个地区办公室之一，服务欧洲地区的53个国家，主要办公地点设立于哥本哈根。

国际健康保险公司（HTH Worldwide） 国际健康保险公司是美国知名国际旅行健康保险公司，成立于1997年，总部位于美国宾夕法尼亚州的拉德诺市，是蓝十字蓝盾组织的成员之一。

国际医疗服务公司（Medicare International） 国际医疗服务公司是一家英国健康保险公司，成立于1983年，总部位于英国伦敦。业务范围主要包括个人健康保险、国际团体健康保险和国际商务健康保险。

洲际健康保险集团（Inter Global Group） 洲际健康保险集团由英国英特格拉集团（Integra）和新西兰麦克亨利集团（Mike Henry Group）合资设立，成立于1998年，主要向派驻国外的人员、国际旅行者或国际组织提供国际健康保险计划。

柳温霍斯特组织（Leeuwenhorst-Group） 柳温霍斯特组织是世界医疗学术界在第二次世界大战后创建的，该组织定义了基本保健医生从预防保健到临终关怀等详细工作任务。

国家相互保险公司协会（National Association of Mutual Insurance Companies） 国家相互保险公司协会是世界上最大的财产和灾害保险公司行业协会（会员组织），创立于1895年，其目标包括通过提供立法信息、教育和交流的方式为会员服务。国际会员由1 250多家公司组成，在1995年举行了著名的100周年纪念活动。

美国独立保险人协会（National Association of Independent Insurers） 美国独立保险人协会是由部分小型的火灾保险、意外保险、保证保险保险人成立的组织。该组织致力于向其会员传达大量与保险行业相关的法律诉讼类信息。

国际疾病管理协会（International Disease Management Association, IDMA） 国际疾病管理协会是美国致力于慢性疾病管理的民间组织，位于美国新泽西州的弗莱明顿。该组织的主要日常活动是筹办一项国际疾病和健康管理论坛，旨在共享前沿研究成果、能够集中推动健康生活方式和加强慢性疾病管理的优秀实践经验。组织设立的宗旨是使国民经济和人们的生活质量及生产力免受长期疾病危机的影响。

国际保险医学会（International Congress of Life Assurance Medicine） 国际保险医学会是专门从事保险医学方面的国际型保险学术团体。1899年成立于比利时的布鲁塞尔。宗旨是加强保险医学研究，促进人寿保险医学家间的国际交流与合作，推动寿险医学的不断发展。学会在1935年以前每隔三年举行一次会议。学会的成员一般为欧美各国从事人寿保险的业务主管人。

独立医疗职业协会（Independent Practice Association，IPA） 独立医疗职业协会是美国的一种独立医师组织或与独立医师签订合同的组织机构，以协商的人均价格、固定的复健费或以按服务内容收费的方式为管理医疗组织提供医疗服务。

六、

国际健康保险（International Health Insurance）

个人总额和需求导向型护理服务雇佣计划（Personal Budget & Consumer – Directed Employment of Care Assistants） 个人总额和需求导向型护理服务雇佣计划是关于家庭护理服务支持制度安排的一种模式，该类型计划允许护理服务需求者自行雇佣、解雇、管理护理服务提供者以及规划护理服务需求，旨在确保服务需求者有更为自主的选择权。目前，荷兰、挪威、瑞典、英国、美国五国推行了此类政府支持计划。在此类计划模式下，政府为护理服务需求者建立个人总额账户，既允许护理服务需求者使用个人总额挑选购买护理机构的服务，同时，也允许其使用个人总额直接雇佣护理服务人员提供护理服务。但包括亲友在内的服务提供者和护理机构，都需与服务需求者签订正规的雇佣合同，通过合同明确约定护理服务时间和护理报酬。各国对服务时间的限定没有统一标准。

日本 2002 年医改（Japanese Medical Reform in 2002） 日本 2002 年医改是指经过日本政府两年一次的医疗卫生现状普查，表明经济萧条加大了控制医疗支出的压力，于是在 2002 年开始实行的医疗改革。其主要改革措施为：引进"统包支付制度"，调整医疗保险体制，建立新的"自由市场"和以病人为主的服务系统。

日本长期护理服务保险（Japanese Long – term Care Insurance） 日本长期护理保险制度是日本继医疗保险、年金保险、劳灾保险、失业保险后的第五项社会保险制度，主要目标是为老年人提供家庭护理服务或机构护理服务。日本在 2000 年 4 月 1 日开始施行长期护理保险项目，该项目是迄今为止世界上最大、最彻底的公共项目，意在通过护理保险实现护理的社会化。日本要求 40 岁以上的人都要参加长期护理保险，保险费按照全国医疗保险费的一个固定比例支付，低收入者可减免。日本长期护理保险总体上向 65 岁以上的被保险人偏斜，保险给付主要以服务形式（实物）提供，现金给付为辅。65 岁以上的被保险人既是长期护理保险的缴费者也是主要受益者，而 40—64 岁的被保险人为主要的缴费者。

日本老年健康法（Elderly Health Act）《日本老年健康法》于 1982 年开始实施。由于长寿风险的影响，日本的医疗费用中，最昂贵的是老年人医疗费用，该法案规定老年人的医疗费全部由专门的统筹基金来支付，与保险类型无关，中央和地方政府分别为统筹基金补贴 20% 和 10%。

日本国民健康保险（National Health Insurance） 日本国民健康保险是二十世纪六十年代日本率先在亚洲引入的覆盖全民的社会医疗保险制度。国民健康保险主要分成两大类：（1）针对雇员及家属的保险，保险费为雇员月工资的 8.2%，由雇主和雇员按比例分摊；（2）针对自由职业者、退休人士、养老金或抚恤金领取者及家属的保险。从国民健康保险取得资金的医疗机构向所有病人开放，不管他们的病情如何，病人都有选择医疗机构的权利。医疗机构可以建议病人去其他地方看病，但不得拒绝任何病人。

日本统包支付制度（Inclusive Payment System） 日本统包支付制度是指日本政府在医疗改革期间为急诊住院病人设计的专项制度，此制度被限制在八个大学的附属医院和两个国家中心医院试点使用。考虑到平均住院时长的差异，该制度按照住院天数来计算，病人选择的医院不同，所需支付的费用也有所差异。日本从 2004 年 4 月起在更大范围内推广统包支付制度，但受到了医院是否引入国际疾病分类体系的限制。目前，统包支付制度在长期护理方面取得了迅速发展。

日本家庭看护津贴计划（Japanese Allowance for Families Caring for an Elderly） 日本家庭看护津贴计划是指在日本，关于家庭护理服务，该津贴申领人需要满足两个条件：一是无财力参加长期护理保险计划的低收入家庭。二是护理服务需求量大。但该计划补贴标准很低，仅占人均个人消费支出比重约为 5%，因而发挥的作用非常有限。

巴西综合医疗体系（Integrated Health System，AIS） 巴西综合医疗体系于 1982 年建立，是巴西医疗体制改革之路上的又一里程碑，旨在建立一个史无前例的全民医疗保健系统，由州政府管理控制，强调初级卫生医疗，促进公用医疗保健设施的使用效率，以及增加对高价医疗项目和服务费的控制，其目标是将管理只能和各种医疗服务的直接提供权完全下放。

巴西联邦医疗体系（Federal Health System） 巴西联邦医疗体系于 1988 年在新宪法的推动下出台了，新政策致力于将公共卫生服务的权利进一步下放到市一级，但"统一联邦医疗体系"的规定模糊不清，使得州政府提供的技术、资金和人力援助都相对有限，州和市之间为此矛盾重重。

以色列国民健康保险法（National Health Insurance Act）《以色列国民健康保险法》于 1994 年通过，以法律的形式明确了国家必须为全体国民提供医疗保健服务的责任，并从 1995 年在以色列实施。主要规定：（1）每个居民都必须注册成为四个保险疾病基金的会员之一；（2）病人可以向四个基金会申请保险

六、国际健康保险（International Health Insurance）

金；(3) 卫生保健服务涉及全体国民的各项医疗保障。

布鲁金斯模型（Brookings Model） 布鲁金斯模型是指美国的布鲁金斯机构在1986—1987年通过微观模拟技术创建了第一个长期照护预测模型，这个模型预测了2020—2050年的老年人的人口数量、财务状况、残疾状况、疗养院与家庭保健的使用与费用情况。

卢森堡抚养保险（Luxembourg Dependency Insurance） 卢森堡抚养保险是指在卢森堡为公共长期护理保险服务提供的费用支持，服务接受者需缴纳一定费用，该费用介于该保险保额和服务实际成本之间。

卢森堡护理服务现金津贴计划（Luxembourg Cash Allowance for Care） 卢森堡护理服务现金津贴计划是指在卢森堡的家庭护理服务计划中规定，护理服务需求不超过7个小时/周的公共长期护理保险参保人，可以申请该计划现金津贴以代替长期护理保险提供的护理服务，但只适用于参加公共长期护理保险的人员。

印尼儿童健康综合管理（Integrated Management of Child-hood Illness，IMCI） 印尼儿童健康综合管理是一项加强对医务人员的专业技能培训、改善印尼低质量医疗保健服务现状的战略性措施。印尼政府推出了针对医师及医科学生的儿童健康综合管理（IMCI）项目，该项目为医师提供一整套的综合职业技能培训，受训人员能够学习到最新的儿童诊疗服务专业知识。目前，IMCI项目已经被列入医科学生的培训课程中，旨在提高他们在儿童诊疗方面的职业素质。

印尼卫生保健系统（Health Care System） 印尼卫生保健系统是由医院、卫生服务中心和以社区为单位的群众卫生团体所组成，私人企业中也有医院和卫生服务中心，而政府部门对所有卫生机构都有监督的职责。每个卫生服务中心管理几个次级中心和卫生站。地方政府监督管理卫生服务中心，而卫生服务中心主要提供妇幼保健、营养、计划生育、计划免疫、医疗和卫生健康教育服务，一些卫生中心还为急诊病人提供床位和转诊服务。卫生服务中心的收费标准较低，低廉的价格有利于社区基本医疗卫生保健服务的推行。但公立卫生服务中心的医疗服务水平较低，所以大多数经济状况较好的病人一般选择私立医疗卫生机构，以获得高水平的诊疗服务。

印尼公务员社会医疗保险制度（ASKES） 印尼公务员社会医疗保险制度于1968年实行，是印尼最早也是最大的医疗保险计划，针对全民提供医疗保健服务，主要覆盖人群为公务员、退休公务员、退伍工人、老兵及他们的家人。保费为工资或退休金的2%，由财政部直接从工资或退休金中扣除。参保人员不论官职高低，工资多少，一律根据医疗需求享受综合的医疗待遇，这项计划由一家名为PTA的印尼国营公司管理。

印尼公立医院自主化改革（Self-Independence of Public Hospital Reform） 印尼公立医院自主化改革起步于20世纪90年代，为应对财政危机和卫生预算锐减的困难，印尼部分公立医院进行了自主化改革。改革的目的在于减少财政对公立医院的补贴，增加公立医院中私人筹资比例。这样，政府可以把节省的资金用于基层医疗服务和预防保健上。经过十年的改革，公立医院在决策权、市场进入程度等方面取得一定进步，但改革最基本的目的，是减少政府对公立医院的投入，却未能实现。最终，印尼不得不放弃对公立医院的自主化改革。

印度三级医疗网络（Tertiary Medical Network） 印度三级医疗网络包括保健站（Sub-Center）、初级卫生中心（Primary Health Center）和社区卫生中心（Community Health Center）三部分，免费为农村居民提供医疗服务。

印度全民农村健康计划（Indian National Rural Health Mission） 印度全民农村健康计划是印度政府为了保证医疗条件较好的地区能保持已有的改革成果，也为了保证落后地区能尽快赶上其他地区而颁布的一项计划。其中一个重要的任务就是在5年内将医疗卫生领域的公共支出提高到占GDP的2%—3%。该计划主要关注的是农村地区，尤其是医疗条件差的18个邦，包括9个极其落后地区。

印度农村医疗执业者（Indian Rural Medical Practitioners） 印度农村医疗执业者是未获资格的医疗从业人员，他们以营利为目的，主要在农村和半城市地区提供治疗性的医疗服务，其中大部分都是一个医生独立进行门诊治疗。

印度私立医疗业（Indian Private Medical Industry） 印度私立医疗业发展迅速，私立医疗机构数目的增加是由于公立医院无法满足的需求造成的。私立医疗业包括：营利机构、非营利机构、非政府组织、教会医院、私人药方、血液库和未注册医疗服务从业人员。私立医疗执业者主要可以被分为三类：农村医疗执业者（RMP）、非营利机构、企业或营利机构。

印度初级卫生中心（Indian Primary Health Center） 印度初级卫生中心由省政府负责维持和建立，为2万—3万名农村居民配备一个初级卫生中心。初级卫生中心是农村社区和地方政府卫生官员之间的第一个连接点，每个中心有一名地方卫生官员和其他14名职员组成，很像中国的乡镇卫生院，每6个保健站的转诊单元，一般设置4—6张床位，但是较为严重或需要住院的病人只能送往社区卫生中心或地区医院。

印度社区卫生中心（Community Health Center） 印度社区卫生中心于1996年开始在全国规划，将同一个地区覆盖人数较多、医疗条件较好的一个初级卫生中心设为社区卫生中心，各省政府负责建立和维持社区卫生中心。

印度政府医疗体系（Government Health Care System） 印度政府医疗体系分为国家级医院、省级医院、地区级医院、县级医院和乡级医院五个层次。各级政府医院数量远远没有私立医院多，但是所有的政府医院对人们都是免费的，包括挂号费、检查费、住院费、治疗费、住院病人的伙食费等。

印度特别行动组（Empowered Action Group） 印度特别行动组是在9个极其落后的地区建立的支持健康医疗保

险服务的专职机构。由于特别行动组与非特别行动组在健康状况和制度上存在一定的差异，这两类地区在资金方面的挑战也不尽相同。但他们的医疗体制都有一个共同的目标，就是为人们提供资金上的保障，保护他们免受风险，应对突如其来的巨大医疗开销。

印度营利性医疗机构（Indian For-Profit Medical Institutions） 印度营利性医疗机构主要包括：非政府组织、公立机构与私立机构。私人营利性医疗机构主要是中小型医疗机构，如私人诊所、私人疗养院组成。有数据表明，营利性医疗机构会比非营利性医疗机构收取更多的诊疗费。

加拿大卫生法（Canada Health Act） 《加拿大卫生法》属于联邦立法，是加拿大医疗卫生体制的基础，它为各级政府实施计划提供了参考标准，也是规范各级政府行为的准绳。法案为医保体系中要求覆盖的基本医疗服务和扩展医疗服务制定了要求，各省及特区只有达到了这些要求，才能享受加拿大医疗拨款基金的全额联邦政府拨款，它要求各省政府必须满足的标准是：全民原则（universality）、全面原则（comprehensiveness）、可及原则（accessibility）、可转移原则（portability）、公共管理原则（public administration）。

加拿大全民公共健康保险（National Public Health Insurance） 加拿大全民公共健康保险是政府主导的医疗卫生体制，最具特色的地方就在于由政府在支付医疗卫生费用。现行的医疗保险制度基本上是在1957年的基础上演变而来的，1968年出台的新医疗保险方案规定了五条基本原则，分别是全民、全面、可及、可转移和公共管理。

加拿大医疗技术评估（Canadian Medical Technology Assessment） 加拿大医疗技术评估最显著的特征之一是，在医疗卫生的不同领域采用不同的方法进行医疗技术评估，之所以如此是因为加拿大健康法案对社会保险覆盖的医疗服务有框架性规定，这些规定限制了经济分析作用的发挥。

加拿大的卫生保健筹资模式（Health Care Financing Model） 加拿大的卫生保健筹资模式是在遵循议会对宪法的解释和体现联邦政府意图的过程中逐渐形成的，加拿大健康法案导致加拿大的医疗卫生体制筹资具有明显的版块性，在加拿大，医院和医生板块主要由公共筹资，其他板块则由公司混合筹资。

加拿大的健康保险模式（Canadian Health Insurance Model） 加拿大的健康保险模式是指加拿大健康保险市场采取的规则与方式。加拿大的商业健康保险对公共医疗保障体系不予保障的项目提供保障，即为法定医疗保险的例外项目或不予覆盖的健康服务项目提供保险产品，例如视力矫正、牙医、整形、长期看护、康复保健、特殊住院服务等。另外，加拿大政府也规定了商业健康保险业务不能涉及公共保险所提供的医疗保障范围，几乎所有省份都立法禁止或设法阻止商业保险公司提供公共医疗保障范围内的医护服务保障项目，商业健康保险的承保范围限于未列入《加拿大医疗法》范围内的医护服务。

加拿大家庭保健网络体系（Family Health Network System） 加拿大家庭保健网络体系形成于1998—2000年。最初，在安大略省医疗协会与政府间达成一致的情况下，建立起试验性质的家庭保健网络体系。在此模式下，加入家庭保健网络体系的病人可以获得专业医生提供的医疗保健服务。目前，加拿大家庭保健网络体系已经普及全国。

加拿大照顾病危亲属津贴计划（Canadian Compassionate Care Benefit） 加拿大照顾病危亲属津贴计划为照顾病危亲属的人员提供短期津贴，通常为支付照顾人员正常收入55%的津贴，鼓励家庭成员参与照顾病危亲属，实现家庭成员对于病危亲属的临终关怀。

西班牙63号皇家法令（Spanish Royal Decree No. 63）《西班牙63号皇家法令》于1995年通过，明确了由国家卫生服务体系支付的服务范围，该法令提出的建议是基于技术标准的，并在议会中经历了激烈的讨论。该法规有两个主要目标：一是通过制定由公共卫生体系提供的福利清单来完善公民的权利组合；二是规范新服务和新技术的引进。

西班牙公共医疗保险筹资（Public Health Insurance Financing） 西班牙公共医疗保险筹资是一项制度安排，此项筹资来自税收、社会强制性缴费以及其他资源，医疗服务体系的筹资也是来自一般税收收入，而不是来自一个更具保险倾向的体系。由于区域和地方政府在财政商的自主权很有限，西班牙公共医疗保险筹资经费的主要来源仍然是中央政府征集。

西班牙加泰罗尼亚卫生保健系统（Spanish Catalan Health Care System） 西班牙加泰罗尼亚卫生保健系统源于20世纪80年代开始的基本保健改革，改革内容涉及职业教育、医疗管理和工资水平等方面。1990年，在通过卫生保健组织法的同时，加泰罗尼亚进行了购买者与服务提供者分离的试点。推动了卫生保健系统中保健服务的整合、组织结构的优化和规章制度的完善。

西班牙健康基本法（Health Basic Act） 西班牙健康基本法于1986年颁布，界定了国家卫生服务体系框架。这一体系覆盖全民，该法律的指导原则包括健康促进、预防为主、平等可及的服务以及社区参与等。

守门人机制（Gatekeeper Mechanism） 守门人机制源于美国，指基本医保民营化之后，为了节约医药费用，民营保险机构有动力引导病人进行分级诊疗，激励全科医生提供疾病预防等初级诊疗（Primary Care）及保健服务，并监督其行为。守门人机制的运作机理是由民营保险机构发起设立管理式医疗组织，如健康维护组织（HMO）或服务点计划组织（POS），建立自己的全科医生网络，以较低的保费吸引投保人，但要求投保人必须在全科医生网络内选择一位"守门人"（Gatekeeper）。除了对常见疾病进行诊断和治疗之外，守门人应当为参保人和他们的家庭提供连续的、完整的保健服务，包括体检、健康风险评估、免疫接种、疾病筛选、健康生活方式咨询和慢性病管理等。若需要转诊，守门人会将病人推荐给相应专科医生或住院诊治，并开具转诊单。若无守门人同意，自行转诊的，医疗费用将全部或部分由病人自费。为了提高转诊的准确率，管理式医疗组织定期向守门人公布相关统计结果，通报全科医生的转诊率、医疗费用等信息。为了激励守门人努力维护和促进参保人的健康，在民营保险机构主办的管理式医疗组织和守门人之间推行按人头付费（Capitation），保险机构为每个注册者事先确定一笔固定的费用，并按照注册者人头数量，定期向守门人支付款项，无论投保人是否看病。通常预留一定比例的人头费在期末考核后结算，考核不合格，将予以扣除。设立奖励制度，依据转诊率、费用成本、病人满意度等评估指标，对绩效较好的全科医生给予一定的经济奖励。因此，守门人有动力提供疾病预防等保健服务，以降低参保人群的疾病发生率和转诊率，守门人与患者关系的深度要远超过专科医生。

芬兰基本卫生保健法（Basic Health Care Act） 《芬兰基本卫生保健法》于1972年通过，法案要求市政府为居民提供预防性和治疗性基本保健服务，并将这些服务功能纳入更具综合性的基本卫生保健中心。

芬兰基本保健改革（Finnish Basic Health Care Reform） 芬兰基本保健改革是1993年芬兰政府推出的卫生服务筹资方式。芬兰提供全民医疗保险，由政府出资的给所有公民提供卫生保健的医保。地方行政部门如市政府也可以购买服务。市政府可以提前分配资金，而不是简单地根据已经发生的活动进行支付。2015年，芬兰政府将健康保健服务和社会关怀服务交由同一个政府部门管理，以实现部分关怀条款的整顿。

阿拉木图宣言（Almaty Declaration） 《阿拉木图宣言》是国际初级卫生保健大会在1978年为保障并增进世界人民的健康而订立的，主要内容为：（1）促进所有国家对初级卫生保健的理解；（2）交流各国发展初级卫生保健的经验并交换情报资料；（3）评价全世界卫生和卫生保健工作现状及其与初级卫生保健的关系，探讨通过初级卫生保健改善卫生状况的途径；（4）确定初级卫生保健的原则及解决问题的运筹学方法；（5）确定各国政府、国家组织与国际性组织在卫生技术合作和支持初级卫生保健工作中的作用；（6）提出有关开展初级卫生保健的建议。

现代医疗市场（Modern Medical Market） 现代医疗市场是指由第三方作为购买人的市场，又称为三边医疗市场，其运行机理是：医疗服务的使用方和购买方分离，医生、居民和民营保险机构分别是医疗市场的提供方、使用方和购买方。居民向民营保险机构缴纳保费作为预付医药费，当看病时获得保险机构的赔付。民营保险机构作为医疗服务的购买方和主要支付方，负责和医院、医生协商并签订医疗服务合同。第三方购买人还负责对医疗服务行为实施精细化的过程管理，监督并评估医疗服务合同的执行情况。现代医疗市场制度，框架初步成型于美国1973年的医改法案——《健康维护组织法案》（Health Maintenance Organization Act）。20世纪90年代初以来，德国、瑞士、荷兰和英国等国家也相继开始推动建立该制度。

英国长期照护筹资模式（Britist Long-term Care Financing Model） 英国长期照护筹资模式是指英国常规税收为医疗服务提供筹资，使用者获得的大部分服务都是免费的。中央与地方的税收筹资所提供的服务不是免费的，这种长期照护的体系在1993年进行了改革，改革后在评估保障需求和指定保障计划方面，地方政府有着更多的责任。

英国全民健保制度（National Health Service. NHS） 英国全民健保制度建立于1948年，是在国家提供服务基础上的全民医疗保险体系，是英国福利制度中的一项特色工程。该制度是一个公平性强、效益好的卫生服务系统，实施60年来一直坚持基于病人的需要为全体公民提供卫生服务的基本原则和宗旨。

英国护理津贴计划（British Attendance Allowance） 英国护理津贴计划是针对英国有护理需求的家庭而制定的。在英国，关于家庭护理服务，补贴的发放与服务需求者的收入状况、财务状况以及津贴的使用情况没有任何关联。只要年满65岁及以上的老年人有超过6个月的家庭护理服务需求（不在医院或疗养机构接受护理服务），就可以申请护理服务财政津贴。

英国医院托拉斯（Hospital Trusts） 英国医院托拉斯是英国非常重要的经营管理组织，其主要职责是与卫生保健的供给方签订服务合同，使卫生资源在国家预算范围内合理用于卫生服务，同时根据国家卫生工作框架，监督卫生服务的质量。这些医院托拉斯根据全民健保制度的法令和政策框架独立工作，受全民健保制度执行委员会监督。

英国初级健保团队（Primary Care Groups，PCG） 英国初级健保团队是提供医疗服务的基本单位，一个典型的初级保健团队大约对口服务一万人，组成人员通常在社区驻诊，包括提供医疗保健的全科医师和护士。在英国，凡是有收入的人都是初级健保团队服务的一员。初级健保团队的建立将基层医疗服务纳入国家财政预算，不但有利于统筹协调，还提高了基层医疗服务质量，使医疗资源尽量公平。

英国直接支付制度（British Direct Payment System） 英国直接支付制度指在英国对于家庭护理服务，符合条件的人员可以根据该制度申请财政补贴以代替英国国家卫生服务体系（NHS）直接提供的护理服务。该制度允许服务需求者雇佣不一同居住的亲友提供家庭护理服务。应该说，这项制度的实施增加了服务需求者的自由选择权。为推行该制度，中央政府设立了转向推广发展基金，帮助社区组织向该制度的潜在扶助对象和申请者提供咨询和帮助；同时，还通过法规，赋予公民自由的选择权，符合该制度条件的护理服务需求者完全可以根据自身需求在NHS提供的护理服务和直接支付制度提供的财政补贴间进行自由选择。

英国国家卫生服务体系（British National Health Service） 英国国家卫生服务体系的建立诠释了英国医疗保障体

六、国际健康保险（International Health Insurance）

系的发展历程与趋势。英国国家健康保障体系于1948年建立，经过半个多世纪的经营，英国国家卫生服务体系（NHS）涉及初级和次级卫生保健以及慢性病护理，医疗服务主要由公立医院提供。NHS目前是欧洲最大的机构，国际卫生组织评价其为全球最佳公用医疗服务系统。其宗旨是向英国公民提供全方位的医疗服务，所有服务项目都是按需提供，与支付能力没有关系，经费来源为税收和国家保险体系（National Insurance）。在国家卫生服务体系（NHS）背景下，社区全科医生除了日常的门诊服务外，还负责对社区居民进行从出生到死亡阶段的健康与疾病管理服务。所有的居民都在全科医生处注册登记，签订服务合同，所有服务由国家付费埋单。政府根据服务人群的实际服务效果、健康状况和预算使用情况，给予额外的奖励，激励医生对社区居民实施健康管理服务。

英国的健康保险现状（British Health Insurance Status） 英国的健康保险现状颇具特色，国际卫生组织评价其为全球最佳公用医疗服务系统。其宗旨是向英国公民提供全方位的医疗服务，所有服务项目都是按需提供，与支付能力没有关系，经费来源为税收和国家保险体系（National Insurance）。英国国家卫生服务体系（NHS）在英国医疗保健市场占主导地位。在英国，商业健康保险产品包括收入保障保险、医疗费用保险、重大疾病保险和产期护理保险等，其产品与政府提供的国民健康保险非常类似，但不涉及急诊和慢性病护理，大多是年度续保型产品。在核保、定价和产品开发方面都较弱，政府对该类业务的监管宽松，按照非寿险业务进行监管，也没有准备金方面的要求。

英国的健康保险模式（British Health Insurance Model） 英国的健康保险模式是指英国将商业健康保险作为法定健康保险，即作为英国国家健康保障体系（National Health Service）之外的附加保障。英国国家健康保障体系涉及初级和次级卫生保健以及慢性病护理，医疗服务主要由公立医院提供，在英国医疗保健市场是占主导地位的。在英国，商业健康保险产品包括收入保障保险、医疗费用保险、重大疾病保险和产期护理保险等，其产品与政府提供的国民健康保险非常类似，但不涉及急诊和慢性病护理，大多是年度续保型产品。在核保、定价和产品开发方面都较弱，政府对该类业务的监管宽松，按照非寿险业务进行监管，也没有准备金方面的要求。

英国政府外包服务采购计划（British Outsourcing Service Procurement Plan of Government） 英国政府外包服务采购计划是指英国政府将国民健康服务体系的管理服务进行外包，积极引进符合资质的商业保险公司参与国民健康服务体系的经办管理服务。其目的是建立公私合作关系，将商业保险公司的创新思维和专业运作模式引入初级医疗保健信托机构（PCT）等公共部门，提高国民健康服务体系公共部门的组织运作能力、进而提高其医疗保健服务的产能和质量。商业保险机构主要为国民健康服务体系提供四个方面的经办服务。

一是评估和规划（Assessment and Planning），主要是对健康需求和医疗服务供给进行评估、设计医疗供给结构等；二是签约和采购（Contracting and Procurement），代表政府与全科及专科医疗服务供给方签约；三是履行管理、纠纷解决与医疗审查（Performance Management, Settlement and Review）；四是与病人及公众互动（Patient and Public Engagement）。

英国看护者津贴（British Caregiver Allowance） 英国看护者津贴是为英国的家庭护理服务提供者所提供的补助，凡提供35小时/周护理服务的低收入人群均可申请该津贴补助，补助约占人均个人消费支出比重的18%。

英国选择和评估技术新体系（Selection and Evaluation of New System） 英国选择和评估技术新体系是指2004年英国国家临床和卫生评价研究所为选择评估技术引进的一套新体系，这套体系对于选择评估程序和实质决策都更为清晰。

英国健康保险市场发展路径（British Health Insurance Market Development Path） 英国健康保险市场发展路径是指英国健康保险市场发展的历程与趋势。英国健康保险业传统发展道路是承担补充医疗保障，由补充性的自愿医疗保险（Supplementary Voluntary Health Insurance）作为对公共医疗体制覆盖的广度和深度的不足进行补充的自愿医疗保险。进入21世纪后，健康保险业尝试小规模经办政府基本医疗保障项目，但由于英国政府向其国民健康保障体系（National Health System）增加了投入，商业健康保险在基本医疗保障运营体系改革中被边缘化，英国健康保险业又回归补充医疗保险之路，整体的发展的空间较小。

英国资金持有人计划（British Money Holders Program） 英国资金持有人计划是指允许全科医生成为资金持有者，为病人的非急救服务订立协议。病人没有自行购买服务的权力，全科医生被指定作为病人的代理人，代表病人购买医疗服务。

欧洲非正式医疗支付（European Informal Medical Payments） 欧洲非正式医疗支付是指在官方支付渠道之外给予医务人员个人或医疗机构商品或现金，或者本应在医疗体系之内应免费提供的服务，但却向患者收费，它包括给医生和医院的"红包"以及从政府财政的私人药店购买药品。

欧洲基本卫生保健（European Basic Health Care） 欧洲基本卫生保健关注保健的互助性和公平可及性；关注健康保护和健康促进而非疾病治疗；关注卫生保健对人群的影响，而不是卫生行业自身的发展；强调在解决社区卫生问题时开展更广泛的部门合作。基本保健最显著的特征是：它是病人首诊时获得的服务，是从非专业保健到专业保健的过渡服务，能确定病人的健康问题，了解病人过去的就医情况和既往病史。

欧洲基本保健供给（European Basic Health Care Supply） 欧洲基本保健供给形式包括医疗合作社、非正式保健和自我保健等自愿供给形式、"分立公司"、新式商业基本保健供给、非医疗基本保健和网络式供给。

欧洲基本保健服务购买模式（European Health Care Purchase Model） 欧洲基本保健服务购买模式在过去20年里建立了多种基本卫生保健购买模式，既有以市场为基础的购买模式，也有以社区为中心的组织网络购买模式。最综合的模式是通过对基本保健服务进行组织和筹资，建立包括社区发展、戒毒治疗、诊断服务等在内的全方位的保健服务。

欧盟自愿健康保险（European Voluntary Health Insurance） 欧盟自愿健康保险是指个人根据自己的意愿或雇主为了自己的利益而参加的保险，自愿健康保险可以由公共或准公共部门提供，可以是营利的也可以是非营利的。

肯尼迪—卡森邦立法（Kennedy–Carson Legislation） 《肯尼迪—卡森邦立法》是1996年在美国出台的《医疗保险便携性和可得性法案》的刺激下，所引入的医疗储蓄账户。其核心内容是为了刺激人们增加储蓄，医疗储蓄账户可以免税。

法国的健康保险现状（French Health Insurance Status） 法国的健康保险现状主要特点是：尽管法国社会健康保险是全民覆盖的，但仍不完善，25%的费用还要自付。因此，许多人购买补充的私人健康保险。法国的患者可以自由地选择医生，无须转诊就可直接去看专科医生。法国的社会保险也是通过费用分担机制控制卫生服务的利用，补充医疗保险的购买和服务的利用与收入、社会的阶层成正向关系，因此可能会导致健康结果的不公平性。医疗保险对医生服务的利用有明显的促进作用，说明主要的问题是道德风险而不是逆选择。

法国的健康保险模式（French Health Insurance Model） 法国的健康保险模式是指法国健康保险市场所采取的规则与方式。法国的医疗保险是强制性的，从2000年实行全民医疗制度（CMU）以来，社会医疗保险基本上已经做到了全覆盖，但由于其共付比例较高，所以自负医疗费用给法国居民造成了很大的负担。商业健康保险则可以弥补这个高额费用，能用来支付社会医疗保险的几乎全部自负部分，还可以用来支付基本医疗保险中未涵盖的一些服务项目如专家诊疗、检查费用、药物目录之外的费用，因此许多人购买补充的私人健康保险。法国的患者能自由地选择医生，无须转诊就可直接去看专科医生。

政府向护理服务提供者提供收入补助制度（Government Provides Subsidies to The Nursing Service Provider） 政府向护理服务提供者提供收入补助制度是关于家庭护理服务支持制度安排的一种模式，这种制度下，政府按月向非正规护理服务提供者提供一定的收入补助。该类型计划提供的收入援助不是对所提供护理服务本身价值的完全补偿，而是对那些因向身边亲友提供护理服务而无法从事全职工作的人员提供最低水平的收入补贴，援助的对象主要是低收入群体。在该类型计划的实施过程中，政府有权核查服务提供者的配偶或伴侣的收入水平和财产状况，以避免来自中等收入或高收入家庭的护理服务人员"免费搭车"。一般情况下，这类型的补助不影响政府其他收入补助政策的执行，比如，为稳定劳动力市场的均衡，政府提供的暂时型事业补贴，这些财政补贴可同时申请领取。目前，澳大利亚、加拿大、爱尔兰、日本、瑞典、英国都推行了该类型补贴计划。

政府向护理服务需求者提供津贴制度（Government Provides Subsidies to The Nursing Service Demanders） 政府向护理服务需求者提供津贴制度是关于家庭护理服务支持制度安排的一种模式，这种制度下，政府按月向服务需求者提供财政津贴支持，在确保得到充足护理服务的前提下，服务需求者可以自行支配政府津贴。目前，奥地利、德国、卢森堡、英国、瑞典都采取此类制度。

挪威合约全科医生计划（Contract General Practitioner Program） 挪威"合约全科医生计划"是挪威于2001年开始推行的一项改革。该计划的目的是为了进一步提高初级卫生保健服务的质量和科技性，协调全科医生和患者的关系。这是挪威初级卫生保健体系的第二次变革，此次改革涉及两个方面：一是对全科医生的组织方式进行了变革。改革之后，许多全科医生都由公共雇员转为与政府签约的私人医生。全科医生要就合约条款与自治市政府进行协商，但在报酬、患者名单的规模和组成、患者的义务与其他事宜等主要方面都需依照国家的标准。在合约的约束下，全科医生必须规划和协调自己所管辖名单中的居民个人预防工作，同时也对这些人各项体检、疾病治疗以及更新病例负有责任。二是政府对全科医生的费用支出方式发生了变化。其中70%的收入继续来自按服务项目收费，此项资金源自国民保险系统（NIS）和病人自付支出（诊疗支出），另外30%的资金是基于所管辖居民人数计算的固定补贴。这项资金主要由国家通过一般拨款项目拨给自治市政府，再由自治市政府进行支配。

挪威自治市卫生服务法（Municipal Health Service Act） 挪威《自治市卫生服务法》于1984年颁布，这是挪威初级卫生服务体系管理结构的第一次大变革。随着该法令的颁布，挪威初级卫生服务正式归属于自治市的自治管理范畴，原有管理结构中的卫生理事会和管区医政官均被取消。根据《自治区卫生服务法》的规定，自治市应负责疾病预防、提供初级卫生保健与社会服务，同时要为初级卫生保健和社会服务提供主要的资金支持。1987年修订的《自治市卫生服务法》进一步将自治市管理的初级卫生保健服务范围延伸至环境卫生服务领域；1988年，对护理院的管理职责也从郡转到了自治市；1991年，自治市卫生保健急购的管理职责又增加了对残障人士的护理服务。此外，2001年医院改革以后，医院的部分职能，如后继性的康复治疗、术后康复治疗等也转移给自治市管理的初级卫生保健体系，自治市实际承担的卫生职能已经远远超出了传统初级卫生保健的范畴。

挪威医院法（Hospital Law） 《挪威医院法》于1969年颁布，对所有医疗机构实行统一标准，郡政府可以根据自身

六、国际健康保险（International Health Insurance）

需要规划、修建和管理医院（中央政府仍然拥有对二三级医院的控制权）。自这个法令颁布之后，挪威19个郡都相继明确了对专科医疗卫生服务筹资、规划和管理的责任。专科卫生服务资金的一部分来源于一种特殊的郡税收，但多数还是来自中央政府的转移支付。2002年，通过民主投票的方式，国家收回了医院的管辖权。医院被上收国家管辖以后，国家在全国建立了5个区域卫生管理机构（目前已经合并为4个区域卫生管理机构），这些区域卫生管理机构拥有该区域内所有医院的管辖权，同时监测这些医院的成本和服务质量。每个区域内的卫生企业都要为居住于此区域的所有居民提供平等的服务。中央政府仍然承担政策制定和医疗筹资的责任。

挪威看护者周薪制（Norway Caregiver Weekly Salary System） 挪威看护者周薪制是指在挪威，家庭护理服务提供者与服务需求者签订正式的雇佣合同，前者按政府规定提供3—10个小时/周的护理服务，从政府领取服务报酬，并且享有养老金。服务报酬则由政府参照护理服务机构每小时的服务价格确定，全国没有统一周薪标准。通常情况下，双方签订的雇佣合同是一种相对松散、自由的合同，雇佣关系更类似于护理机构的雇佣关系，与普通企业雇员相比，服务提供者享有权利较少，所提供的服务价值普遍高于所领取的报酬。该制度下，亲友也可以成为服务提供者。为避免亲友的"免费搭车"现象，确保该制度与其他公共长期护理制度的公平性，政府对家庭护理服务的品质有严格的审核。

政府制定权威机构评价确认家庭护理与正规护理的优劣，只有在确定能接受比护理机构更好的护理服务前提下，看护者才可领取看护者周薪。因此即使服务需求者同意由其亲属提供居家的非正规护理，也必须由当地权威机构进行服务品质的确认。

南非Discovery Vitality健康管理公司医疗费用节约推动器计划（South African Discovery Vitality Medical Savings Booster） 南非Discovery Vitality健康管理公司医疗费用节约推动器计划是由南非Discovery Vitality健康管理公司推出的系列服务计划之一。该公司认为：要充分发挥健康管理功能，就必须向客户提供更易接受、更感快乐、更具权威的服务方式。Discovery健康保险推出了一项"医疗费用节约推动器"计划。加入该计划后，在购买健康食品计划中的商品时，返还现金最高可为健康食品计划价格折扣的三倍（25%×3=75%），这部分返还现金将全部存入Discovery Card的医疗费用储蓄账户，用于日常医疗费用、全科医生咨询费用以及其他保障不足的部分。启动该计划，必须满足三个条件：一是客户持有Discovery Card；二是客户必须参加"健康食品计划"；三是客户需要在Discovery的官网在线完成个人健康情况调查，自初次填写"个人健康调查"后，每一年都必须重新进行健康评估，否则返还现金的比例将从75%自动缩减为60%。

南非Discovery Vitality健康管理公司信用卡计划（South African Vitality Card） 南非Discovery Vitality健康管理

公司信用卡计划是由南非 Discovery Vitality 健康管理公司推出的系列服务计划之一。该公司认为：要充分发挥健康管理功能，就必须向客户提供更易接受、更感快乐、更具权威的服务方式。2004年，Discovery Vitality 推出了 Discovery 专属的 VISA 信用卡 Discovery Card，该卡不但支持普通信用卡功能，允许客户在全球 2400 万个商店和取款机取款消费；同时，允许持卡人享受 Discovery Vitality 的各项增值服务，比如，在合作伙伴网络中消费时，既可以享受超低价格的折扣，还可以获得一定比例的现金返还。客户根据自己的收入情况和需求向 Discovery 信用卡中心申请办理 Discovery Card。持卡客户在 Discovery Vitality 合作伙伴网络中消费时，可以获得相应积分。通常，客户在参与健康生活方式或购买健康食品时，给予的积分相对较高。积分可以累积，Discovery Vitality 则依据积分和客户参与 Discovery Vitality 服务计划的年限将客户分为五个级别，分别是蓝色级、棕色级、银色级、金色级、钻石级。不同级别客户享受不同的价格折扣和现金返还。目前，Discovery Card 已成为 Discovery Vitality 其他服务计划开展的基础。健康食品计划和医疗费用节约推动器计划的开展都必须依托 Discovery Card。

南非 Discovery Vitality 健康管理公司健康食品计划（South African Discovery Health Food）南非 Discovery Vitality 健康管理公司健康食品计划是由南非 Discovery Vitality 健康管理公司推出的系列服务计划之一。该公司认为：要充分发挥健康管理功能，就必须向客户提供更易接受、更感快乐、更具权威的服务方式。2009 年，Discovery Vitality 推出了健康食品计划，Discovery Vitality 的营养专家组列出了 10 000 种健康食品，持卡客户在 Discovery Vitality 合作伙伴 Pick N Pay 处购买该计划中的商品时，不但可以享受最高可达 25% 的价格折扣，还可以享受一定比例的现金返还。返还现金全部存入 Discovery Card 的医疗费用储蓄账户，用于日常医疗费用、全科医生咨询费用以及其他保障不足的部分。

南非 Discovery 公司 Keycare 系列产品（South African Discovery Keycare）南非 Discovery 公司 Keycare 系列产品是指 Discovery 专为低收入人群开发的 Keycare 系列产品（Keycare Core、Keycare Plus），这类产品的低费率水平与收入水平有很大关联，允许低收入家庭以较低的折扣价格购买基本的医疗卫生服务，折扣比例最高可达 30%。基本的医疗卫生服务指南非政府在《医疗计划法案》中列明的最低医疗保障计划，但被保险人只能在 Discovery 指定的医院或医生那里接受诊疗服务。Keycare 计划是南非市场上增长最快的低收入人群医疗保障计划，已成为南非市场上第三大医疗保险计划。

南非 Discovery 公司健康管理服务制度（South African Discovery Health Management Service System）南非 Discovery 公司健康管理服务制度是南非 Discovery 公司提供服务的一种理念与方式。南非 Discovery 公司健康保险的健康管理服务主要包括全科医生计划

六、国际健康保险（International Health Insurance）

（Ceneral Practitioners，GP）、医疗专家计划、牙科诊疗计划三种计划。其中，首推全科医生计划，该计划极大地促进了 Discovery 医疗保障计划的销售。在该计划中，当执业医师向客户提供急诊或慢性病治疗以及预防性保健和健康教育等医疗服务时，Discovery 根据客户购买的医疗保障计划种类支付相应的费用。通常，咨询费用将从客户的医疗费用节约账户里直接扣除，诊疗等其他健康管理服务费用将由 Discovery 承担。

中国香港地区全民健康服务法规制度（National Health Service，Hong Kong，China，NHS） 中国香港地区全民健康服务法律制度指由地区政府直接主办一体化的医疗健康护理服务，为市民提供高质量、全方位的医疗健康服务。市民也可以自行购买商业健康保险，享受商业健康保险有关待遇。香港全民健康服务法规制度覆盖所有持有中国香港地区身份证的市民，其出发点是面向全体市民提供整体医疗体系，保证没有任何市民会因为经济能力不足而无法获得应有的医疗服务。中国香港地区公立医院的经费主要来源于税收，由地区政府通过财政预算提供，市民看病只需交付少量的费用。香港公立医院由医院治理局（Hospital Authority，简称 HA）治理，诊所由卫生署治理。

美国老年医疗照顾计划（Medicare） 美国老年照顾计划是美国社会保障体系中的重要内容之一，该计划被分为 A、B、C、D 四个部分。其中 A 部分属于传统的社会保险项目，通过向雇主和雇员征收工薪税来筹资；B 部分覆盖了医师和其他专业人士提供的服务、某些居家护理服务、耐用医疗仪器设备以及某些预防性服务，它的资金来源于税收收入和保险费；C 部分通过老年人保健优先计划中的管理式医疗组织向那些选择加入这些计划的老年医疗照顾计划受益人提供 A 和 B 部分的服务，C 部分的管理式医疗组织必须覆盖 A 和 B 部分提供的所有服务。D 部分于 2006 年开始启动，用于偿付门诊用药。

美国当前诊疗操作专用码（Current Procedural Terminology，CPT code） 美国当前诊疗操作专用码是指美国医生为病人提供诊治服务时，医生做的每件事都有一个五位数字的代码，代码由美国医学会负责制定，每年增订公布。医生按代码收费，所有付费机构或个人都按照代码付费。

美国传统健康保险市场（Traditional Health Care Insurance Market of America） 美国传统健康保险市场是指美国医疗保险市场中的传统健康保险产品的市场。美国的医疗保险市场分为传统补偿型保险产品市场与管理式医疗产品市场，其中管理式医疗产品分为健康维护组织产品（HMO）、优先医疗服务组织产品（PPO）、定点服务计划产品（POS）。传统健康保险是以医疗费用补偿为基础，按照实际提供的医疗服务项目支付被保险人的医疗费用账单，主要分为费用补偿性和医疗服务型两种。由于传统健康保险只是简单地按照实际提供的医疗服务项目支付被保险人的医疗费账单，采取向投保人提高医疗保险费等手段，未能有效地控制医疗费用的上涨，重视疾病治疗而忽视健康保健，也更强化了对医疗手段的依赖，在美国当今的健康保险市场中，其所占的市场份额变得越来越小。

美国劳工补偿制度（Labor Compensation System） 《美国劳工补偿制度》是劳工赔偿法的产物。该法规定雇主对雇员因工受伤负有完全责任，必须对其进行经济赔偿，所以劳工险被认为是一种保障雇主因雇员的工伤赔偿而发生经济困难的有效手段。对于雇员来说，劳工险的实施也强有力地保护了他们的利益，劳工险不仅能够提供雇员受伤后的医疗和康复费用，并且是他们在因工残废或死亡后家庭收入的重要来源。美国劳工险自实施以来，经过多次修改，逐步建立起了一整套完善的体系，显示了对雇主及雇员的巨大保障作用。美国劳工保险制度有以下几个特点：一是适用完全责任制。雇主对于雇员在工作过程中遭受的伤害承担绝对责任。无论伤害是因为谁的过失导致的，雇主都必须按照法律规定的赔偿金额进行赔偿。二是赔偿金额分期支付。这种做法的主要目的是防止不善理财的赔偿金受领人挥霍一次性支付的赔偿金，以致影响以后的正常生活。三是劳工险的保险费划入生产成本。在美国，劳工险与其他社会保险计划的不同之处在于不要求雇员承担任何费用，保险费完全由雇主支付。雇主可以将这笔费用计入生产成本，从而保证其缴付保费的积极性。四是拥有强有力的法律后盾。美国1935年《联邦社会保障法》要求各州必须建立其劳工赔偿制度；各州的劳工赔偿法也要求雇主必须参加劳工险计划。五是建立了第二次伤害保险金。当工作遭受第二次伤害并永久丧失工作能力时，新的雇主仅付自己应付的那部分伤害支付保障金，而受伤工人应获得永久丧失工作能力赔偿金和雇主支付赔偿金之间的差额则由第二次伤害基金支付。这样，可以鼓励雇主雇佣残疾职工，解决遭受工伤后工人再就业问题。

美国医疗改革法案（American Medical Reform Act） 《美国医疗改革法案》是指奥巴马的医疗改革。按照参议院通过的医疗改革法案的规定，所有美国人都应拥有医疗保险，联邦政府会向低收入人群提供医保补贴。由于目前大部分美国人都是通过雇佣关系而获得医疗保险，所以，法案规定政府可以通过一系列的奖惩措施鼓励或促使企业向其雇员提供医疗保险。与众议院通过的医疗改革方案一样，该法案禁止保险公司因投保者自身存在的健康问题而拒绝承保或抬高保险费。该法案计划在未来10年内花费8 710亿美元改造医疗系统，使得医疗福利系统覆盖所有的美国人，3 000万没有医疗福利保险的美国人将因此获得保险。医疗改革的财政经费来源主要是高额医疗保险计划的税收、保险公司和医疗器械生产商支付的附加费。但是，备受关注的公立医保选择的内容并没有被纳入医疗改革法案，但表示两家私营公司将在政府机构监督下实施保险计划，至少其中一个计划应该是在非营利基础上经营。

美国医疗保险体系（American Medical Insurance System） 美国医疗保险体

六、
国际健康保险（International Health Insurance）

系旨在为人们应对身体伤害、残疾或意外死亡或其他意外因素致死，或由疾病引起的费用等提供补偿，由多种非政府私立医疗保险项目、政府对特殊人群医疗照顾和补助项目构成，主要是通过大部分私立医疗保险和小部分政府医疗计划来实现医疗保障，且主要以私人医疗保险为主。其私人或商业的健康保险业和政府或公共健康保险业服务于不同的人群，并有针对性地提供了广泛的救助和计划。私立医疗保险包括有偿服务计划方案、管理有偿服务的计划、健康维护组织、优先提供者组织以及服务点计划。政府主要的健康保险计划则包括医疗补助和医疗保险，具体有老年人医疗照顾、低收入人群医疗补助计划、退伍军人医疗照顾、特殊患者医疗照顾等。

美国社会保障法（Social Security Act） 美国《社会保障法》于1935年颁布。美国社会保障法共有十一章，其中第六章是公共健康服务计划。为对各州、县、区及州政府所属机构建立和维持良好的公共健康服务并向从事这类工作的地方工作人员提供培训，财政部长在每一财政年度开始时按照经批准的公共健康服务办法对州拨付资金，确定的依据为该州的人数、特殊医疗问题，以及资金需求。公共健康服务机构应对财政部长就不足的数额做出担保。在每一财政季度开始之前，公共健康服务机构在经过州及地方服务机构会议评议之后，向财政部确定应对各州拨付的数额。之后，财政部长应通过财政部支出评级审核后按照确定的数额对各州实施拨付。

美国咖啡杯行动（Operation Coffee Cup） 美国咖啡杯行动是指在1960年后美国医学会在肯尼迪总统当政时发起的，旨在让医生的太太们邀请亲朋好友到家里喝咖啡，请他们给国会议员写信以反对全民医疗保险和全国性政府医疗管理机构的行动。

美国凯撒医疗的垂直医疗整合模式（American Kaiser's Integrated Medical Model） 美国凯撒医疗的垂直医疗整合模式是指美国凯撒医疗组织所实现的医疗服务和医疗保险之间的闭环。凯撒医疗主要实现了四个方面的整合：一是医疗保险与医疗服务提供整合。医疗机构和保险公司是利益统一体，医生只为参保的病人看病，提供服务后的结余资金可以在内部进行再分配。二是供方和需方利益的整合。医生通过健康管理，使服务对象少得病，可以节约大量医疗费用和病人就医的自付费用，节约的资金可以用于医生的收益分配。三是服务提供模式的纵向和横向整合。这种整合能实现每个病人信息在所有平台直接共享。凯撒医疗成为拥有美国最全的电子健康记录的机构。采用同行评议的方式对医务人员进行考核评价，促使全科医生和专科医生之间、不同层级的医务人员之间不同专科医生之间的对接联系融洽。同时，实现了预防保健、门诊、住院、家庭康复之见的横向整合，使患者在不同阶段所接受的服务实现无缝衔接。四是线上和线下服务整合。公司APP和网站可查看客户医疗记录、预约医生、处方下单、浏览检验结果、给医生发信息等。

美国的健康保险模式（American

Health Insurance Model) 美国的健康保险模式指美国健康保险所采取的规则与方式。美国是世界上商业健康保险最发达的国家，然而却是发达国家中唯一没有提供"全民医保"的国家，它只对老年人（Medicare）、残疾人、穷人（Medicaid）、儿童（Children Health Insurance Program，CHIP）、军人（Military Health Care）等群众提供公共保险计划，而其他人的医疗保障完全交由市场解决。商业健康保险制度是美国医疗保障体系中最主要的筹资和补偿机制。

美国政府医疗保障计划（American Government Health Care Plan） 美国政府医疗保障计划是指由政府为老年人、残疾者举办的医疗照顾计划（Medicare）和为贫困人群举办的医疗救助计划（Medicaid）。

美国适价医疗选择法（American Affordable Health Choices Act of 2009）《美国适价医疗选择法》是美国参众两院在2009年6月公布的各自医改法案草案，该法案有一千多页，为奥巴马医改奠定了基础。其中主要内容包括：（1）所有收入在贫困线以上的人必须购买医疗保险，否则以增加税收的方式进行扣款；（2）私营保险公司必须以地区定价，不得由于性别和健康状况差别而进行差别定价；（3）私营保险公司不得以任何理由拒绝投保，保证续保，除了投保人欺诈，保险公司不得取消保险；（4）投保人医疗自付部分，个人不得超过每年5 000美元，家庭不能超过每年10 000美元；（5）为低收入个人和家庭购买保险提供减免税收；（6）由联邦政府医疗和社会服务部根据私营保险的平均价格提供公共医疗保险计划，但是政府不对此进行直接补贴；（7）建立医疗保险交易所和一个新的医疗选择管理署，为购买保险提供交易平台；（8）建立医疗福利咨询委员会；（9）员工工资福利总支出超过50万美元的公司，必须提供符合医疗保险交易所最低保障的医疗保险，否则进行征税罚款；（10）对年收入超过35万美元的个人加征税收；（11）提高为医助病人提供保健医疗的医生费率，减少短期内反复收治同一个病人的医院的费率；（12）完善联邦医保处方药福利，并使制药公司降低药价；（13）拨款建立制定国家疾病预防和整体健康战略。

美国急诊医疗和活跃劳动法案（Emergency Medical Treatment and Active Labor Act of 1986）《美国急诊医疗和活跃劳动法案》由美国国会于1986年通过，规定没有医疗保险的人如有疾病，可以前往医院急诊室就诊，一般的非军方医院都必须进行救治。

美国健康保险计划（American Health Insurance Program） 美国健康保险计划是由美国保健保险行政协会发起的，计划用10年的时间，投入3 000亿美元，重点帮助贫困人群。

美国健康保险市场（American Health Insurance Market） 美国健康保险市场基于成本和效率的考虑，美国政府将大量的政府医疗保障项目交由健康保险公司经办，并取得了良好的效果。经过多年发展，健康保险已成为美国金融保险体系、医疗保障体系和健康产业

六、国际健康保险（International Health Insurance）

的重要组成部分，在保障民众健康、推进医学科技进步、促进健康产业发展等方面发挥了重要作用。美国是世界上最大和最发达的健康保险市场，健康保险业务规模远远大于寿险和产险，在美国保险市场中居主导地位。

美国健康保险市场发展路径（American Health Insurance Market Development Path） 美国健康保险市场发展路径是指美国健康保险市场发展的历程与趋势。美国正逐步走向商业健康保险全方位承担基本医疗保障的发展之路。20世纪60年代中期，美国基本医疗保障制度形成二元体系，一是针对弱势群体和军人建立的公营体制。二是在自由市场传统下形成的民营体制。政府提供的基本医疗保障计划包括三类，分别是老人医疗保障（Medicare）、穷人医疗保障（Medicaid）以及军人和政府职员医疗保障（Military Health Care）。老人医疗保障（Medicare）面向65岁以上老人、65岁以下严重残障人士及需要做肾脏透析的病人等。穷人医疗保障（Medicaid）面向贫困个人以及低收入家庭。绝大多数美国人被排除在政府医疗保障之外，只能通过购买私人医疗保障获得基本医疗保障，这里的私人医疗保障包括个人直接从民营保险机构购买的保障以及雇主（或工会）为员工（或会员）从民营保险机构购买的保障。民营保险机构除了提供私人基本医疗保障产品之外，还承接政府基本医疗保障计划的民营化项目。

美国健康保险法（Health Insurance Act） 《美国健康保险法》作为奥巴马医疗方案于2015年2月15日正式发布，其全称是"保护患者及合理医疗费用"法案（PPACA）。这是一项美国医疗保险行业的重大变革。法案在2010年3月23日由奥巴马签署并于2012年6月28日在最高法院获得通过。奥巴马新健保法的目的是使全体美国的合法居民都能享受到医疗服务，减少保险费用，并提高保险质量。低收入群体，由政府承担费用；中等收入群体，政府给予一定的津贴；高收入群体，由自己承担。实行全民健保是美国政府长期的梦想。1935年，小罗斯福在大萧条时期想建立全国医保，后因阻力太大改为推行社会安全保障制度。1965年，约翰逊政府创建了两个政府重大医疗项目：针对穷人的和针对老人的联邦医疗保险。新法案有三个组成部分，首先，改革保险行业和保险计划要求保险公司必须接受所有投保人，不得增加慢性病患者的投保保费，要求保险计划必须提供十项基本福利保障。其次，将美国人和以合法身份进入美国的人必须拥有医疗保险作为其职责。新移民从2014年开始一定要有健康保险，否则将会被罚款。最后，为低收入人群提供帮助扩展医疗补助制度，为家庭收入较低的家庭提供补助。按照医改法的规定，美国所有纳税人要在2015年首次向国税局报告自己在前一年是否有健康保险，而没有健康保险的人可能会面临罚款，且第二年的罚款会大幅上升。此外，医改法规定有三十种例外可以不用购买医疗保险（主要是财务上的困难）。

**美国健康管理组织法（Health Maintenance Organization Act of 1973）《美国健康管理组织法》是尼克松总统1973年签署的法案，希望通过推广健康管理组织来控制医疗费用，改善民众健康指标，健康管理组织从此渐渐成为私营医疗保险的主流，替代了传统的医疗保险。

美国病人保障和适价医疗法案（Patient Protection and Affordable Care Act of 2010）《美国病人保障和适价医疗法案》是美国奥巴马总统在2010年3月23日正式签署的经两院通过的法案，即所谓的"奥巴马医改法案"。

美国疾病保险法（Sickness Insurance Act）《美国疾病保险法》是针对美国联邦政府和州政府的医疗保险项目制定的相关系列法规，包括老年人、伤残者、儿童、贫困者、退伍军人等。这些公费医疗保险计划主要针对弱势群体，以保障社会公平。公费医疗保险主要有由联邦政府管理的为老年人和伤残者提供的"医疗照顾"保险（Medicare），联邦和州政府合作的为贫困者提供的"医疗补助"保险（Medicaid），同样由联邦和州政府合作的各州儿童医疗保险计划（State Children's Health Insurance Program，简称SCHIP）。此外还有为联邦政府雇员和军人等设立的特种医疗保险，以及各州根据财政自行设立的各种健康计划。公费医疗保险主要由联邦医疗照顾和医疗补助服务中心（Centers for Medicare and Medicaid Services，CMS）以及各州的健康卫生部门负责执行。

美国职业安全和健康法（Occupational Safety and Health Act）《美国职业安全与健康法》于1970年由美国国会通过，该法将职业安全与健康进行统一界定，该法案改变了各州单独立法的局面，加强了联邦对职业安全与健康的统一管理。

美国梅奥医院以用户健康为核心的定位（Mayo Clinic's User Health as The Core）美国梅奥医院以用户健康为核心的定位是其服务的一种理念与方式。对于每一位患者，梅奥提供的服务是健康，而治病只是确保健康的一个环节。围绕患者需求，梅奥已经形成了一套完善的整合式健康医疗服务。横向上，梅奥将心理和生理健康服务结合。对于患者的不适症状，医生会从这两个层面进行问诊和分析检测，找到阻碍患者健康的各项因素，再从心理和生理两方面进行康复指导。纵向上，梅奥的服务涵盖健康环节上的各个阶段，贯穿预防、诊疗与康复保健等。在梅奥就诊，医生不仅会告知病人其诊断结果，更重要的是全面地给出健康解决方案，包括慢性病的预防、健康风险分析、并发症的治疗和生活中的健康保健建议等。

美国商业健康保险（American Business Health Insurance）美国商业健康保险是由商业保险公司将疾病经济风险和医疗卫生服务作为商品提供给社会，由雇主为雇员购买，或私人自愿购买，疾病保险程度与缴费多少挂钩。商业保险公司负责筹集资金，向符合赔付条件的患者提供就医经济补偿。

美国奥巴马医改方案（The Obama Health Care Plan）美国奥巴马医改方案是指美国第44任总统奥巴马在2009—

2010年主导的医改，其方案在一年之内一波三折最终立法，在美国医疗制度发展史上有里程碑式的意义。其中，最重要的成就是可以弥补美国国民医疗保障上的缺口，将没有医疗保障的5 000万人中的3 000多万人纳入医疗保障体系，最终使95%以上的美国人得到相关医疗福利或医疗保险的保障。基本完成自罗斯福总统以来历届政府，特别是民主党政府近百年的未竟事业，结束美国作为唯一一个没有全民医疗保障的发达国家的尴尬地位。但是，美国第45任总统唐纳德·特朗普宣誓就职后，叫停了"奥巴马医改计划"。

美国需求导向型护理服务雇用计划（American Demand – Based Nursing Service Program） 美国需求导向型护理服务雇用计划是美国医疗保障计划的一种，美国允许穷人医疗保障（Medicaid）的参保人可以直接雇佣和管理护理服务人员，后者为其提供一定期限的护理服务，并从穷人医疗保障（Medicaid）领取工资。根据税法规定，此类情况下的护理服务提供者不属于自谋职业者，视同企业雇员，享有联邦政府与州政府规定的雇员待遇，如最低工资标准、工作时间、失业保险和工伤保险等。

美国管理式医疗保险市场（Managed Care Insurance Market of America） 美国管理式医疗保险市场指美国医疗保险市场中的管理式医疗保险产品的市场。美国的医疗保险市场分为传统补偿型保险产品市场与管理式医疗产品市场，其中管理式医疗产品分为健康维护组织产品（HMO）、优先医疗服务组织产品（PPO）、定点服务计划产品（POS）。管理式医疗（Managed Care）是把医疗服务所需要的资金与医疗服务的提供相结合的一种运行系统，是在医疗市场供需双方之外，引入商业保险机构或非营利机构等发起的健康维护组织（HMO）作为医疗市场第三方购买人，通过医疗资源的合理使用来控制医疗费用。由于管理式医疗组织对传统健康领域的改革以及其在费用控制及质量管理方面的成效，美国公众纷纷放弃传统的补偿型保险，转而购买管理式医疗产品。

泰国"三十铢"医疗保险计划（"30 Baht" Health Insurance Program） 泰国"三十铢"医疗保险计划是指泰国民众只要付出"三十铢"泰币就可以获得医疗服务，超过"三十铢"的费用由政府负担。此项医疗保险计划有其特殊的背景，民主改革和自由宪法使政府对贫困人群的关注日益增强，医保改革技术上的相对成熟和充分的舆论准备也为改革赢得了支持。泰国医改的首要目标就是要实现医疗保障的全面覆盖，对于部分没有任何健康保险或者福利计划的人群，政府于2002年4月实施了"三十铢"计划。因此，泰国现已基本实现了医疗保障的全面覆盖，泰国已经成为为数不多的为全体居民提供基本卫生服务保障的中低等收入国家。"三十铢"计划的改革主要就是将以往用于其他医疗保障项目的资金转移到"三十铢"计划上来，将原先投到大医院的资金转移到基础医疗机构中来，从而实现医疗保障的全面覆盖，加强基础医疗。

泰国2001年医保改革（Health

Care Reform in 2001） 泰国 2001 年医保改革是指泰国 2001 年开始的医保改革措施。为了实现医疗保障的全面覆盖和医疗资源的重新配置，泰国成为少数实现医疗保障全面覆盖的中低收入国家之一。泰国的医保改革有两个特点：（1）在筹资方式上以政府出资为主；（2）医疗服务的偿付方式以"按人头付费"和"按病种付费"为主。这两个特点有效地抑制了医疗费用的上涨。

泰国工人保险计划（Worker Compensation System，WCS） 泰国工人保险计划是在 2001 年改革之前的保障计划，主要保障对象是有 20 个以上工人企业的职工，保障内容是对工伤、职业病、死亡和残疾做出赔偿。

泰国自愿性健康卡计划（Voluntary Health Card System） 泰国自愿性健康卡计划是泰国主要农村医疗保险制度之一，该计划是一项有税收补贴的自愿健康保险计划，主要保障低收入群体。

泰国低收入健康卡制度（Low Income Health Card System） 泰国低收入健康卡制度是泰国农村主要医疗保险制度之一，低收入健康卡制度是税收筹资的福利性计划，保障对象为赤贫人口。

泰国社会保障计划（Social Security System） 泰国社会保障计划覆盖全部私营企业的职工。在 2001 年之前，仅覆盖在职人数超过 10 人的私营企业中的约 600 万职工。医疗保障主要提供与工作无关的疾病、产假、残疾和死亡赔偿方面的保障。享有此种保障的人员必须满足两个条件：一是已经就业 15 个月，二是缴纳了至少 90 天的保障基金。如果缴纳费用不足 90 天，那就只能享受某些疾病和工伤补偿。

泰国国家公务员医疗保障制度（Medical Security System for Civil Servants） 泰国国家公务员医疗保障制度主要保障对象是现役和退伍军人、警察和在国有机构就业的人员，他们享有完全的免费医疗，由政府支付费用。

泰国国家健康保险法（National Health Insurance Act）《泰国国家健康保险法》于 2002 年 11 月通过，对于泰国医疗保障的全面覆盖有着重大的意义。该法案虽然保留了国家公务员医疗保障制度和社会保障计划的全部福利，但是将这两项制度的管理权与财权都移交给了国家健康保障办公室（NHSO），在时机成熟的时候就会融入全民医保的制度中。

泰国的健康保险模式（Thailand Health Insurance Model） 泰国的健康保险模式是指泰国健康保险市场采取的规则与方式。2001 年 10 月起，泰国政府扩大全民健康保险，称为三十铢医疗保险计划（30 Baht Scheme），现已有 80% 的覆盖率，特别是覆盖了以前没有任何健康保险和福利制度的人群，替代了过去自愿性的健康卡制度。在新的制度下，泰国居民可以到卫生部和医学院校的附属医院就医，每次只要支付三十铢的共付费用，超出部分由现有的筹资系统和补充基金解决，这对改善贫困人群的医疗可及性、增加卫生系统的效率很有帮助。对医疗机构预算的分配方式为按服务的人数人均分配（Per Capita Funding），允许各省只有选择制度。一种是

六、国际健康保险（International Health Insurance）

医疗机构统保的方式，即资金将按改良的以人头为基础的方法直接分配到医院。另一种是选择将住院的经费集中在省级水平，按病种分类（Diagnosis-Related Groups）方法支付给医院，在这两种资金分配的方式下，医院的行为是不一样的，住院经费集中在省级的方式反比医院统保的方式节约预算，而且提供较好的医疗质量。

泰国基础医疗签约单位（Contracting Units for Primary Care） 泰国"三十铢"计划在制度上的突出动作之一就是基础医疗签约单位的建立，用于实现医疗保障完全覆盖资金的大部分都会投到这个系统。这些基础医疗提供者与省级管理机构签约，主要向登记在册的人口提供基础医疗服务。一个典型的农村地区的基础医疗签约单位包括一个地区医院，以及这个地区的所有卫生中心，在城市，一个基础医疗签约单位包括一个省级的或三级医院，以及城市卫生中心。

荷兰的自发建立健康保险（Voluntary Health Insurance） 荷兰的自发建立健康保险是荷兰健康保险制度的一种广泛模式。早在中世纪晚期，基于支付能力缴纳一定费用且自愿参加的保险系统已经存在，这主要起源于同业公会系统（system of guilds）。同业公会系统内部成员缴纳一定的费用建立基金，用于支付医疗费用。这种形式的保险在1798年废除同业公会后仍然存在。19世纪中期，城市穷人的艰难处境促使医生在一些较大城市建立疾病基金。19世纪末期，随着工业资本化的发展，很多新的基金建立起来，比如工会组织建立的基金，负责支持无产阶级患病时的需要。后来随着工会运动的发展，这种自愿形式的保险制度逐渐扩展到整个国家。尽管中央的权力不断扩大，荷兰自由不受干预的传统还是阻碍了政府对健康保险的干预。但从20世纪开始，形势发生了变化，政府渐渐参与解决健康等社会问题。1901年通过的《事故法案》，可以看作是荷兰建立社会保险系统的第一步。1913年通过的《疾病法案》，标志着完全自主的疾病基金模式已经结束，政府开始干预健康保险。但是政府干预遇到很多问题，如1913年通过的《疾病法案》，直到1930年才正式执行。而且法案只覆盖因病不能工作而发放的救济金，并未覆盖医疗费用。1940年，荷兰约有几百个健康保险组织，健康保险购买是完全自愿的。

荷兰个人总额计划（Holland Personal Total Plan） 荷兰个人总额计划是指每一个荷兰人，所有的家庭护理服务接受者都有资格申请个人总额的政府财政补贴，而且"上不封顶"，并以此替代政府直接提供的护理服务。此外，个人总额的使用也较为灵活，不但可用于支付购买护理服务外，还可以用于购买与护理服务相关的设施，如特殊功用的床和椅子等。

荷兰医疗保险法（Holland Medical Insurance Law） 《荷兰医疗保险法》是1986年颁布的，主要为老年人服务的共同筹资疾病基金计划。20世纪80年代，荷兰的老人和自雇人群的自愿保险体系崩溃，原因在于对年轻、健康的保险人征缴的保费较低,高风险人群面临着高额免赔额的保险和不参加保险的两种选择。因此,荷兰通过医疗保险法确定了医疗保险不得拒保特定人群的投保需求,要求每一家保险公司都必须接受特定人群的保险申请,同时授权健康、体育和福利部制定相应的医疗福利包和相关的费率。

荷兰额外医疗费用法(Holland Exceptional Medical Expenses Act) 荷兰额外医疗费用法是荷兰的一种社会保险,提供家庭护理和机构长期护理。

俾斯麦模式(Bismarck Model) 俾斯麦模式是通过一个需要强制性加入的非营利性疾病基金,为提供基本卫生服务的私立卫生服务机构、慈善卫生服务机构和公共卫生保健机构筹集资金。俾斯麦型社会保障模式,是最早出现的社会保障模式。这种模式以社会保险为核心,社会保障费用由雇员、雇主和国家三方负担,主要以雇员和雇主承担为主,社会保障的给付与雇员的收入和社会保险缴费相联系。俾斯麦型社会保障模式即称联邦德国模式,也可以称与工作相关联的保障模式,根据特殊性原则建立。它主要特点是实行"自助"原则,强调资金来源多元化,即保险最大部分由雇主与雇员共同交纳;政府在收支不平衡时,酌情给予资助。双方负担的比例,视险种的不同有所区别。这种模式以为劳动者建立各种社会保险制度为中心,并辅之以社会救助和社会福利措施,以此来构建满足社会成员需求的较完备的社会保障体系。

爱尔兰看护者保险(Irish Caregiver Insurance) 爱尔兰看护者保险是指参加该保险的临时性家庭护理服务人员,如因提供全天候护理服务而暂时失业,可领取看护保险金,约占人均个人消费支出比重的47%。

爱尔兰看护者津贴计划(Irish Nurse Allowance) 爱尔兰看护者津贴计划是指在爱尔兰从事家庭护理服务的人员,其津贴申领需满足三个条件:一是与护理对象一同居住且提供护理服务,二是收入较低,三是需要全职工作。该计划无最低支付标准,最高约占人均个人消费支出比重的50%。

荷兰疾病基金法(Disease Fund Act) 《荷兰疾病基金法》是荷兰于1941年在德国占领当局的压力下,通过的一项疾病基金法令。疾病基金属于面向工人实施的"俾斯麦模式"强制健康保险。该项健康保险以收入为基础筹资,保费由雇员和雇主按相同的比例共同承担。未受雇佣人群(包括自由职业者和退休人员)可以自愿参加的一种疾病基金。另外,强制健康保险只覆盖中低收入人群,禁止富人(年收入高于一定标准,不同年费标准有所变化)及其家属参加,富人需要自行购买私立健康保险。

斯洛文尼亚卫生保健系统(Slovenia Health Care System) 斯洛文尼亚卫生保健系统从1992年起由国家所有模式转变为分权管理模式,并成立了国家健康保险局,卫生保健服务由公立机构和私立机构提供,斯洛文尼亚的就业人口通过工作单位参加保险,非就业人口则通过社区参加保险。这项强制性保险覆盖了80%以上的卫生保健支出,还有采用

六、国际健康保险（International Health Insurance）

共付制的资源保险制度。

韩国卫生保险体系（National Health Insurance） 韩国医疗卫生保险体系建立于1989年。韩国医疗保险体系是负责韩国医疗卫生系统的中心管理机构，政府、消费者、企业与医疗服务提供者之间的资源都以其作为流动的基础。如今97%的韩国人都是其受益者，对于剩下的3%，即最为贫困的社会成员，他们的健康保障是由国家财政支持的医药保护项目买单。韩国在相对较短的时间内完成了健康保障的100%人口全覆盖，得益于在过去日益增长的人均收入与逐渐深入人心的政治民主。韩国医疗卫生体制的特点为：（1）患者拥有选择权；（2）资金来源较为合理；（3）私有制为主体的医疗布局；（4）大量引进新型药物技术。

韩国医疗服务项目支付体系改革（South Korean Medical Service Project Payment System Reform） 韩国医疗服务项目支付体系改革始于20世纪90年代末，韩国决定采取两项措施对医疗服务支付体系进行改革，分别是诊断治疗相关组（Diagnostic Related Group）及以资源为基础的相对价值标准（Resource-Based Relative Value）。通过建立一种确定医院病例类型的方法，对医疗服务的投入和产出做出全面准确评估，它主要针对住院治疗。由于在推行之初遭到了医疗服务者的强烈反对，政府于1997年采取了试点计划。以资源为相对价值标准，判断各项服务的价值，以支付医生报酬，这项改革也适用于门诊治疗。

韩国医疗药品体系改革（South Korean Medical Drug System Reform） 韩国医疗药品体系改革始于2000年推行的一项改革措施。在此之前，开药与配药是合并在一起的，韩国的医师和药师都有资格开配药，所以开药时会选择利润空间更大的药品。改革后韩国的开药权与配药权分离，保留医师的开药权，而将配药权交给药师，让医师和药师各司其职。具体来说，医师开的药方须经药师认可后，方能给药配药，若医师只注重高利润药物，药师就不能审批；同样的，药师被禁止开药，这就可以杜绝通过开方卖出高利润药物；若对医师开出的药物持有异议，需多方共同商讨，方能定药。韩国药物开配一体的情况已存在很长时间，造成这种现象长久存在的原因在于医师和药师对此项改革的强烈反对。一方面，医师希望通过保留自己的配药权利来保证他们主要的收入来源；另一方面，药师也更倾向于先前的体制，因为开药可以使自己的药物销售渠道直接与市场需求结合，这有利于药物的流通与销售。药师与医师在医疗行业具有一定的影响力，他们的极力反对在很大程度上阻碍了改革的进程。新的医疗政策决策使民间组织得以加入，并且占据了相对主导地位，这使得医疗药品体系改革重现曙光。

韩国医疗费用报销体系（Positive List System，PLS） 韩国医疗费用报销体系形成于2006年3月，韩国宣布了运用经济数据进行药品报销决策的相关政策，该政策名为"积极的报销体系"。该政策在2008年1月以法律形式生效，与以往明确列出哪些药品未能纳入医保范围不同，此项政策的名单包含了对药物的经济评价,并以此作为选择的标准。

韩国医药分离政策(South Korean Pharmaceutical Separation Policy) 韩国医药分离政策是指进入21世纪之后,韩国人口步入了老龄化,大众对药品消费需求的增加,直接导致了药品消费及支出的增长,如何控制药品的成本与开支成为韩国医疗部门的重要目标。2000年以前,韩国的药剂师与医生都拥有开药和配药的权力,并且他们收入很大的一部分来自药费。由于经济利益的直接驱动,医生及药剂师对药品的选择不再以药品的质量为基础,甚至不考虑药品的成本有效性,病人的利益更是无从谈起,并且在医院与诊所从药品处方上得到高额利润的同时,医药部门的成本却在不断提高,韩国卫生保险体系很大一部分的财政赤字便来源于此。于是,从2000年7月1日开始,韩国政府实施了一项新的改革,要求医药分离。这一改革的根本在于改变药品供给的无效率模式,减少药品的滥用,以此控制药品的支出成本。

韩国经济评价与药品报销改革(South Korean Economic Evaluation and Drug Reimbursement Reform) 韩国经济评价与药品报销改革主要是面对韩国卫生保险体系财务赤字、过量的药物开销、卫生保险体系药物报销等一系列问题。从2001年起,韩国政府开始一项大胆的举措,即韩国全民医疗保险中的经济评价与药品报销改革。新措施规定,运用经济评估进行医药价格、相对价值等方面的决策,并确定医疗保险对新型医药技术(包括医药、器材、诊断等方面的相关技术)的承保范围。

韩国筹资体系及医保行业改革(South Korean Health Financing System and the Reform of Health Care Industry) 韩国筹资体系及医保行业改革是指韩国1990年推出的筹资体系与医保制度改革方案,这项方案使医保机构摆脱了国家卫生福利部的严格控制,通过加强自我管理进行运作,结合信息资源,避免了骗保现象,平衡了不同地区因收入不同产生的投保差异。在医疗筹资体系改革之前,韩国国家医保体系由超过350家准公共的医保机构构成,覆盖了全国所有人口,医保机构之间没有竞争,很难吸引更多的群体受保。

奥地利护理服务现金津贴计划(Austrian Cash Allowance for Care) 奥地利护理服务现金津贴计划是指关于家庭护理服务政府不直接提供护理服务,仅对家庭长期护理服务需求者提供护理服务费用支持,津贴获取者可以使用津贴购买正规护理服务,而且补贴标准较高。目前,该计划已覆盖全体国民。

瑞士医疗技术临床与经济学评价标准手册(Handbook of Clinical and Economic Evaluation of Medical Technology) 瑞士医疗技术临床与经济学评价标准手册是为了帮助普通医疗保险福利委员会履行职责,由联邦社会保险办公室编制了该手册,这本手册提供了向委员会提交评价申请的程序指南,也阐明了委员会用来评价新的或有争议的医疗技术手段的标准。

瑞士联邦疾病与意外保险法(Federal Disease and Accident Insurance

六、国际健康保险（International Health Insurance）

Act）《瑞士联邦疾病与意外保险法》是瑞士第一部关于疾病保险的联邦法律，于1911年颁布，它涵盖了由意外所导致的伤害。这部法律是瑞士医疗体系的关键构成要素之一，也是联邦政府制定公共卫生政策最重要的工具之一。这部法律还创设了联邦社会保险办公室以及联邦社会保险最高法院两个机构。

瑞士联邦疾病保险法（Federal Disease Insurance Act）《瑞士联邦疾病保险法》是瑞士在1994年对《联邦疾病与意外保险法》进行较大范围的修订后通过的。瑞士医疗卫生体系深受这部法律及其实施条件的影响。瑞士的疾病保险分为基本医疗保险和附加保险两种。基本医疗保险为必须履行的义务，有保障的、高质量平等的针对所有在瑞士居住的人。附加保险属自愿型的，包括附加的舒适医疗（比如住院期间享受私人或半私人单间的待遇）或更多附加福利（如使用自然疗法、一般的牙病治疗等）。

瑞典卫生与医疗服务法案（Health and Medical Services Act）《瑞典卫生与医疗服务法案》于1983年施行，其目的旨在促进和改善国民的医疗卫生现状。主要包括老年人在公立医院或牙科医院治疗，可以享受免费待遇；领养老金的老年人免交健康保险费，但仍享有健康保险的权利等。

瑞典护理津贴计划（Swedish Attendance Allowance） 瑞典护理津贴计划是指在瑞典，只要家庭护理服务需求不低于17个小时/周，且自行承担服务费用，就可以向政府申请护理津贴，补贴标准也较高。

瑞典社会服务法（Swedish Social Service Act） 瑞典社会服务法规定，瑞典的政府部门有责任提供绝大部分的家庭护理服务和机构护理服务。

瑞典看护休假（Swedish Care Leave） 瑞典看护休假是指在瑞典，关于家庭护理服务，法律规定公民享有休假照顾病危亲属或密友的法定权利，假期最长可达60天。休假期间领取正常收入的80%。

瑞典看护者工资制度（Swedish Caregiver Salary System） 瑞典看护者工资制度是指在瑞典，家庭护理服务提供者与护理机构工作人员等同待遇，按月从政府领取工资，并享有相同的社会保险保障。亲友可以提供护理服务，但为确保服务质量，政府禁止65岁以上的亲友提供护理服务。

新加坡公共医疗保健机构（Public Medical and Health Institutions） 新加坡公共医疗保健机构主要由两大部分组成：国家卫生保健组和新加坡卫生服务机构。前者由4家医院、1家国家专科中心、9家综合性诊所、3家专科机构组成；后者拥有3家医院、5家国家专科中心和9家综合性诊所。这两大互相整合的网络通过相互合作来提供价格能为百姓所接受的综合性高质量的医疗服务。这两大医疗体系于2000年10月1日公司化，都提供全部综合医疗服务，包括综合性诊所提供的基础医疗，地区医院、三级医院和国家中心提供的二级和三级医疗服务。

新加坡公私共责医疗资金与医疗服

务体制（Public and Private Responsibility Medical Funds and Medical Service System） 新加坡公私共责医疗资金与医疗服务体制成功发展了一套由公私共同负责医疗资金和医疗服务的制度，该制度将政府管制和个人责任有机地结合在一起。

新加坡双轨制医疗供应体系（Double Track Medical Supply System） 新加坡双轨制医疗供应体系包括政府提供的公共医疗体系和私人医生提供的私营体系。新加坡的公立医院承担部分初级卫生保健服务，包括专家门诊和急诊；而住院医疗服务的80%由公立医院提供。实行双轨制就会在很大程度上减轻医院的负担，使医院的人力、设备资源能得到更好地运用。

新加坡乐龄健保计划（Singapore Elder Shield） 新加坡乐龄健保计划是新加坡政府在2002年起牵头设计开展护理保险制度，该计划利用全国医疗储蓄计划（Medi Save）的个人医疗储蓄账户资金购买护理保险、消费者一般无须负担，并委托商业保险公司承办，个人在40岁时自动注册加入该计划。乐龄健保计划中，每个人的保费由其加入该计划的年龄决定，一旦确定，不会随着年龄的增长而增加。保费可由个人医疗储蓄账户或现金支付，直到65岁。由于保险金的数额有限，想要得到更高的失能保障的人，可以选择购买"乐龄健保额外保障计划"（Elder Shield Supplements），保险金依然可以由个人医疗储蓄账户或现金支付，而且实在无法担剩余长期护理费用的贫困家庭也可以通过医疗基金（Medi Fund）得到帮助。

新加坡医疗保险个人账户计划（Medical Insurance Personal Accounts Plan） 新加坡医疗保险个人账户计划诞生于20世纪80年代，在新加坡对医疗卫生体制改革的同时，政府启动了医疗保险个人账户计划，它由保健储蓄计划、健保双全计划和医疗救助计划三部分组成。医改之后，医疗保险个人账户成了新加坡医疗体制最吸引人的亮点。这些账户由政府托管，劳动者拿出工资的一部分投入其中。投入的比例按工资的多少决定，这些投入可以用来抵消医院治疗中的成本。与欧洲国家的社会保险计划不同，这些账户是在每一代都只负责自己的需要而不用为下一代做储备或奉献的基础上建立起来的。这一原则反映了新加坡医疗体制所依赖的价值观和对个人责任的强调。

新加坡的卫生保健体制（National Health Care System） 新加坡的卫生保健体制承袭自英国。在1984年新加坡实行卫生保健体制改革以前，医疗服务主要由公共部门提供并由税收提供资金。医疗服务通常免费或者仅仅收取极少的费用，绝大多数严重疾病的治疗在公共医院进行，这些公共医院设备齐全，能够提供完善的技术服务。私营成分仅发挥很小的作用。这样的体制使新加坡政府同样面临着令许多国家都感到头疼的问题，那就是如何平衡有限供给和无限需求的关系。在发现问题之后，政府充分意识到医疗体制的不足之处，医疗保健体制改革势在必行。20世纪80年代，新加坡的经济开始腾飞，这时的政府已

六、国际健康保险(International Health Insurance)

经积聚了足够的能量可以对医疗卫生体制进行大刀阔斧的改革，于是医改的序幕就此拉开。

新加坡的医疗服务体系（Medical Service System） 新加坡的医疗服务体系主要有三个方面，分别是保险储蓄，医疗保护和医疗基金。保险储蓄要求每个工作的人将6%—8%的税后收入存入医疗储蓄账户以支付住院和昂贵的门诊服务；医疗保护是1990年创立的重大疾病保险，保险费是从医疗储蓄账户中扣除的，有很高的起付线、共付以及封顶线来减少道德风险；医疗基金是1993年创立的捐赠基金，利息可以被用来为穷人的医疗服务进行筹资。

新加坡保健储蓄计划（Health Savings Plan） 新加坡保健储蓄计划是一项建立个人医疗保险储蓄账户的制度安排，计划开始于1984年。这项计划建立在中央公积金的基础上，强制规定雇主和雇员共同负担，将40%的工资存入一个带利息的个人账户中。保险储蓄计划是将个人责任引入医保的勇敢突破。

新加坡健保双全计划（Medical Shield） 新加坡健保双全计划与保险储蓄计划不同，是一种统筹保险计划。健保双全计划的最高投保年龄为75岁，最高受保年龄为85岁，并且只提供给健康状况良好的会员。在该计划的保险责任开始前，会员必须提交其健康状况证明。除非个人自己拒绝，每一个满足要求的保健储蓄计划的成员都会被自动加入到该项计划中，保险费从每名成员的保健储蓄账户中扣除。健保双全计划的保费随年龄增长而增加。当保单生效或者续保时，保费是基于受保人的下一个生日年龄计算的。健保双全计划有三个特点：（1）健保双全计划包括自付额和共同保险；（2）健保双全计划有索赔限额和按百分比索赔两套索赔方案，取两者较低金额进行索赔，防止过高支出；（3）健保双全计划每日支付的金额都设置了上限，以鼓励病人选择普通病房。

新加坡综合卫生保健体系（Comprehensive Health Care System） 新加坡综合卫生保健体系建立于1984年。新加坡根据消费者能够自由选择、强调自行承担责任和自力更生、尽可能引入自由市场竞争、政府只为完全无支付能力的人提供最基本的卫生保健等原则对卫生保健体制和筹资来源进行了改革，并建立了一个精心设计、全新连贯的综合卫生保健体系。这一体系为消费者提供选择，提高了病人接受服务时所支付的直接费用，引入了市场力量和竞争以提高效率，并促使医院和诊所为争取病人而提供更加实在的服务。这一体系同时还保证了每个人都能够获得足够的医疗保健服务。

新西兰卫生战略（New Zealand Health Strategy） 新西兰卫生战略是2000年由工党政府推出的，其战略核心目标之一是建立以基本医疗为核心的医疗卫生体系。随后在2001年，政府开始着手进行基本医疗体制改革，其总体原则是确保低收入人士、毛利人和南太平洋岛居民能够获得合理的医疗服务，渐进的降低共付费用。

新西兰卫生资金筹措机制（Health Fund Raising Mechanism） 新西兰卫生

资金筹措机制是指其公共卫生资金的来源主要由政府通过一般税收筹集的公共医疗卫生资金、意外赔偿保险以及私人保险公司、个人自付和非营利的非政府组织提供的资金。从1992年起，公共医疗卫生资金占总资金的比重趋于稳定，年均增长5.1%，目前大约占卫生总支出的80%以上。2010年，政府共筹集公共医疗卫生资金139.83亿新西兰元，其中多于3/4的经费由卫生部门分配给区域卫生局管理使用，剩余资金中大约20%用于重要的全国性卫生服务，例如支持残障人士、公共卫生、精神健康、儿童健康和初级孕产妇服务、毛利人健康等。大约1.6%的资金用于卫生部的运转。除政府提供的卫生资金外，意外赔偿公司（ACC）也提供了部分卫生资金。ACC是一个法定的保险组织，由政府所有并为所有新西兰人提供强制的、全面的意外伤害保险。2008—2009年，ACC分别提供了18.2亿和16.7亿新西兰元的卫生资金，分别占当年卫生总费用的9.7%、8.4%。此外，私人保险公司、个人自付和非营利的非政府组织也是卫生资金的筹资来源。调查显示，过去十年间，私人部门提供的卫生资金占总资金的比重始终维持在20%左右，近年来下降到15%左右。与澳大利亚不同，新西兰的私人健康保险并没有受到政府的直接补贴或者财政支持。私人健康保险的覆盖率在20世纪80年代达到了顶峰，有45%的人购买了私人健康保险，之后开始下降，2000—2005年一直保持在33%左右。私人健康保险一般用来支付共付的一些费用、可选择手术的私人医院费用、专科医生院外诊疗费用。私人健康保险的支出占卫生总费用的6%。

新西兰公立医院免费医疗制度（Free Medical Service in Public Hospitals） 新西兰公立医院免费医疗制度基于新西兰属于高收入、高税收、高福利国家，公立医院为病人提供免费治疗，新西兰居民可获得免费的住院服务和住院期间免费的药品服务。新西兰居民需要负担全部或部分全科医生的初级卫生保健服务（包括药品）以及长期护理服务的费用，但低收入人群可以免除这些费用。新西兰的医院服务一般都由政府提供，而非医院服务则通常由私人提供。新西兰也实行了"安全网"制度，对6岁以下儿童卫生服务几乎是免费的；其他加入了初级卫生组织（PHOS）的人则可以享受到相当程度的补贴。

新西兰坎特伯雷老年护理项目（Elder Care Canterbury Project） 新西兰坎特伯雷老年护理项目于1997年7月正式展开，以提高老年人服务综合性为目的。其宗旨是使病人可以无障碍地享受卫生与残疾保障服务。该项目以社区为基础，致力于服务提供者、病人、病人家属和护理人员，以及其他利益相关者之间的沟通合作，以探寻更合理的服务供给模式，实现"以病人为本"。

新西兰医疗卫生保健体制（New Zealand Health Care System） 新西兰医疗卫生保健体制是指从20世纪70年代以来，新西兰的医疗卫生保健体制经历了"分权—集权—分权"的U字形变革，新西兰政府一贯高度重视医疗卫生，

六、国际健康保险（International Health Insurance）

在医疗卫生政策的制定、筹资、计划和服务等各个方面，都发挥了主导作用。新西兰拥有较为完善的医疗服务网络和基本医疗体制，在社区卫生服务及针对毛利人等少数民族所采取的卫生政策成效显著，这与政府的重视与非政府组织的努力密不可分。

新西兰社会保障法案（Social Security Act） 《新西兰社会保障法案》于1938年颁布。直到20世纪80年代初，新西兰一直实行高度集中的医疗卫生管理体制，由国家税收支持覆盖全民的公立医院体系。

新西兰基本卫生保健战略（Primary Health Care Strategy） 《新西兰基本卫生保健战略》于1999年颁布，该战略对新西兰基本医疗卫生体制的结构做出新的安排，并且在21个地区卫生委员会下设立不同数目的初级卫生保健组织，以缓解卫生服务分配不均、共付费用过高等问题。

新西兰就地养老计划（Aging in Palce） 新西兰就地养老计划启动于20世纪90年代初，这一理念起源北欧国家。就地养老是指用当地的资源照顾老年人，使他们能够在自己熟悉的地方自然养老，不会因为年纪大了而必须被迫离开家园，就地养老已经成为新西兰的一项重要的公共政策。

墨西哥大众医疗保险计划（Mexican Public Medical Insurance Plan） 墨西哥大众医疗保险计划旨在帮助个人抵御医疗风险。个人医疗风险主要分为两部分，第一类医疗服务，风险性较低，由州财政买单，主要为小规模诊所和医疗站提供的基本医疗服务和二级医院提供的专科服务，包括154种服务项目和172种药品；第二类为三级医院或其他专业机构提供的大病医疗服务。

墨西哥大众医疗保险法（Popular Health Insurance Act） 墨西哥《大众医疗保险法》是墨西哥政府在原有的社会保障体系的基础上，于2004年立法通过的公共医疗保险法律制度，将全民医疗保险的概念推向全国。墨西哥社会保险局以及国家公务员社会保障和服务局，专门为私营企业职员和政府公务员提供社会保险服务。法律保障了有工作的墨西哥人享受社会保险服务，但忽视了庞大的农村人口和无固定工作的贫困人群，而前者仅占全国人口的40%。自2001年起，墨西哥政府开始在五个州试点实行"大众医疗保险"计划。计划规定，联邦政府承担保险基金60%的资金，州政府出资35%，参保人仅需支付其余的5%。所有农民和无固定职业者都可以自愿参保，各个家庭根据各自的收入，每年缴纳65美元到1 000美元不等的保费，一家老小就能享受大众医疗保险提供的医疗服务。考虑到这部分人群的经济状况，参保家庭中最贫困的20%可以不交纳保险费用。2004年，大众医疗保险正式在全国实施。为了方便农民和无固定职业者自愿参保，社会健康保障委员会在全国各州市设立了800多个参保报名点。参保家庭使用医疗卡，芯片中存储参保家庭的信息和处方，药店读取芯片后为病人取药。截至2006年底，这一计划获得了良好的效果。已有510万个家庭加入，如果按照每户5口人计算，也就是说有 2 500 多万人加入了这个新的医疗保险系统。

德国 Almeda 公司狭义健康管理服务（Germany Almeda Narrow Health Management Services） 德国 Almeda 公司狭义健康管理服务是德国 DKV 的子公司 Almeda 公司提供服务的一种理念与方式。Almeda 公司类似的狭义健康管理服务情况主要有六种：第一，疾病管理。Almeda 疾病管理是为保险公司、护理提供者、制药商和职业卫生管理机构提供寻证基础的疾病管理服务。第二，需求管理。24 小时医疗热线提供医疗信息和医疗服务管理，全部问题都是由全面培训的专家提供，如护士、医护专业人士和医师团队。第三，医疗协助。在医疗协助服务领域，Almeda 为保险公司承保/非承保的旅客和外籍人士提供 25 种语言、国际化医疗专家的高质量 24 小时咨询服务及世界各地的紧急救援服务。第四，员工帮助计划。Almeda 支持企业健康管理的进程，向每个人提供多方的干预措施。第五，医疗旅游业服务。开展医疗旅游业服务的原因主要是：医疗设施有限的国家的要求、特别服务的要求、更短的轮候时间、更低的价格和更高的质量标准要求等。第六，家庭护理及康复管理。老龄化的加速促使 Almeda 开发了很多面向老年人的长期护服务产品或是因疾病、意外事故导致的护理需求，如家庭护理和康复服务。

德国 DKV 公司三角战略（Germany DKV Company Triangle Strategy） 德国 DKV 健康保险公司将自己的战略确定为保险保障、健康服务和医疗护理三者互相促进的"三角战略"，并将发展目标定位于在全球任何地方、任何时间都可以向客户提供最好的医疗健康服务。在德国，DKV 建立了覆盖全面的医疗和健康服务网络，其保险客户可以在 DKV 所属的医疗网络中享受优质服务，在治疗优先权、医疗价格等方面都有较强的优势；在西班牙，DKV 建立了非常庞大的医疗服务网络，包括为数众多的医院、医疗服务诊所、家庭护理机构等，充分利用医疗网络管理技术，直接面向网络医院开展理赔工作，而不是传统的面向千千万万客户开展理赔，目前其 80% 的客户都会选择在其指定的网络医院中就医。

德国 DKV 公司关注健康战略（Germany DKV Company's Think Healthcare） 德国 DKV 公司关注健康战略指德国 DKV 公司提供服务的一种理念与方式。德国健康保险股份公司（DKV）认为，为客户提供高质量的医疗健康服务能够吸引更多的客户，介入医疗健康产业是公司长期发展战略的需要，在 2001 年提出了"关注健康"（Think Healthcare）的理念，整合健康管理和医疗服务资源，以推动自身持续发展。10 多年来，DKV 已经初步形成了要素齐全、功能完整的医疗健康服务网络。DKV 在医疗行业的布局分为三个板块：连锁综合门诊（Gomedus）、连锁牙科专业诊所（Godentis）以及入股医院集团。DKV 主要特点是推行"关注健康"战略，将保险保障、健康管理服务和医疗服务整合在一个平台下，形成三者互相促进的战略关系。通过收购医疗服务、疾病管理、居家护理服务和老年公寓等服务机构，搭建、整合统一的服务平台，形成多元化盈利渠道，重点提供健康咨询热线、最佳医疗、家庭护理、基本管理、牙科健康计划等服务。

德国卫生保健改革法（Health Care Reform Act） 《德国卫生保健改革法》是德国政府从20世纪80年代开始着手进行改革，政府每四年就会颁布一部新的《卫生保健改革法》，核心内容便是引入竞争机制、增强个人费用分担的责任，以达到控制医疗费用的目的。并且在1993年出台的医改法案中，严格控制医疗卫生服务与药品的总量和价格，并改革了医院费用补偿机制。

德国护理服务现金津贴计划（Germany Cash Allowance for Care） 德国护理服务现金津贴计划指在德国，社会长期护理保险可以保证全体国民根据需要获得政府直接提供的护理服务，而根据本项计划，服务需求者还可以选择接受护理服务现金补贴。补贴标准分为低档、中档、高档，以占人均个人消费支出比重为例，最低为18%，最高可达57%。对护理服务现金补贴的使用，德国没有出台明确的规定，但服务需求者和其亲属必须保证他获得了足够的护理服务。每隔3~6个月，政府会委托专业代理机构检查服务接受者的健康状况。如果代理机构认为得到的护理服务不充分，可以将现金补贴方式转为提供直接的护理服务。

德国医疗保障结构法案（Health Care Structure Act） 《德国医疗保障结构法案》1992年出台，让每一个参保的人都有权自由选择疾病基金，而且每年都可以更换疾病基金，但需要提前三个月申请。该法律规定，所有的地方性基金以及所有替代基金须对所有参保者开放，并且必须与所有申请人签订合同。

德国社会长期护理保险（Germany Social Long-Term Care Insurance） 德国社会长期护理保险计划为全国90%以上的人群提供家庭护理服务（1995年推出）和机构护理服务（1996年推出）。

德国的健康保险现状（Germany Health Insurance Status） 德国的健康保险现状是指德国的社会医疗保险历史悠久、制度完善，保险费按收入的一定比例向劳动者和雇主强制征收，保险基金由非营利性的疾病基金会管理，但基金的财务核算、业务管理和费用补偿等受到联邦政府的严格监督，每个基金会负责某一地区或一个特定的职业人群，但年收入超过一定水平的国民可以不参加强制医疗保险。同时，商业健康保险作为社会医疗保险的重要补充主要由专门的健康保险公司经营。

德国的健康保险模式（Germany Health Insurance Model） 德国的健康保险模式指德国的健康保险市场所采取的规则与方式。德国实行的是一种以法定强制保险为主、私人自愿保险为辅、农民免费参加，以商业健康保险（PHI）作为法定健康保险（SHI）的替代保障的医疗保障制度。德国的社会医疗保险历史悠久、制度完善，保险费按收入的一定比例向劳动者和雇主强制征收，保险基金由非营利性的疾病基金会管理，但基金的财务核算、业务管理和费用补偿等受到联邦政府的严格监督，每个基金会负责某一地区或一个特定的职业人群，但年收入超过一定水平的国民可以不参加强制医疗保险。

德国法定医疗保险现代化法（Legal Health Insurance Modernization Act） 《德国法定医疗保险现代化法》于2004年颁布，德国施罗德政府通过推行该法案，鼓励投保人积极参与疾病的预防和早期诊疗，同时也要求他们承担部分医疗费用。

德国健康保险市场发展路径（Germany Health Insurance Market Development Path） 德国健康保险市场发展路径是指德国健康保险市场发展的历程与趋势。德国实行的是一种以法定强制保险为主、私人自愿保险为辅、农民免费参加，商业健康保险作为社会医疗保险的重要补充，主要由专门的健康保险公司经营的医疗保障制度。其发展趋势主要是：第一，从有限度的承担基本医疗保障逐步走向全方位承担基本医疗保障之路。2009年之前，商业健康保险仅承担高收入人群的基本医疗保障，遵循民商法的自愿原则。2009年开始实施的《法定健康保险强化竞争法》（Statutory Health Insurance Competition Strengthening Act）把商业健康保险机构纳入法定健康保险机构之中，商业健康保险机构有义务向各收入阶层提供基本医疗保障合同。在商业健康保险中引入一种低廉的"基本收费标准"，以保护商业健康保险的中低收入参保人。基本医疗保障业务成为德国健康保险业发展的基础。第二，在基本医疗保障领域的一系列创新。首先，引入强制保险。2009年1月1日开始，德国通过立法的形式要求所有的德国商业健康保险公司必须向所有客户提供基本医疗保障产品。相应地还要求所有符合条件的德国人都必须从疾病基金会或者保险公司购买基本医疗保障产品。商业健康保险机构收取的保费不能超过疾病基金会向参保人提供的最高保费。其次，设立法定健康保险清算机构（Clearing House）。德国政府自2009年1月1日起，设立了一个国家层面的"中央卫生基金"，由其统一制定全国范围内的法定健康保险费率，增强各疾病基金会之间的统筹互济性。

德国疾病保险法（Sickness Insurance Act） 《德国疾病保险法》于1883年颁布，该法案是世界上第一个医疗保险制度，即法定医疗保险制度。《德国疾病保险法》的颁布标志着德国社会医疗保障制度的建立。其目的在于帮助工人们应对生活变化，减少社会主义思潮对他们的影响，并且确立了德国医疗卫生体制的主导性原则。

澳大利亚全民医疗保险（Australian Medicare） 澳大利亚全民医疗保险是澳大利亚政府推出的旨在为所有符合资格的人提供免费的公立医院治疗服务，并协助负担就医费用的医疗保障体系。它还可以通过药物福利计划帮助患者支付大部分处方药物的费用，能确保所有符合资格的澳大利亚人都能享有免费或便宜的医疗、验光及医院服务，同时也可自由选择私人医疗服务。该体系是目前被公认为全世界最公平、最完善的体系之一。

澳大利亚安养服务计划（Australian Residential Care） 澳大利亚安养服务计划是澳大利亚的公共长期护理服务计划之一，由该计划提供护理服务，所需费用主要由联邦政府收的社会保险税承担。

澳大利亚医疗服务协议（Australian Health Care Agreements） 澳大利亚医疗服务协议出台于20世纪90年代，协议规定澳大利亚各州必须收治一定数目的全民医保病患，但这样的规定有可能导致公立医院的服务偏向全民医保病患，而不能实现按照医疗需求安排医疗服务的宗旨。

澳大利亚医疗服务筹资体系（Medical Service Financing System） 澳大利亚医疗服务筹资体系由公共筹资和私人筹资组成。目前公共医疗保险与私人医疗保险在筹资体系中的地位，更接近于平等竞争的两大主体。澳大利亚的医疗服务覆盖该国的全体永久居民，实行公司混合的筹资模式，初级卫生保健和公立医院的住院费用由面向公民的公共医疗保险支付，私立医院的住院费用则由私人医疗保险支付。公共医疗保险在澳大利亚叫全民健保，是一种以税收方式筹资的医疗费用偿付制度。

澳大利亚医疗差价覆盖计划（Medical Spread Cover Plan） 澳大利亚医疗差价覆盖计划始于2000年，允许私人医保基金向之达成非合约协议的医师报销医疗差价，而不再要求保险基金与医生必须订立合约。

澳大利亚针对社区医疗机构就医患者用药的药品福利计划（Drug Benefits Program） 澳大利亚针对社区医疗机构就医患者用药的药品福利计划是一项将药品补贴由州或领地政府和联邦政府共同分担的政策安排。州或领地政府在联邦政府的资助下，对当地公立医疗医院提供的药品实行补贴。一旦病人离开医院，满足其药品需求就成了联邦政府的责任，药品福利计划应运而生。该计划规定从2004年1月1日起，社区医疗机构开具的每张处方，23.7澳元以下部分由普通患者自付，其余的由药品福利计划支付。

澳大利亚私人医保激励方案（Private Health Incentive Program） 澳大利亚私人医保激励方案于1997年推出，根据投保人群的经济条件给予补助或征收附加税，但这一方案并没有扭转私人医保覆盖率的下滑。1998年政府推出了私人医保激励方案修正案，对所有投保人不论经济条件，给予同等30%的保费返还优惠。2000年，政府将之前规定的私人医保保费统一定价改为按年龄段统一定价。

澳大利亚社区老年护理服务套餐计划（Australian Community Aged Care Packages） 澳大利亚社区老年护理服务套餐计划是澳大利亚的公共长期护理服务计划之一，由联邦政府直接提供家庭护理服务。

澳大利亚的健康保险模式（Australian Health Insurance Model） 澳大利亚的健康保险模式是指澳大利亚健康保险市场所采取的规则与方式。澳大利亚推行的是全民医疗保险制度（SHI），但由于其《健康保险法》明文规定，在公立医院就诊时病人无权选择医生和病房，也不享受优先住院和治疗。因此，目前在澳大利亚商业健康保险是作为全民医疗保险制度的替代品而存在的。

澳大利亚药品和医疗器械法案（Drug and Medical Device Act） 《澳大利亚药品和医疗器械法案》于1989年由联邦政府通过，并由药品和医疗器械管理局修订。法案对于药品质量、安全性和有效性的标准进行明确规定，对药品和医疗器械的销售进行管理，通过全民健保待遇目录明确对诊断性影像、病理分析和医疗服务的补贴条件，通过药品福利计划规定了对经药品和医疗器械管理局批准上市的药品的支付条件和支付水平。

澳大利亚看护者收入补助（Australian Care Payment） 澳大利亚看护者收入补助是指在澳大利亚针对不同的收入水平的护理服务提供者，分别推出了看护者收入补助和看护者津贴制度。因提供护理服务而无法负担自身支出的低收群体，可以向政府申请看护者收入补贴。该计划补贴标准较高，约占人均个人消费支出比重的53%。在澳大利亚，当看护服务提供者无法从事看护服务时，仍可在一定期限内领取看护者补助或看护者津贴。

澳大利亚看护者津贴（Australian Care Allowance） 澳大利亚看护者津贴是指在澳大利亚针对不同的收入水平的护理服务提供者，分别推出了看护者收入补助和看护者津贴制度。与护理对象一同居住且提供居家护理服务的护理服务提供者可向政府申请看护者津贴，相对于澳大利亚收入补助制度，该计划补贴标准较低，约占人均个人消费支出比重的11%。在澳大利亚，当看护服务提供者无法从事看护服务时，仍可在一定期限内领取看护者补助或看护者津贴。

澳大利亚家庭和社区护理计划（Australia Home and Community Care） 澳大利亚家庭和社区护理计划是澳大利亚的公共长期护理服务计划之一，由该计划提供护理服务，所需费用由联邦政府、州政府以及领地政府共同承担。

澳门特区半全民保健服务模式（Semi-National Health Service） 澳门特区半全民保健服务模式的医疗系统处于"全民健保"和"公营主导"之间。澳门特区政府以基层卫生保健和综合医院相结合的方式，发展医疗卫生事业。在基层卫生保健方面，采取以仁伯爵综合医院为中心，在全澳9个区分设9个卫生中心，提供妇幼保健、成人保健等免费医疗。澳门特区居民携带身份证（包括永久和临时身份证）可以前往所属区域的卫生中心求诊，患有重、急、疑、难病或者需作详细检查者，可到仁伯爵综合医院治疗。

赞比亚的社区医疗保险（Community Health Insurance in Zambia） 赞比亚的社区医疗保险从国家独立开始一直到20世纪90年代初，为所有市民提供免费的医疗服务，这一政策在1993年发生变化，1992—1994年，大多数医疗机构开始收费，1993—1994年，人们开始对社区医疗保险感兴趣，因为收费使他们减少了对医疗服务的需求。社区医疗保险被认可为可以维持医疗费用收入稳定甚至增加，而同时又不会减少人们的医疗需求。

后 记

　　《健康保险辞典》是中国人民健康保险公司发起并全力支持的《健康保险系列丛书》的组成部分。2016年5月初，范娟娟博士来电话说中国人民健康保险公司希望编写一套健康保险系列丛书，填补我国专业健康保险教育培训图书的空白。我与宋福兴总裁相识十余年，这位豪爽的内蒙古汉子经常会有一些别出心裁或者独具匠心的想法，而且他认定的事情一定是说干就干。于是，在总裁的支持下，本人和中国人民健康保险公司相关负责人，从图书的整体构思到具体实施方案，几经探讨和商榷，积数月之心血，完成了本书相应的编写计划。

　　根据相关的分工，《健康保险辞典》成立了编撰工作小组，制定了编写工作计划，经过18个月的工作，终于形成这部基本可以呈现给专业读者的一部工具书。本辞典在编写过程中得到中国人民健康保险公司的热诚指导及帮助和支持。

　　《健康保险辞典》的编撰人员对于每一个词条都要逐一经过多次的认真推敲，努力保证相关定义的科学性、准确性和专业性。但是，由于编写人员的学识和相关知识水平，包括对于国际健康保险相关文献搜集过程中的局限，本辞典一定存在一些瑕疵和缺憾，希望各位专家和读者能够不吝赐教。

　　总之，希望这部《健康保险辞典》能够对于我国健康保险事业的发展和进步做出有益的贡献。

编者

2017年12月

跋

"完善国民健康政策,为人民群众提供全方位全周期健康服务",这是中国共产党十九大对全国人民作出的深入民心的伟大承诺,是进一步实施健康中国、惠及万民的伟大战略。

中国共产党已经将保障人民健康当作了党和国家的一项重要工作,把为人民健康服务提升到了一个前所未有的高度。健康保险作为国家健康服务产业中的关键一环,在提升国民整体健康水平与健康保障方面,都面临着前所未有的发展机遇与空间,无论是现在还是将来,都会发挥着越来越重要的作用。

人食五谷,焉得无病?人的一生,总是在健康与不健康状态之间徘徊,但福寿安康是人们亘古通今的幸福期许。随着我国迈进上中等收入国家行列,人们对健康生活愈加渴望,对健康保障和健康服务的需求愈加多样,也自然会进一步提高对商业健康保险服务的要求。

已经成立十余年的我国首家专业健康保险公司——中国人民健康保险股份有限公司,以"让每一位中国人的健康更有保障、生活更加美好、生命更有尊严"为其崇高的使命,以"人民保险,服务人民"为其矢志不渝的追求,在"健康中国"建设的征程中,肩负着服务"国家治理体系和治理能力现代化"这一历史角色的重担,在建设"政府信任、人民满意的中国健康保险第一品牌"的道路上走出了成效。在近五年来,人保健康构建了清晰的发展模式;实现了多元化销售渠道建设和业务转型;达到了服务能力的明显提升;成为了国家医疗保障体制改革的积极参与者和重要推动力量。在实现两个一百年奋斗目标和中华民族伟大复兴中国梦的文化大背景下,人保健康将继续把握战略机遇,牢记时代赋予健康保险的重要使命,致力于打造成服务"健康中国"建设的领军企业,成为国际一流的健康保险供应商。

党的十九大报告提出要"加强应用基础研究",要"建立以企业为主体、市场为导向、产学研深度融合的技术创新体系"。人保健康理应责无旁贷地承担起健康保险综合研究这一具有里程碑意义的开创性工作，因此，公司决定协调和组织一批知名专家学者，立足国内实际，借鉴国际经验，编著一套具有中国特色的《健康保险系列丛书》，系统梳理健康保险的基础理论和经营实践，初步构建相对系统、科学、完整的健康保险理论体系，为培养健康保险行业高水平人才奠定坚实的基础。

《健康保险系列丛书》项目由人保健康党委书记、总裁宋福兴同志亲自挂帅，组建了以公司高管为成员的高规格编委会，邀请保险、财税、公共管理、社会保障、医疗卫生领域近40位著名专家，共同编著。

为确保专业性和权威性，丛书编委会多次召开由多位专家学者参加的专题研讨会。整体来看，丛书既考虑了健康保险的既往经验、现实状况和未来发展趋势，体系上比较完善；同时又对健康保险的相关领域作了探索研究，拓宽了研究范围。从功能定位看，丛书体现了理论与实践并重的编写特色：既要有理论高度，具有一定的前瞻性，达到高等教育教材的编写水平；同时要有实效性，能满足专业健康保险公司经营发展中的现实需求。专家们认为，丛书对把握健康保险经营规律以及行业的可持续发展具有重大意义，充分体现了中国人保一贯以社会责任为己任的优良传统，利于当代、功在千秋。

在丛书的编著工作中，专家学者们都全情投入，科学严谨地为编著工作贡献着智慧。马海涛教授、王欢教授、王国军教授、王绪瑾教授、王稳教授、朱铭来教授、孙祁祥教授、李晓林教授、杨燕绥教授、张晓教授、卓志教授、赵尚梅教授、郝演苏教授、辛丹博士等专家学者负责各分册编著工作，李保仁教授、魏华林教授、庹国柱教授、李玲教授、孙洁教授、郑伟教授、于保荣教授、余晖教授、朱恒鹏教授、朱俊生教授、董朝晖博士等专家学者给予丛书编写许多指导和帮助，在此一并表示最衷心的感谢！

本丛书是对健康保险经营实践经验的阶段性总结和思考。但由于编写时间紧，难免有疏漏之处。而且随着健康保险专业化经营不断深化，还会有很多需要改进的地方。我们希望本丛书能构建起健康保险行业的理论体系与研究架构，对引领健康保险规范、良性和可持续发展起到积极作用。我们也希望借助本丛书，能培养出一批高素质的干部员工队伍，为"健康中国"的建设添砖加瓦，为实现两个一百年奋斗目标和中华民族伟大复兴中国梦贡献力量。